大老板看好这样的接班人

如何当好接班人
做好掌门人

修订版
REVISED EDITION

源雨顺 ◎ 编著

中国华侨出版社

图书在版编目(CIP)数据

大老板看好这样的接班人：如何当好接班人做好掌门人 / 源雨顺
编著.—北京：中国华侨出版社,2011.4(2015.7 重印)
ISBN 978-7-5113-1256-3-01

Ⅰ.①大… Ⅱ.①源… Ⅲ.①家族–私营企业–企业管理–研究–
中国 Ⅳ.F279.245

中国版本图书馆 CIP 数据核字(2011)第 030920 号

大老板看好这样的接班人：如何当好接班人做好掌门人

编　　著 / 源雨顺
责任编辑 / 文　心
责任校对 / 吕　红
经　　销 / 新华书店
开　　本 / 787×1092 毫米　1/16 开　印张/21　字数/420 千字
印　　刷 / 北京建泰印刷有限公司
版　　次 / 2011 年 5 月第 1 版　2015 年 7 月第 2 次印刷
书　　号 / ISBN 978-7-5113-1256-3-01
定　　价 / 37.00 元

中国华侨出版社　北京市朝阳区静安里 26 号通成达大厦 3 层　邮编：100028
法律顾问：陈鹰律师事务所
编辑部：(010)64443056　　64443979
发行部：(010)64443051　　传真：(010)64439708
网址：www.oveaschin.com
E-mail：oveaschin@sina.com

序一：家族企业为何遭遇断代危机？

近年来，由于家族企业管理模式本身所存在的种种问题，导致很多家族企业遭遇断代危机，甚至很多家族企业都已倒闭、破产。在市场经济中，很多家族企业历经风雨坎坷，收获了成功的硕果与辉煌，但是，衰败却正是在其走向辉煌顶端的时刻开始的。那么究竟是什么弊端导致多数家族企业遭遇断代危机呢？

家族企业是世界上最具普遍意义的企业组织形式，而家族管理模式是家族企业的重要管理模式。归根结底，使家族企业遭遇断代危机的致命因素不在于外界，而在于其本身经营管理模式的弊端。家族企业的经营管理模式，是由婚姻、血缘、收养关系而产生的亲属之间投资组成的，从事生产经营活动的组织形式。这种管理模式的最大弊端就在于其企业制度体制缺陷、企业人力资源匮乏、决策程序不科学。

第一，家族企业管理模式的重大弊端在于其管理体制存在严重缺陷。家族管理模式所导致的企业组织制度体制的重大缺陷主要表现为：股权产权制定不明晰、内部法人治理机构不健全。

由于家族企业主要领导阶层是由有着直系血缘关系或者间接血缘关系的亲属组成，其管理中纠结着太多的个人情感与个人利益，这些情感与利益的

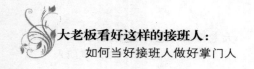

纠结很容易形成摩擦、引发矛盾，尤其是关系到重大个人利益或者重大利益分配不均时，很容易引发激烈的内部矛盾，导致企业内部的不和与解体。在企业创业成功、发展取得一定业绩的时刻，是这些矛盾最易出现的时刻。因为家族企业的一个最大特点就是成员间可以"共苦但不能同甘"。在企业创业初期，大家因为都存在着共同的奋斗目标，而且有亲情作为彼此间凝聚与信任的依托，一个家族团结一心、众志成城，很快便可实现目标的突破。而在企业发展取得突破之后，便开始出现家族成员间财富、权力等利益的分割，而利益的分割是引发矛盾与团结破裂的根本原因，会直接导致企业内部混乱局面的出现。在矛盾重生、内部管理曾混乱的状态下，企业自然无法形成科学有效的管理体制，没有科学有效的管理体制做保障，企业发展自然会进入衰退状态。

这就如同历代王朝的建立、发展到最后灭亡的过程，一个家族在经历了血雨腥风之后建立了自己的帝国，在奋发图强的团结进取中开拓了帝国的一派繁荣，而在面对这一派繁荣中所孕育的权力与利益的分割、掠夺时，一个家族甚至出现父子相残、兄弟相煎的悲惨境况。而这种最终的极具悲哀的结局是由于家族式管理模式自身所隐匿的客观规律所导致的。

第二，家族企业经营模式存在着严重的人力资源匮乏困境，这是由于家族企业经营管理的"排他性"所决定的。

家族企业以家族利益为重的管理思想与利益观念，导致了外入人员很难享有公司主权，很难参与公司决策，只能充当打工仔的身份，即便这样的身份也得不到企业的足够信任。在家族企业重用亲属与权利争夺的"排他"体制下，企业员工无法在企业中形成归属感、无法得到管理阶层的信任与重用，无法参与企业的战略制定与决策商议，总之家族企业管理模式形成了外入人才引进的障碍。而企业家族成员毕竟存在着能力缺陷与意识偏差，在这样的情况下，没有外入人才对企业人类资源的补充，便导致了家族企业人力资源、尤其是真正的人才的匮乏，久而久之，自然会形成企业发展障碍。

家族企业的人力资源体系就如同一个密封的鱼缸，如果说鱼缸中的鱼是企业的利益所在，鱼缸中的水是保障企业发展、实现企业利益的才干与智慧保障，家族企业成员对于权力的渴望和争夺不允许外界水流的注入，不允许外界任何有利的充氧行为的发生，而这个密封的鱼缸内部的死水总会因氧气的不足与匮乏，逐渐导致鱼的死亡。家族企业的密封式人才引进机制最终会导致企业利益的受损，企业发展的停滞。

第三，家族企业从事各项企业活动时，决策程序不科学，容易导致决策失误。家族企业的"独断权"使企业各项决策极具主观性，不具科学决策的商议程序，导致决策失误，给企业造成危机。

在企业创业初期，这种独断性的积极作用或许会大于其负面作用，因为在创业初期需要管理者果敢的判断与决策，而且即便失误，因为企业规模尚小，也不会有太严重的损失，其失误损失也可挽回。但在企业发展的过程中，企业决策必须由科学的决策程序保障决策的正确性，因决策失误一再导致企业损失，这种损失会越来越无法弥补，直接给企业造成发展危机。

总之，家族企业机遇遭遇断代危机，是家族企业自身的企业组织形式弊端所导致的，这些弊端除上述重大组织形式弊端外，还表现为家族企业管理者居功自傲、不求上进、滥用权力、贪腐享受、拉帮结派、自私自利等方面。家族企业自身所存在的这些弊端一方面导致了企业内部矛盾重生、管理涣散，一方面极大地削弱了企业外部竞争力，最终导致了家族企业遭遇断代危机。

序二：怎样才可富过三代？

家族企业，作为一种普遍存在的企业组织形式，大部分家族企业在走过创业初期的风雨之后，在企业进入发展的"黄金阶段"之后，渐渐步入企业发展瓶颈期，出现各种问题，导致大部分家族企业都无法富过三代。"富不过三代"似乎成为家族企业的发展规律，大部分家族企业都陷入"一代创业、二代守业、三代败业"的怪圈里，无法突破企业发展瓶颈期的各种瓶颈问题。然而，要引导家族企业这样一种普遍存在的企业组织形式走向最终的成功，就必须走出"富不过三代"这样一个企业经营发展怪圈，家族企业如何才可富过三代，成为现代市场经济与现代社会企业发展所必须思考的、解决的问题。

家族企业无法富过三代，其根本原因就在于其自身的经营管理模式的重大缺陷与局限性，如我们在序一中所讲述到的家族企业经营管理模式导致家族企业遭遇断代危机，自然会造成家族企业无法富过三代的局面；另一方面，家族企业无法富过三代，是由于其子承父业的继承（世袭）模式导致的，在接班人无能或无接班人的情况下，家族企业自然无法富过三代，例如，东汉后主阿斗，即便其父亲刘备打下了铁打的江山，也会在这样一个无能的儿子手中败光。更何况通常情况下，家族企业的后代，在其家族的优越经济优势

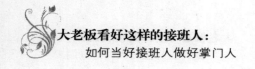
下，大都会养成一种"骄奢淫逸"的公子习气，不懂得守业，只会挥霍败业，造成"一代创业，二代守业，三代败业"的怪圈现象。据调查表明，70%的家族企业传不过第二代，85%的家族企业传不过第三代，只有4%的企业可以传承到第四代。要真正破除家族企业富不过三代的怪圈，就必须针对导致这一怪圈的原因进行管理体制调整，其调整宗旨就是破除原有体制局限与缺陷，形成产权、经营权明确，管理制度清晰，管理人才充沛的科学的现代企业管理体制。

首先，要走出家族企业"富不过三代"的经营怪圈，必须要实行经营管理体制改革，即对企业实行股份制改造和聘用企业经理人制度，以简化企业家族成员间错综复杂的利益关系、弱化其各种矛盾与摩擦，避免企业内部的分裂危机与人才危机。

第二，要使家族企业管理模式突破其本身局限性，必须解决其经营管理体制股份、产权不明晰的权利争夺问题，这要求家族企业必须破除家族企业分散股权的形式，进行股份改革，明确企业家族成员间的权益与责任，即进行家族企业产权改制，避免权力争夺引发重大矛盾。

第三，家族企业要突破企业自身经营管理体制的局限性，必须引进职业经理人。聘用职业经理人是家族企业由"以人管理企业"向"以制度管理企业"过渡的本质体现。在家族企业发展已成一定规模之后，在激烈的市场经济竞争中，如果创业者中没有具备胜任经营者条件，能再驾驭指挥整个企业持续发展时，家族企业就必须选择一个有能力胜任企业经营者的职业经理人。即对企业进行管理权改革，以保证企业经营管理决策科学，保证企业在没有合格"接班人"的情况下化解人才危机，走出发展瓶颈。

例如，在电视剧《刘老根 II》中，刘老根的龙泉山庄就是典型的家族企业，在龙泉山庄发展进入正规，形成一定规模之后，其家族企业的种种弊端一一呈现，在与凤舞山庄的竞争中明显处于劣势。尤其是二奎、丁香等人的管理无能和权力欲望，使得龙泉山庄发展一度进入断代危机之中。庆幸的是

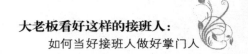

刘老根意识到了家族企业管理模式的重大缺陷，对管理体制进行了重大改革，并引进职业经理人——顾晓红，使原有的家族企业模式破除发展瓶颈束缚，向着现代科学的企业经营管理模式改革，最终成功的化解了企业危机，继续走向新的辉煌。

家族企业在进行管理体制改革，进行企业产权创新改革与管理创新改革的同时，必须推行现代企业制度，推行人才引进制度，建立企业行之有效的激励机制。

在东亚经济发展史上，家族企业的发展经历了三个阶段：第一阶段是企业家族化，即企业在组织管理和利益分配上都服从于家族的利益；第二阶段是家庭企业化，即家庭服从和服务于企业，企业进一步制度化，家庭中人服从于企业规章制度，由人治走向法治；第三阶段是管理现代化，即家族除了掌握企业的股份外，已基本上从经营管理领域退出，已经不属于典型的家族企业，或者说已经超越了家族企业而迈向现代管理阶段。家族企业如果成功的度过这样三个发展阶段，就一定会成功地走出"富不过三代"的经营发展怪圈，走向最终的成功。

最后，也是非常重要的一点，就是家族企业要做好对于家族人才的培养，良好的教育家族后代，避免因娇纵与溺爱使家族后代成为纨绔子弟，要使家族后代在良好的教育环境中成为优秀的接班人，成为企业发展和社会发展的栋梁之才。

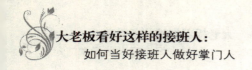

第三章　组织管理

做一个合格高效的领导者

第四章　科学决策

接班人要有前瞻意识

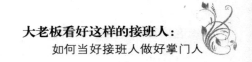

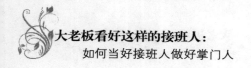

第十一章　客户至上

永不变的金科玉律

第十二章　谈判技巧

成为谈判桌上的高人

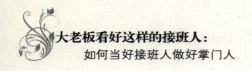

第十七章　放眼未来

让辉煌继续下去

第一章　角色转换
不做空有头衔的接班人

作为家族企业的接班人，我们从一开始就注定了这样的身份——将来整个企业的继承人，这让周围的许多人羡慕不已，因为这种接班人的身份让我们拥有了和同龄人不同的一个高起点，从而也给予了我们与众不同的人生。但我们也应该清醒地认识到现在的社会中，一部分所谓的企业接班人根本就是一个空架子，除了所谓的企业接班人的头衔之外，自身没有一丁点的学识修养和企业管理的知识，在别人眼里只会吃喝玩乐，享受着父辈打拼积攒下来的财富，成了众人眼里不学无术的"富二代"。我们应该清楚地认识到现代社会竞争的激烈性，做好从一个接班人到一个企业管理者的角色的转换，努力地丰富我们自身的修养，对自己各个方面进行加强，只有这样，我们才能完成从一个"富二代"到"创二代"的转变。

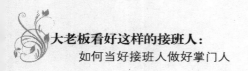
黄金法则1：自我规划很重要

在市场经济中，社会竞争日趋激烈，"预则立，不预则废"，自我规划显得十分重要，特别是作为一个企业的接班人，我们如果想要在将来带领企业走出一片新天地，其前提是正确认识自我。因此，客观上要求我们在继承企业之前就应当制定符合自身实际情况的自我规划，选择满足将来带领企业发展需要和自己有兴趣的领域，并积极作好知识、思想、心理诸方面的准备，努力实施自我规划。

自我规划，是指一个人自己人生现在和将来发展的安排，也就是人生价值观。自我规划是在自我认知的基础上进行的，自我认知是指一个人对周围世界一些问题的理解和认识，也就是说是人生世界观。自我规划简单地讲，就是在自我认知的基础上，科学合理的对自己的人生与将来发展进行安排，其目的是要实现自己的人生价值。科学合理的自我规划是完成人生目标，实现人生价值的必要保障。

自我规划，使一个人在为理想而奋斗的过程中，可以具有目标性、具有计划性的去从事各种活动，使个人活动与奋斗目标紧密相连，促进理想与人生目标的有步骤、有效率的完成。创二代，我们立志追求理想、实现人生的自我价值，那么，科学合理的自我规划是必不可少的。我们知道，任何一件事情、一个目标的完成，其合理的计划与有步骤的实施都是必不可少的保障。如果说，我们的目标、理想如一艘航船，那么，自我规划就是引导我们前行、驶向彼岸的灯塔与航线。没有自我规划的人生理想，就如同一艘没有航向的航船，在茫茫大海中四处漂摇，彼岸的璀璨，总是遥遥无期中的梦想。因此，创二代，我们在决定实现自我价值的时刻起，就必须科学合理地制定自我规划。

我们知道毛毛虫都是喜欢吃苹果，有这样几只要好的毛毛虫，它们都长大了，各自去森林里找苹果吃。第一只毛毛虫来到一棵苹果树下。它根本就不知道这是一棵苹果树，也不知树上长满了红红的可口的苹果。只是跟随其他的虫子一起向上爬。没有目的，不知终点，最后它便在糊里糊涂中了却一生。

第二只毛毛虫也爬到了苹果树下，确定它的"虫"生目标就是找到一个大苹果。但它并不知道大苹果会长在什么地方？遇到分枝的时候，就选择较粗的树枝继续爬。最后终于找到了一个大苹果，这只毛毛虫刚想高兴地扑上去大吃一顿时，但是放眼一看，才发现这个大苹果是全树上最小的一个，上面还有许多更大的苹果。如果它上一次选择另外一个分枝，它就能得到一个大之几倍的苹果。

第三只毛毛虫也到了一棵苹果树下。这只毛毛虫知道自己想要的就是大苹果，并且研制了一副望远镜。还没有开始爬时就先利用望远镜搜寻了一番，找到了一个很大的苹果。在选择路径时，自己心里对各种路径做了初步预测，然后选择了一条相对便捷的路径。最后，这只毛毛虫很有可能依据自己的先见之明得到这个大苹果，但事实是因为爬行速度缓慢，等待它的是到达时，这个苹果已经腐烂或落地。

第四只毛毛虫同时具备先知先觉的能力。它知道不仅自己要什么苹果，更知道未来的苹果将如何成长。因此当它带着那"先觉"的望远镜观察苹果时，它的目标并不是一个大苹果，而是一朵含苞待放的苹果花。它计算着自己的行程，估计当它到达的时候，这朵花正好长成一个成熟的大苹果，而且它将是第一个钻入大苹果的虫。结果它如愿以偿，得到了一个又大又甜的苹果，从此过着幸福快乐的日子。

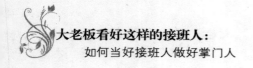
在这个哲理故事中：第一只毛毛虫是只毫无目标，一生盲目，没有自己人生规划的糊涂虫，不知道自己想要什么。第二只毛毛虫虽然知道自己想要什么，但是它不知道该怎么去得到苹果，只是在惯性思维中，它做出了一些看似正确的选择。而曾经，正确的选择离它又是那么接近。第三只毛毛虫有非常清晰的人生规划，也总是能做出正确的选择，但是，它的目标过于远大，而自己的行动过于缓慢，成功对它来说，已经是昨日黄花。第四只毛毛虫，它不仅知道自己想要什么，也知道如何去得到自己的苹果，以及得到苹果应该需要什么条件，然后制订清晰实际的计划，在望远镜的指引下，它一步步实现自己的理想。创二代，在我们要取得成功这个大苹果时，我们要选择做哪一只毛毛虫呢？相信我们的选择都是要做一只既有先知又有先觉的第四只毛毛虫。这便要求我们必须如同第四只毛毛虫一样，在行动之前，对自己的目标进行科学合理的自我规划。

第一，做好自我规划，首先必须树立一个明确的奋斗目标，如同第四只毛毛虫一样选择一个自己心仪的"大苹果"，不可像第一只毛毛虫那样对于创业前途随遇而安。

第二，自我规划的第二步，通过对客观环境与自身条件的科学分析、准确判断，制定实现奋斗目标的方式、步骤，即制定自我规划的"战略部署"，如同第四只毛毛虫一样拟定一条最便捷、最具有可实现性的路径去获取这个大苹果。不可像第二只毛毛虫一样与"远大"失之交臂，也不可像第三只毛毛虫一样走不具备可实现性的路径、做不具备可实现性的选择。

第三，用矢志不渝的信心、意志去坚持实现自我规划，不让自我规划成为"海市蜃楼"的壮观蓝图。这便要求我们创二代，要具有第四只毛毛虫一样一步步向目标爬行的意念，不可将自己的人生蓝图半途而废。

总之，在我们的创业过程中，自我规划是保障创业成功的必备战略，而自我规划的制定一定要根据客观事实与自身条件量体裁衣，拟定目标清晰、科学合理地规划战略。

黄金法则2：必要时重新投资自己

社会在不断发展进步，科学技术不断提高、创新，在竞争激烈的社会环境中，我们这些企业的接班人是否为自己规划好了将来？我们能否在风云变幻的商场上立足？如果没有，那么我们就先投资自己吧！或许我们中的一些人会说，自己有什么好投资的？我们可以想一想，如果我们既没有文化知识，又没有相应的企业管理知识，那么试问当我们接受企业时会从容应对吗？企业在我们的领导下，道路会有好的发展吗？所以，作为企业的接班人，我们在必要的时候要重新投资自己。

现代社会，是一个在不断发展进步的科技、信息社会，在这样一个科学技术不断提高、创新，生存、竞争激烈的社会环境中，我们是否已经具备在这样一个社会环境中立足、发展的基础与能力？这是我们创二代在创业之初必须所要思考的一个问题，基于这样一个问题，我们需要重新审视自己，如果我们能力缺乏、条件不充分，那么，我们必须要重新投资自己，重新包装自己，即要求我们创二代为了构筑创业成功的基础，创造成熟的条件与机会，我们必须在必要时重新对自己进行智慧、能力、才干、社交等方面的投资，必须以重新投资自己的方式，弥补自身所存在的不足与缺陷。重新投资自己，即重新审视自己，明确自己的理想目标，为实现理想目标的需要，重塑自己成才。

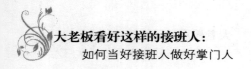

一位顾问公司的经理更打趣地表示："未来有 **90%** 的工作类型我们还没有看到的，也许几年后，你隔壁邻居的小弟弟踏入社会的第一份工作，是我们连听都没有听过的。"在美国，就有这样一所以电玩闻名的大学，学生在这里主要的课业就是学习如何"游戏"。简单地说，就是学生每天都沉溺在电玩世界中，并透过专业的电脑知识，设计出各种深具娱乐效果且高科技的电玩软件。美国这所特殊的大学，所颁发的学位证书与其他大学是没有什么本质的不同的，而这所大学所培养的学生却是全世界都非常看重的电脑高才生呢。美国这一特殊的高校的出现，给我们的启示就是，社会发展正在发生着无法预计的变迁，各行各业的新知与技能都在不断地提升，在这样一个充满竞争、充满变迁的社会大环境中，我们要想立足，要想不被时代发展的洪流所淹没，我们就必须时刻准备着在必要时重新投资自己，不断丰富自己的知识、智慧、才能，不断使自己获得可以在这样一个激烈竞争的、飞速发展的社会中保障生存、发展的资本与基础。

首先，必要时，正确的重新投资自己，要以正确的自我认知为基础，也就是说，要正确的重新投资自己，首先要重新审视自己、重新认知自己，以确定自我投资的目标与方向。

克里希那穆提说："你认识你的脸孔，因为你经常从镜子里看到它。现在有一面镜子，在其中你可以看到完整的自己，看到自己心里所有的事情，所有的感觉、动机、嗜好、冲动及恐惧。这面镜子就是关系的镜子：你与父母之间的镜子，你与老师之间的镜子，你与河流、树木、地球之间的镜子，你与自己思想之间的镜子。"克里的这段话强调的就是人的自我认知的依据与意义，自我认知简而言之，就是以客观事实为基础，对自身条件、优势与缺陷不足的科学判断，科学的自我认知，有利于促进、完善自我发展，是自我投资目标形成的基础与前提。名言说："你必须每天都能死于一切已知的创伤、荣辱和经验，你才能从已知中解脱，才会变得清新、纯粹而有力。"由此可见，人只有正确的审视自己，认知自己，才会更充分地完善自己，投资自己。所谓必要时重新投资自己，这里所提到的"必要时"，就是依据社会环境与自我认知相结合而判断出的必要自我投资时刻与自我投资方向。

其次，必要时，重新投资自己，要求我们创二代要充分明确投资目标与投资方向，掌握科学的自我投资方式，与明确的自我投资目标。

第一，重新投资自己，要求我们创二代在必要时做好自我的知识投资。知识投资，包括理论知识投资与实践能力投资。知识与能力是我们开创未来，获取创业成功的先决条件，这一点不言而喻。一方面，进行重新自我知识投资，要求我们创二代在认知自身能力缺陷的基础上，对自己进行智慧、知识、能力再塑造；另一方面，自我知识投资是一个不间断的过程，是要持之以恒的持续进行的。

一方面，理论知识投资，要求我们创二代要不断用知识为自己充电，勤奋学习，尽可能地涉猎广泛的书本世界，开拓自己的头脑与思维空间；另一方面，实践能力投资，则要求我们创二代能够理论结合实际，以正确的主观能动意识指导我们的经营活动，不断培养自己的分析问题、判断问题、解决问题的能力，尤其是针对企业经营管理中的各种问题解决、各种决策制定、战略实施等方面。总之，重新进行自我知识投资，就是要求我们创二代要不断培养、提高自己的综合能力。

第二，重新投资自己，要求我们创二代在必要时做好自我的时间投资。时间投资与知识投资一样是要求我们不间断的持续进行的，简而言之，自我时间投资，就是要求我们充分利用时间、合理支配时间、使时间效率最大化，即培养自己强烈的时间观与利用时间的能力。

尤其对于年轻人而言，我们拥有的时间资本是父辈的几倍，时间资本包括客观所存在的时间，例如一分钟、一小时、一年等客观时间概念；另一方面时间资本包括时间效率，例如年轻人因精力充沛从事一件事情会比年老人因精力、体力等方面限制而耗用的时间要少很多。从这个意义上讲，我们创二代拥有充足的时间资本，必要时刻，我们必须对时间资本进行再投资，科

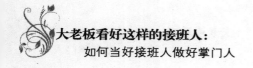

学管理、支配自己的自由时间，尽可能地开发时间效率。

第三，重新投资自己，要求我们创二代在必要时刻做好自我的人脉投资。重新进行自我的人脉投资，即在必要时刻，重新构建自己的人脉关系网，不断增强社交广度与有利社交网的纵横度。

黄金法则 3：重要的不是我们的身份，而是我们做过什么

我们身份并不重要，对一个企业来说，我们继承人的身份并不能给它带来什么现实的效益。我们对企业的重要性表现在我们到底在企业的发展中起到了一个什么样的地位，我们到底为企业做了哪些有意义的事情。不要把自己企业继承人的身份看得太重要，对一个企业的领导人来说，踏踏实实地做事比自以为是地傲慢对企业的发展更有利。

作为一个合格的企业接班人，重要的不是我们的身份，而是我们做过什么。这一点很重要，我们的父辈历尽千辛，开创了一个在外人眼里很了不起的事业，而我们是这项事业的接班人，是当之无愧的继承人，这种身份让我们有种天然的优越感，因为我们一出生就注定了与周围的普通人不同——因为我们的父辈，我们拥有一个耀眼的身份——企业的继承人，典型的富二代！但这不是我们的成功，在别人眼里，我们的身份只代表我们父辈的光环，人家提起我们来，只会说："某某人的儿子，某某企业的继承人。"所以，要

想成功，我们要站在父辈的肩膀上，再向前迈一步，努力去发展父辈留给我们的事业，让它在我们的手里壮大起来，只有这样，我们才能称得上成功！反之，假如我们一直笼罩在自己"富二代"的身份里，沾沾自喜，自我陶醉，不去开创，甚至是坐享其成自甘堕落，那么，最终的结果可能就是"富不过三代"的提前版"富不过二代"了。

王占海原是做市政工程，1998年辞职下海。后来凭着先前积攒下来的人脉，在山东、上海、江苏、河北等地做市政道路建设工程，事业很快做大起来，成了小有名气的企业家。

王占海的独生子叫王亮，本来在某中学教书，但因为业务不过硬，玩心大，工作两年后被单位辞退。王占海无奈，只得把王亮带在身边，王占海心想王亮跟着自己，看着自己为了工程怎么劳作，也许玩心能收敛了，将来也好继承自己的事业。于是，从2004年夏，王占海就带着王亮在外面做工程。

跟着父亲的那段日子，王亮每天都老老实实地上班，学本事。王占海看在眼里乐在心头，所以在2006年的秋天，王占海就把公司的事情提前交给了王亮打理，自己放心地在外面跑工程。但他还是觉得儿子比较年轻，所以具体业务不让王亮插手，只叫他管管账目，俗话说"不当家不知柴米贵"，儿子当成家来，也算是锻炼一下。

王亮的玩心在王占海的身边还能收敛，一旦自己当家做主，就如脱缰的野马，再也收不回来了。他先是把王占海给他买的那辆捷达换成了价值85万的奔驰，又到最好的写字楼租了六间办公室，还另外招聘了十几个刚刚毕业的年轻漂亮的女大学生当文员、会计什么的。起初在外跑业务的王占海知道后很生气，打电话责备王亮："换辆二三十万的车不就行了吗？还没学会赚钱呢，花钱却大手大脚，就知道享受。"谁知道王亮搬出了现代企业的经营手法："人家外资企业，员工出差时公司规定必须住五星级酒店，你知道为什么吗？不是人家图享受，人家那是为了公司的形象。我买好车也是这个道理，人家一看就知道咱公司有实力！"王占海知道业务都是自己在外面拉，儿子这

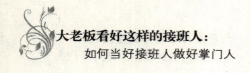
么说有些强词夺理，但想想也许是自己老了，跟不上时代了，那就任着儿子闯一闯，放手干吧。再说招进来的人也不白养，就当人才储备吧。所以也就渐渐地放松了对王亮的监管。

王亮开始了挥霍，给女朋友花了60万买了一套精装修的小户型，还买了一辆现代伊兰特，香水每隔几天送一瓶，一套标价16万元的香奈儿连衣裙女朋友说喜欢，王亮连眼眨都不眨一下，立刻给买下来。更可怕的是，王亮还和朋友去了澳门，梦想着在赌场里发财，结果输掉了80多万元。起先王亮有些后怕，担心王占海知道了找他算账，但想想将来这钱还不是留给自己的，所以起初的担心变成了理所当然。于是，王亮变得更加疯狂起来，除了出入各种高档消费的社交场所，其余时间白天泡在桑拿房，晚上在夜总会。只要人家"王总王总"地一叫，他就特别有成就感，几百几百的小费就扔出去，花起钱来越发的大方了。如此这般，不到两年的时间，王占海辛辛苦苦攒下的500万元就被王亮败光了。等到王占海发觉时，一切都晚了。

这故事正是应了那句话，父辈攒百年，儿子一朝完，顶着"王总"的光环，王亮却没有创造出一点的财富，终日挥霍，不仅害了自己，更把家人的心血糟蹋的一丝不剩。所以，对富二代来说，重要的不是头上的光环，不是父辈留下的财富，而是自己做了什么。是把父辈的事业发扬光大，还是如王亮般挥霍掉所有的财产，这是富二代应该思考的问题。

黄金法则 4：从家族企业的
最基层做起

从最基层做起，对家族企业的继承人来说是一个必不可少的锻炼机会。在基层工作打拼的经历，可以激发家族企业继承人的创造拼搏意识，由最初的"守业"走向将来的"创业"。而且最基层的工作能够使家族企业的继承人更深刻地熟悉企业的业务流程和管理模式，了解企业员工的思想动向，在员工中树立威信，使大家团结起来，有利于今后的企业发展。

作为家族企业的继承人，大多受过良好的教育。所以，经营理论上的认知并不缺乏，倒是在实践上，在企业的实际运营上，还有对企业的感情上需要进一步的提高。一般来说，作为家族企业的继承人，在进入家族企业时，都渴望有一个高的起点，得到一个高层的职位，一下子进入到企业的决策层。这样做优点自不必说，一来能尽快地熟悉公司的运营情况，二来可以在父辈身边学习具体的运营技巧，可谓一举多得的事情。但这样做有一个显著的问题，那就是企业的继承人缺乏在企业打拼的经历，缺乏奋斗的经历，创造的韧性相对来说明显不足。很少有家族企业的继承人从企业的基层做起，但假如我们能够认识到基层工作的重要性，那么从最基层做起，对将来继承家族企业，发扬光大父辈的事业有着不可替代的作用。

其一，从最基层做起，能够让我们懂得什么叫打拼，什么叫创造。当然

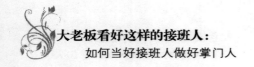

这里所说的基层，不一定局限在家族企业的基层。相反，在家族企业以外，特别是在同行业中具有相当竞争力的企业中，工作几年，不但能够给家族企业带回新的管理经验和技术支持，而且还可以锻炼接班人的打拼意识，提高对行业内管理理念和技术革新的创造洞察力，为将来继承发扬家族企业打下坚实的能力基础。1998 年，年仅 28 岁的盛静生担任罗蒙集团总裁，此前他已经在服装行业历练多年，20 岁担任某企业经营科长一职，25 岁就任以生产服装机械为主营业务的三盛集团董事长兼总经理。先前多年的基层工作经历，使盛静生形成了一种打拼意识，更从在多个服装企业的工作中了解了服装行业的现状以及未来技术创造的发展方向，为以后的顺利接班打下了坚实的基础。

其二，从基层做起，能够全面熟悉企业业务和管理，脉络清晰地了解企业的运行，体验基层员工的企业忠诚度，更好地维持企业的团结。全球轮胎业巨子——米其林集团第四代继承人爱德华的成长经历能够清楚地说明这一点。43 岁的爱德华与米其林创始人同名，其父弗朗索瓦在商海沉浮 45 年后，在 1999 年将接力棒传给四子中最小的儿子爱德华。爱德华于 1963 年出生于克莱蒙菲朗。他从法国里尔高等工艺制造学校毕业后，加入法国海军。退伍后隐姓埋名进入家族工厂实习。不久，他以学徒工的身份到米其林研究中心工作，并在北美总裁的带领下，从货车轮胎部主任开始做起，直到 1999 年才就任集团总裁。在长期的基层工作锻炼下，爱德华全面熟悉了轮胎行业的业务和管理流程，结识了大量的米其林集团基层管理人员，并把他们团结在自己的周围，为米其林集团的长久发展储备了大量的管理人员和技术人才。

其三，从基层做起，可以积累自己的权威，为将来顺利接班奠定良好的基础和人脉。继承人通过较长时间的基层打拼和锻炼，在激烈的竞争中会逐渐被企业内部员工所认可，从而形成自己特有的人脉，拥有相当的权威。1992 年，红豆公司的创始人周耀亭将公司一分为八作为子公司而设立了 8 位副总，其儿子周海江担任其中一个公司的负责人，和其他 7 家子公司形成竞争关系。几年时间下来，周海江所分管的赤兔马总公司成为红豆集团最大的子公司，周海江在得到历练的同时，更是从中树立了威信。

综上，从最基层做起，对家族企业的继承人来说是一个必不可少的锻炼机会。这基层工作打拼的经历，可以激发家族企业继承人的创造拼搏意识，由最初的"守业"走向将来的"创业"。而且最基层的工作能够使家族企业的继承人更深刻地熟悉企业的业务流程和管理模式，了解企业员工的思想动向，在员工中树立威信，使大家团结起来，有利于今后的企业发展。所以，作为家族企业的继承人，应该认识到最基层工作的重要性，主动到基层去工作锻炼，在工作中磨砺自己，在工作中感受企业的发展方向，在工作中团结员工，更重的是在工作中展现自己的才能，从而在员工中树立自己的威信，为将来顺利的继承家族企业做好准备。

黄金法则 5：提升能力，永不懈怠

能力是我们表现出来的解决问题可能性的个性心理特征，是完成任务和达到目标的必备条件。我们的能力直接影响着我们企业的生存和发展、是我们在继承企业之后顺利完成我们的自我规划的最重要的内在因素。我们的能力不可能样样突出，甚至还会有缺陷，但是我们可以利用自己的优势或发展其他能力来弥补不足，这就需要我们永不懈怠地提升我们的能力。

作为家族企业的继承人，旁人眼中的富二代，应该朝着"创二代"的方向发展，不断地提升自己的能力，或是继承父辈的事业将其发扬光大，或是

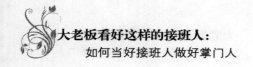

在父辈的资助下开创一番自己的事业，这些都需要人的能力做保障。大到企业发展的决策，小到产品规格的定型，都离不开决策者的能力，有能力者使企业起死回生逐步壮大，无能力者祸害父辈留下来的事业，最终导致家族企业一败涂地。须知商海瞬息万变，有能力者才能独领风骚，只有掌握了多方面的知识，拥有敏锐的洞察力，才能开创自己的企业，才能保证父辈留下来的事业朝着正确的方向前进。

文迪留学中心的创始人李冰冰，父亲是台州九鼎混凝土有限公司的老总，其企业以经营钢管沙石运输业务为主。李冰冰的父亲是典型的"富一代"，出生于一个搬运工家庭，创业初期没有什么资本和人脉关系，完全凭借着自己的打拼奋斗才有了现在的成就。父亲把李冰冰送到了美国读书，希望他通过接触国外的人文和社会，练就一身非凡的能力，等到学业有成的时候，回国继承自己的事业。国外的学习生涯不仅开阔了李冰冰的视野，而且大大地提高了他各方面的能力。李冰冰回到椒江后，并没有进入父亲的企业。他希望通过自己的努力开创出一份真正属于自己的事业，只有不断地开拓和跨越，才是他最终的目标，才能真正体现自己的价值。正在他苦苦寻找创业的方向时，一件偶然的小事一下子激发了他的灵感，帮助他走上了创业之路。一个身边的朋友想出国留学，因为知道李冰冰有留学经历，所以托他帮忙打听一下这方面的情况。但李冰冰几乎跑遍了整个台州市，愣是没有打听到一家做留学中介的机构。无奈之余，李冰冰一下子来了灵感，这不就是创业的好方向吗！所以他把创业的方向瞄准台州的"留学市场"。2008 年 12 月，父亲出资 20 多万元，资助李冰冰和他的朋友创立了文迪留学台州中心。由于台州的留学中介市场先前基本上处于真空状态，所以当李冰冰创立文迪留学台州中心后，其业务发展迅猛，触角延伸到美国、英国和澳大利亚等国家，为台州学子们的出国留学梦搭起了一座五彩缤纷的桥。小有成绩后，李冰冰又继续与人合作，创办新的企业。

从上面这个故事中我们可以看出，李冰冰在外国留学期间，学到了丰富的科学知识，有着丰富的学习经历，这为他以后的创业储备了多方面的能力。其中，我们特别强调的是李冰冰的考察洞察能力，善于在微小的事物中抓住商机，这才有了后来的文迪留学台州中心。当然，一个人的能力包括多方面，从交际到筹资，从性格到学习，都可以称之为能力。对一个人来说，特别是一个将要继承家业或者创业的人来说，具备的能力越多，成功的机会越大，这是亘古不变的真理。能力和成功是一个正比例的关系，能力高，具备的能力多，则成功的可能性大；反之，能力底，或者涉及的方面少，那么失败的可能性就大。

所以抓住一切可能的机会，把自己投身于交际、学习、公益等活动当中，锻炼自己各方面的能力，这样才能使自己更加优秀，才能在将来接受父辈事业的时候，有能力将之发扬光大；或者开创一番自己的事业，在父辈面前获得一份赞赏，做一个成功的"创二代"。

提升能力，永不懈怠，是一个"创二代"应该具备的最基本的危机意识。无能力者无天地，要永远记住这一点！

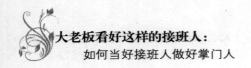
黄金法则 6：走出自我，才能全面识人认人

作为企业的接班人，我们应该极力避免的一点是以自我为中心，自以为是，盲目地迷恋自己，认为自己绝对地优秀，自负又听不进周围人的意见，更别说及时发现人才和识别人才为己所用了。一个人缺少自信不行，但过分的自信就会让我们走进一个认知的死胡同，世界太大，而我们很小，一个人的才能再优秀也有着极限，所以在自己的周围建立一个团队，吸引优秀的人才加入，群策群力，这才是一个企业接班人应该做的事情。

弗洛伊德给自我的概念是这样的，自我是处于本我和超我之间，代表理性和机智，具有防卫和中介职能，它按照现实原则来行事，充当仲裁者，监督本我的动静，给予适当满足。自我的心理能量大部分消耗在对本我的控制和压制上。任何能成为意识的东西都在自我之中，但在自我中也许还有仍处于无意识状态的东西。在自我的定义里提到了两个相关概念，即本我和超我，其中本我包含要求得到眼前满足的一切本能的驱动力；超我代表良心、社会准则和自我理想，是人格的高层领导，它按照至善原则行事，指导自我，限制本我。从这个角度上讲，自我就是介于本我的无穷欲望与超我的责任、道德限制之间的对于客观事物（包括事实、活动与他人）的主观评价、仲裁、判断，和按照自己的主观意愿与主观评判从事各种活动的行为总和。

因为自我具有强烈的主观意识，其以"主观意识"为评判依据和活动准则的表现形式难免会造成结果与客观事实的偏差，这就是自我意识的缺陷所在，自我意识会导致"一叶障目"的局限、狭隘、偏差与错误。因此，在对事、对人的认知与判断中，我们要走出自我，全面而科学的去分析、判断某人、某事。只有走出自我，才能全面的认识人，正确的处理事，因此，要求我们创二代在进行自我规划与自我管理时，必须能够走出自我，以客观的标准去评判人和事，去处理、解决问题，去从事各种活动。对于企业的经营管理而言，走出自我更是促进企业发展与利益实现的一个重要因素。尤其是在企业人才聘用与使用中，不能自已的自我意识会直接导致用人失策和人才流失。

古代商人故事中，就有这样一个关于两家客栈经营成败对比的故事，其思想就是在讲述自我意识对于企业发展的影响作用。古代一条非常繁华的商业街上，有两家客栈，一家在东街，掌柜姓刘，另一家在西街的掌柜姓李。东街的刘掌柜性情古怪，他喜欢身材修长、五官端正的人，认为这样的人具有灵气，一定也具有才气。于是，刘掌柜招聘店员与伙计都按照严格的身材标准与相貌标准聘用，所用的人不看其特长是什么，只看其是否是自己喜欢的类型。而西街的李掌柜则恰恰相反，李掌柜为人随和，他在聘请厨师时，是以现代的"考试"方式选拔的，即要求厨师做几个特色菜，然后决定是否录用这个人。在聘用伙计时，是对伙计的口才与思维应变能力进行观察和考试之后才录用的，就如同现代的"面试"聘用方式。

有一次，来了两个从外县逃荒而来的人，到客栈来应聘。这是一对兄弟，哥哥二十多岁，弟弟十六七岁的样子，衣衫褴褛，相貌平平。他们先来到东街刘掌柜的客栈，刘掌柜见二人之相甚是不欢，连多问也没有问一句，就赶了出去。而西街的李掌柜虽然也不喜欢二人的相貌与寒酸模样，但还是对二人的情况进行了了解。在了解与测试中，李掌柜惊喜地发现，这位哥哥不仅颇擅厨艺，而且对于一些不同地区的菜系口味非常熟悉，在这条繁荣的商业

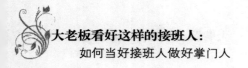
街中，来往客商来自南北各地、五湖四海，有这样一位厨师可以根据客人喜好口味的不同做出不同菜系，还怕留不住回头客吗？另外，这个弟弟虽然年纪不大，但很会说话，而且办事机敏，用作伙计，一定可以以其口才和热情的态度招揽更多顾客，也一定会以其机敏的逢源能力与顾客建立良好的关系、解决顾客吃饭、住店中所出现的意外问题。于是西街李掌柜欣喜地留下了这对兄弟。果不其然，因为这一对兄弟的不同特长优势，使得西街客栈生意日益红火、兴旺。而东街刘掌柜的客栈，因为店员都是依据刘掌柜对于人的相貌、性格的喜好而聘用的，难免有些伙计徒有其表，不谙生意之道，而且厨师技艺也平平，没有特殊之处，在与西街李掌柜的竞争中，完全处于劣势，久而久之，刘掌柜的客栈经营便陷入了困境。

在这个故事中，东街刘掌柜因为自我意识为主导，在人才聘用中以自己的喜好为人才评判依据，导致了人才误用和人才流失，如果他能以客观识人、用人，留下这一对兄弟，那么结果就会完全不同。而西街李掌柜，克服了自我主观意识的障碍，凭借客观依据全面的识人、用人，成功地挖掘了两个至关重要的人才，使得客栈生意兴隆，击败了竞争对手。在现代企业管理中，是否能够成功地克服自我意识局限性，在很大程度上决定了企业的发展空间。

鉴于自我意识的主观局限因素，我们创二代在自主创业的过程中，尤其是在人才的发掘与运用中，必须要走出自我，以客观的眼光、科学的分析，去识别人才，运用人才，把握人才。这便要求我们创二代不要因个人喜好去评判人才对象，不能以貌取人、不能以性格定人、不能将人才的能力的判断构建于自我偏见与偏爱的基础上。更为重要的是，在识人、认人的过程中不能以偏概全，不能因一个人在某方面的缺点而否定了这个人在某方面的优点。

同时，走出自我意识，全面识人、认人，不仅表现为对企业人才的发掘和运用，也表现为对企业外部合作对方的识别、评判与对人际关系中各种人的识别与评判，其识别的依据就是客观存在与机智、敏锐的分析，不能因自我意识造成人才的流失、有利人脉的损失，也不能因自我意识造成对己方不利甚至有害的人群的错误认同。必须坚持走出自我，客观识人。

第二章　个人修养

接班人更要有人格魅力

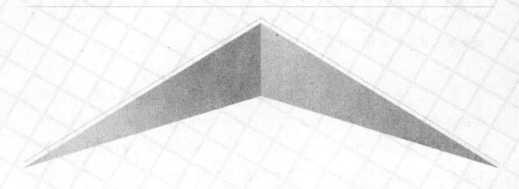

在当今社会中，我们要想在企业有所作为，就要不断地完善自我，提高自身的人格魅力。一个接班人要具备人格魅力，只有这样才可以凝聚人心。何为人格魅力？首先要弄清什么是人格。人格是指人的性格、气质、能力等特征的总和，也指个人的道德品质和人能作为权力、义务的主体的资格。而人格魅力则指一个人在性格、气质、能力、道德品质等方面具有的能吸引人的力量。在今天的社会里，如果我们在企业中能受到别人的欢迎、容纳，我们实际上就具备了一定的人格魅力。在对待现实的态度或处理企业内部关系上，表现为对员工和对企业的真诚热情、友善、富于同情心，乐于助人和交往；对待自己严格要求，有进取精神，自律而不自大，自谦而不自卑；对待工作和事业，表现得勤奋认真。

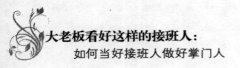

黄金法则 7：提升底蕴，
笃行路才通

一个人的底蕴和对事业的坚持不懈，是其以后成功的关键。每个人都有许多的理想，确立一个理想并不是光在大脑里想一想就能实现的事情，关键还是要笃行，脚踏实地，一步一个脚印，坚持不懈地朝着自己的理想前进，终有一天会实现的。彼得的故事告诉我们，不管我们拥有多么富裕的父母，将要继承多大的家业，明志笃行是必不可少的。

俗话说立业难守业更难，对我们这些将要继承父辈企业的人来说，前面的路并不会一帆风顺。人各有志，我们当中的某些人也许拥有和父辈不一样的理想，想要开创一个属于自己的企业；有些人希望继承父辈的企业，并把它在自己的手中发扬光大。但不管我们怎样选择，创业或者继承，都离不开自己的拼搏。有句话说得好，一个人只要脚踏实地，一步一个脚印地前行，终会收回自己的理想，终会成就自己的事业，所谓的厚积薄发，就是说的这个道理。所以作为一个梦想继承和超越父辈，自己成就一番事业的我们来说，提升自己的底蕴，实践笃行是必不可少的，也是最重要的一条成功法则。

所谓底蕴，是指我们内心的才智见识，也可以理解成通常意义上的内涵。要想提升自己的底蕴，方法有二，一是通过不断的学习来充实自己的认知，提升自己对人生对社会的理解，掌握更多的科学知识，在不断的学习中使自己的才能见识逐步提升。在我国古代的文学创作领域，流传着这样一句话——腹有诗书气自华，说的就是这个道理。虽然这是一句概括文学创作的话，但在一定意义上精彩地诠释了学习和人生底蕴的关系；二是丰富自己的人生阅历。个人的经历不同，底蕴就会不同。比如说一个从小生活在贫困家庭，通过自己的打拼白手起家的富豪和一个从小生活在优越家庭环境中长大的人在底蕴上就有着本质上的不同，无论是心智还是才能认知上都会有着巨大的差别。所以，把握一切机会丰富自己的人生经历，是一个很好的锻炼自己的方法。但无论是学习还是丰富自己的人生阅历，都离不开一个最基本的条件，那就是必须笃行。所谓"笃行"，是指学的最后阶段，就是既然学有所得，就要努力践行所学，使所学最终有所落实，做到"知行合一"。"笃"有忠贞不渝，踏踏实实，一心一意，坚持不懈之意。只有有明确的目标、坚定的意志的人，才能真正做到"笃行"。

巴菲特之子彼得·巴菲特在他的一本书里讲述了这样的一个故事，深刻地揭示了提高底蕴以及笃行在我们成功之路上的重要性。彼得在 19 岁的时候，他富有的爸爸巴菲特给了他一些股票，虽然数目不大，但对当时刚刚成年的彼得来说还是能称得上是一笔"巨款"，那些钱"够做任何事，但不够无所事事"。这使得彼得有了追逐自己梦想的勇气，虽然父亲巴菲特非常富有，在金融和股票投资领域有着巨大的影响力，但彼得却不想涉足父亲的事业，他打算实现自己的梦想，那就是音乐。

彼得当时还在斯坦福大学读书。他得到股票后做出一个决定，出售了这些股票，得到了 10 万美元的现金，然后毅然中断了在斯坦福大学的学业，离开了学校开始了创业之路。他在美国的旧金山创办了一家工作室，开始了他的音乐事业——弹奏钢琴，谱写歌曲，摸索电子音乐。在这期间，彼得为了增加自己在音乐方面的底蕴，提高自己的音乐才能，他接受一切和音乐有关的工作，甚至在没有报酬的情况下也会把工作承揽下来。但他的工作室几乎挣不到钱，对于一个刚刚出道的年轻人来说，没有名气是最大的障碍。但彼得没有气馁，始终坚持自己的音乐梦想，继续支撑着工作室。正是彼得的这

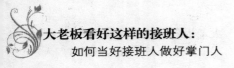

一个看似傻傻的决定，让他对音乐的感知和理解在不断的创作和演奏之中潜移默化地提升了，他的音乐底蕴也提高了许多。

彼得坚持不懈地为了音乐梦想打拼，一边学习一边实践，最终获得了机会。在一次外出工作的时候，他认识了一位新成立的有线电视频道 MTV 电视台工作的漫画家，这个漫画家在和彼得不多的接触当中，非常欣赏彼得深厚的音乐底蕴和对音乐梦想的执著笃行。于是这个颇有名气的漫画家为彼得的工作室从电视台争取到了一份有报酬的广告工作，这让他终于能够靠音乐谋生。彼得靠着不断的探索和创作，在音乐事业中不断前行，成为一名荣获艾美奖的音乐人、作曲家和制作人。他写道，如果我一开始没有在不断的创作中实践并不断地提高自己的音乐底蕴，没有坚持不懈地按照自己的理想走自己定下的路，那么我是不会取得现在的成就的。

上面的这个故事发人深省。一个人的底蕴和对事业的坚持不懈，是其以后成功的关键。每个人都有许多的理想，确立一个理想并不是光在大脑里想一想就能实现的事情，关键还是要笃行，脚踏实地，一步一个脚印，坚持不懈地朝着自己的理想前进，终有一天会实现的。彼得的故事告诉我们，不管我们拥有多么富裕的父母，将要继承多大的家业，明志笃行是必不可少的。不管什么时候，丰富自己，充实自己，笃行实干，都是一个成功人士必不可少的特点。

黄金法则 8：拥有学识和度量，
做有才华的领导者

作为一个企业的二代继承者，不管生活多么优越，我们自己也必须趁着年轻的时候多学一些科学文化知识，经济管理、中文语言、历史政治等等，我们掌握得越多，学识越丰富，度量就越大，看问题解决问题的能力就越长远越丰富，将来掌控企业时走的弯路就会变少。

作为一个企业的领导者，学识和度量是必不可少的领导要素。领导者的学识直接决定着企业的发展方向和管理理念，对企业的生存和发展有着决定性的作用；而领导者的度量则是企业包容性的基础，俗话说"海纳百川，有容乃大"，有度量的人能容人留人，更能在事业上取得成功。

一个领导者的学识和度量，决定着企业的定位，决定着企业的经营理念和发展模式。从本质上来说，领导者是企业的灵魂，是企业的标志，领导者的学识和度量主宰了这个企业的方向和发展战略，主宰了这个企业同内部员工以及外部各类企业的关系，是不能被我们忽视的一条非常重要的成功基础。

中国羽绒服行业著名品牌"波司登"如今已是家喻户晓，他的创立者高清康也因此获得了 2006 年 CCTV 中国经济年度人物称号。作为"波司登"的

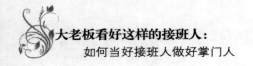
第二代接班人，高清康的儿子高晓东是一个地地道道的"海龟"，有着 5 年的国外留学经历，积累了丰富的经营管理学识，这在低技术附加值的制衣行业二代接班人中比较少见。高晓东 20 世纪 90 年代考入东南大学外贸英语系，在 1998 年转学进入匈牙利布达佩斯经济大学以及一所美国州立大学学习英语，2000 年进入美国世纪大学攻读工商管理，三年后获得了硕士学位。

经过一番实地考察，高晓东把自己的创业目标定在了休闲男装上，他认为借助父亲创立的波司登品牌来发展市场上还处于空白期的休闲男装是个很好的创业起点，在中国的服装市场上，还没有一个真正意义上的休闲男装品牌能够在世界男装市场上排得上名号。高晓东凭借着 5 年的留学生涯积累下来的学识和放眼全世界的度量敏锐地洞察到了其中的商机，怀着梦想开始了自己的创业。在企业的经营管理上，高晓东凭借着自己丰富的学识，创造出了一套远远高出其他服装企业经营理念的方法：他从服装设计的源头抓起，和国际知名的服装设计公司合作，联合在北京、上海、广州等地成立了设计工作室，将世界上最前沿的设计理念和男装流行的风格以及制作的工序方法运用到波司登男装上，并且采取增加波司登男装的流行元素和服装色彩等方法，使波司登男装形成多元化趋势，从而提升了波司登在不同阶层、不同年龄段人群中的市场占有率。几年下来，波司登男装无论市场竞争力和档次上都得到了消费者的认可。在服装的销售渠道上，高晓松采用专卖店的形式加以固定，统一销售价格，统一专卖店形象设计，甚至统一服务员的着装。在提出加盟申请的几百名代理商中，高晓东亲自把关，要求专卖店需拥有市区主要繁华商业街临街独立门面的营业场所，经营场所面积至少 100 平方米；要求合作伙伴一定是全国服装经销专业人才。经过精心筛选，他首批选择了 20 家"波司登"男装省级代理商。他不仅创新经营思路，而且把在国外学到的更为先进的服装企业操作模式应用到自己的企业中，做品牌、做设计、做渠道、抓供应链，虽然要求更高、风险更大，但他认为，这样的自主男装品牌创新之路才是在父辈基础上的跨越，也才能够实现他的梦想。

　　丰富的学识和度量使高晓东深深地意识到，在市场化主导的现代商业社会，一个品牌想要取得持续性的发展，想要百年长青，必须与时俱进，采用现代化的管理制度、规范化的运行流程以及前瞻性的新产品设计开发，用高品质的服装质量和无处不在的终端服务来打动消费者，建立自己的口碑，树立自己的著名牌品。为此，波司登男装建立了自己的品牌推广中心、产品研发中心、营销服务中心、生产管理中心、终端管理中心等几大管理机构，聘请了一大批具有较高学历、具有丰富实践经验的人员充实各岗位的工作。古人说："将军额上能跑马，宰相肚里能撑船。"这句话，放在高晓松身上，是非常合适的。一个成功的企业离不开掌舵人，更离不开各个领域的人才；当然一个人不可能永远都是对的，在自己做错事情的时候，别人好意的提醒乃至善意的争论都是难得的、宝贵的，所以高晓松在平时的企业运作中注意察众人之心，能够虚心接纳逆耳之言，严于律己，用人之长，容人之短。高晓东之所以有过人的度量，是与他的非凡才智和学识分不开的，从某种意义上来看，学识和度量成正比例关系，一个人的学识越高，知道的东西越多，他就越能知人认人容人，反之亦然。

　　所以，作为一个企业的二代继承者，不管我们的生活多么优越，我们自己也必须趁着年轻的时候多学一些科学文化知识，经济管理、中文语言、历史政治等等，我们掌握得越多，学识越丰富，度量就越大，看问题解决问题的能力就越长远越丰富，将来掌控企业时走的弯路就会越少。

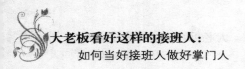
黄金法则 9：坚韧正直，完善自我

对我们来说，拥有坚韧正直、不断完善自我的品性是非常重要的任务。作为一个企业的接班人，应该具有回报社会的正直感，应该拥有不断进取百折不挠的坚韧性，只有不断打拼，完善自我，才能把我们的企业发扬光大，才能让我们的企业得到社会的认同，成为一个负责任、有能力的企业家。

坚韧正直，完善自我，是一个"创二代"成功的不可或缺的条件。

古人说："其身正，不令而行；其身不正，虽令不行。"其中的"正"就是正直、公正之意。一身正气，为人正直，处事公正是将要继承家族企业和立志创业的我们应该具有的基本商业素养。诚实守信是人的立身之本，也是我们的立业基础，更是一个领导者、一个企业标志性的形象本质。一个言而无信的人，是不堪为伍的，终其一生也得不到别人的信任，更别谈什么发扬光大父辈的事业和创建自己的辉煌了。对我们而言，应该做到诚实守信、严于律己，发现错误及时改正。正直让人产生冒险的勇气和力量，它使我们直面生活的挑战，绝不会苟且偷安，畏缩不前。一个正直的人是有把握、并能相信自己的——因为我们没有理由不信任自己。正直经常表现为坚持不懈、一心一意地追求自己的目标，拒绝放弃自己努力的坚韧不拔的精神，它最终会使我们收获友谊、信任、钦佩和尊重。一个有理想的人，一定是一个坚韧正直的人，因为人生不可能总是一帆风顺，在实现梦想的过程中一定会遭遇很多意想不到的挫折和失败，在一次又一次的跌倒后，坚韧正直的品性能使我们咬紧牙关挺下来，不至于半途而废，不至于走向沉沦。

民营企业中的翘楚万向集团，在第一代掌门人鲁冠球的打拼经营下现如今已经发展为一家年营业额数百亿元的汽车配件生产企业。在谈到现在大多数民营企业面对的一二代接班人问题时，年逾花甲的鲁冠球有自己独特的见解。鲁冠球唯一的儿子——仅仅三十多岁的鲁伟鼎在经营操作中，讲速度、有股坚忍不拔的闯劲儿，凡事都亲自冲在第一线；鲁冠球则经常往后拉一拉，严格地掌控着企业的安全系数。"现在在万向我只做两件事，一是大方向，在大方向规划之内的事容易通过，规划之外的项目就要多进行研究分析，要慢一点；二是选人才，因为选择好的人才，可以带来一个成功的项目。定好了方向，选对了人才，其他的都交给他们年轻人去做了。"对于自己的平稳交接，鲁冠球显得很满意。"对于接班人，我现在选好我儿子，如果将来有能力超过我儿子的优秀人员出来，只要能够把企业搞得更好，能够为农民多增加收入，为农村富裕做出贡献的，我可能会要调一个，这个是可以改变的。"鲁冠球并不像某些企业家那样避讳谈接班人的问题。"我现在不仅要培养伟鼎，除了他，我还在培养一个两万多人的万向团队，他们都是万向的接班人。"鲁冠球坚定地说。

在鲁冠球的眼里，一个人"只要能够把企业搞得更好，能够为农民多增加收入，为农村富裕做出贡献"，在这方面做得比他的儿子鲁鼎盛优秀，就可以取而代之，成为万向未来的接班人。而鲁冠球所说的"能够为农民多增加收入，为农村富裕做出贡献"，一个领导者如果没有正直坚韧的品性是做不到的，因为要带动农民致富，需要付出很大的努力，物质上和精神上的，一个没有坚韧正直品性的人，是不可能拿出钱来做所谓的"慈善"的，更谈不上为了农民的富裕而一直坚持下来。

一个成功的人，一定是一个不断完善自我的人，因为我们即使再优秀，也是一个个体，不可能面面俱到，天生就拥有各方面的能力、掌握各方面的

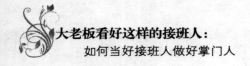
知识，所以不断地完善自我就显得尤其重要，只有不断完善自我，我们才能时刻站在生活、社会、科技的最前沿，洞察细微的变化，从容应对突发的状况。这一点在万向集团第一代掌门人鲁冠球身上体现的特别明显。综观鲁冠球的整个创业史，他当初是一个没有多少文化知识的农民，之所以能够一步步地把最初的宁围公社农机厂发展成后来的萧山万向节厂，再到今天的万向集团，和鲁冠球不断地完善自己提高自己有着巨大的关系。人无完人，但人可以无限接近完人，只有不断地完善自己，才能让我们更加成熟，才能让我们的企业在市场的激烈竞争中应对自如。

所以，对我们来说，拥有坚韧正直、不断完善自己的品性是非常重要的任务。作为一个企业的接班人，应该具有回报社会的正直感，应该拥有不断进取百折不挠的坚韧性，只有不断打拼，完善自我，才能把我们的企业发扬光大，才能让我们的企业得到社会的认同，成为一个负责任、有能力的企业家。

黄金法则 10：提升个性魅力，
传承企业文化

作为企业的接班人，提升个性魅力，传承企业文化，是我们成功继承企业并将其发扬光大的重要条件，不应被我们忽视。一个企业领导者的个性魅力和这个企业的文化，对企业的发展至关重要。个性魅力我们很好理解，而企业文化是指企业全体员工在长期的发展过程中所培育形成的并被全体员工共同遵守的最高目标和价值体系、基本信念和行为规范的总和。它对企业的成长发展至关重要，有着凝聚人心、激励员工、约束行为、调试关系等作用。

一个成功的企业总会和一个成功的企业家的名字联系在一起，可以说企业的掌控者是整个企业的灵魂。作为将来的企业家，未来家族的继承者，我们肩负这一个企业的发展，任重道远。我们的个人魅力，体现了自身的综合素质，无论从企业的内部还是企业的外部来看，都是非常重要的，丝毫不亚于一个企业的品牌产品的影响力。在现今激烈的市场竞争中，缺乏个人魅力的家族继承人将来接管了企业，也不会将之长久地发扬光大的。

提升我们个性魅力的方法很多，多看书掌握尽可能多的科学知识和行业动态，学会幽默等等，都可以让我们在和别人的接触中产生吸引力。但作为一个企业的接班人，个性上的魅力往往是在为事业的奋斗中形成提升的。都说奋斗最美，成功的人最有魅力，这句话很有道理。

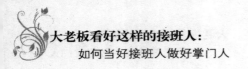
个性魅力的作用可以体现在以下几个方面：

第一，我们的个人魅力，能够使我们得到企业员工的拥戴和尊敬。不管我们接过父辈手中的权力时企业是一种怎样的状态，假如我们能够让濒临破产的企业起死回生，让成绩平平的企业迅速发展，或者在父辈的基础上进行第二次创业，在长久的奋斗中，随着企业的发展壮大，我们的个人魅力也将逐渐显现出来，并最终得到广大企业员工的认可。在我们扭转乾坤壮大企业的这个过程中，广大员工目睹企业的变化，一定会认同我们，认为我们可以担当大任，在以后的日子里跟随我们。

第二，一般来说，拥有个人魅力的企业家大都会以身作则，亲力亲为，展现出榜样的作用。这种榜样的力量一定会起到一个好的影响，引起企业广大员工的争相模仿，从而引导企业员工向着共同的目标前进。一个好的企业继承人，一定是一个好的榜样，言传身教，用独特的人格魅力感召员工，一起开创企业的发展奇迹。

第三，个人魅力具有广泛的凝聚力。独特的人格魅力，可以吸引企业的员工，更方便我们向员工传递我们的管理理念和价值观念，使这些理念深入到员工们的心里，从而增加了企业的凝聚力。所以，我们一定要重视个人魅力的作用，它可以让我们的员工从我们身上感受到一种强大的亲和的力量，从而消除焦虑，寄托期待，从而带领我们的企业走向成功。

但我们要注意的一点是，个人魅力不等于个人英雄注意，我们不能在个人魅力的大旗下独断专行，因为一旦我们的决策出现了失误而又没有人及时提醒我们的时候，那么我们可能把企业的未来亲手毁掉。

长沙卷烟厂曾经陷入过极大的困境之中，厂里生产的低档香烟打不开市场、没有销路，导致大量积压，所生产的低档次香烟大量积压，长沙卷烟厂的效益连年下降，出现了前所未有的亏损。新上任厂长肖寿松利用柬埔寨刚刚实现停火的时机，冒着生命危险带人到柬埔寨前线战壕里向战士发香烟。在这样的时刻能吸上一口烟，那是一种什么样的感受。随着和平日子的到

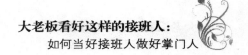
来，战士们带着这种感受奔向四面八方，使长沙卷烟厂的香烟在柬埔寨有了极高的知名度，成为十分畅销的产品。随之，他又狠抓新产品开发，创出"白沙"系列名牌香烟。长沙卷烟厂由一个十分不景气的企业发展成为效益在同行业名列前茅的企业。这位企业家自然得到人们的敬仰，他那种巨大的人格力量，不由得使员工产生归属心理，全厂员工以他为中心凝聚在一起。

美国学者托马斯·彼得斯和小罗伯特·沃特曼在《寻求优势》一书中指出"我们研究的所有优秀公司都很清楚他们的主张是什么，并认真建立和形成了公司的价值准则。事实上，一个公司缺乏明确的价值准则或价值观念不正确，我们则怀疑它是否有可能获得经营上的成功。"彼得所说的价值准则就是一个企业的文化，是指企业全体员工在长期的发展过程中所培育形成的并被全体员工共同遵守的最高目标和价值体系、基本信念和行为规范的总和。它对企业的成长发展至关重要，有着凝聚人心、激励员工、约束行为、调试关系等作用。通常说来，一个企业的文化是这个企业多年发展的过程中在管理、营销、人际等领域的精华集合，代表了这个企业的立业根本。所以当我们从父辈手中继承企业时，不要局限于物质上的继承，企业文化的传承发扬也至关重要。小沃森在接掌 IBM 后，继承了老沃森注重培植企业文化建设的优良传统，并有所发扬。小沃森曾经这样总结 IBM 企业文化和经营信念：①尊重个人的价值。在 IBM 公司的管理工作中，这一点始终处于主导地位。保障每个人的职业，尊重他们的人格，并注重培养提升他们；②尽善尽美地为顾客服务。"IBM 意味着服务"，是公司最成功的广告。公司通过提供最佳的服务以获得良好的信誉、长久的业务和忠诚的客户；③尽最大努力去贯彻执行。这是使得上述两条信念得以有效落实的关键力量，而不像多数组织那样，美好的目标计划到头来往往流于空言。IBM 的经营理念已成为现代管理（不限于企业经营）所公认的基石。

作为企业的接班人，提升个性魅力，传承企业文化，是我们成功继承企业并将其发扬光大的重要条件，不应被我们忽视！

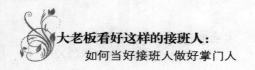
黄金法则 11：宠辱不惊，有容乃大

　　宠辱不惊，闲看庭前花开花落；去留无意，漫随天外云卷云舒，说的是受宠受辱都不在乎，成功失败一笑了之，不能因为个人的得失而乱了自己，使心意动摇，乱了跟脚。而海纳百川有容乃大，就是说要豁达大度、胸怀宽阔，这也是一个人有修养的表现。

　　商场如战场，竞争激烈，这要求我们这些企业的接班人要具有良好的心理素质，不管面对成功还是失败的时候，都要做到宠辱不惊，有容乃大。

　　《周易》中有这样的一段话：岁月本长而忙者自促；天地本宽而卑者自隘；风花雪月本闲，而劳忧者自冗；天行健，君子以自强不息；地势坤，君子以厚德载物；宠辱不惊，闲看庭前花开花落；去留无意，漫随天外云卷云舒。不妄取，不妄予，不妄想，不妄求，与人方便，随遇而安。所谓宠辱不惊，即上面文中所指的"宠辱不惊，闲看庭前花开花落；去留无意，漫随天外云卷云舒"，说的是受宠受辱都不在乎，成功失败一笑了之，不能因为个人的得失而乱了自己，使心意动摇，乱了阵脚。而海纳百川有容乃大，就是说要豁达大度、胸怀宽阔，这也是一个人有修养的表现。中国过去有句俗话，"宰相肚里能撑船"。姑且不论那些宰相是不是都是有肚量的人，但人们都把那些具有像大海一样广泛胸怀的人看做是可敬的人。一个普通人如是，我们这些将要继承家族企业的接班人，更应该有一个宽广的胸怀，这样我们才能听取不同的意见，取其精华去其糟粕，为我所用。

匹克企业的继承人许志华进入公司的时候，父亲许志华创建的这家企业已经开始走下坡路了。那一年刚好许志华从四川大学毕业，决定子承父业，客观上说，许志华并不是简简单单的继承，不是世人眼中的"富二代"，应该属于"创二代"这个集体，因为在许志华接收的时候的，匹克正面临着很大的困境。2000 年左右，晋江运动制鞋行业一下子涌现出了大量的品牌，一下子把匹克淹没了。安踏、特步等开始了一轮大张旗鼓的广告宣传，打造自己的品牌，全国各地的电视报纸网络上一下子出现了多达 40 个的晋江运动制鞋品牌的广告。让匹克生存更为艰难的是，这些企业开始在全国各地铺建销售网络，大建专卖店，由此迅速抢占了市场份额，原本属于匹克的市场被这些品牌慢慢蚕噬掉了。匹克无疑正在面对一个空前的危机，由原来"坐在上升的电梯里，就是站着不动也会一直往上走"匹克淹没在如春笋般涌出的晋江品牌中，与匹克毗邻的安踏、特步等已经开始一轮大张旗鼓的造牌运动，多达 40 多个晋江品牌在电视上大打广告，更要命的是，他们在全国铺建销售网络，大建专卖店，迅速抢夺着市场份额，而匹克还没有从传统的商场模式中解放出来。"2000 年是一个分水岭，之前，我们就像是坐在上升的电梯里面，就是站着不动，也会一直往上走"春风得意一下子成了这个行业的"过去"，产销都大不如前了。

许志华并没有被眼前的困境所吓倒，在进入匹克的第二年，在慢慢熟悉这个行业的总体情况后，他开始整顿经销商。许志华在一年的调研中，曾经拜访过多达一千家经销商，在这个过程中，他发现一些经销商不思进取，根本就适应不了现在的零售时代。他在渐渐摸清了各地经销商的做法，研判出经销商营销手段的优势之后，毅然取消了那些成绩不出众的经销商资格。由于涉及各方面的利益，这项措施的施行遇到了很大的阻力，但许志华还是顶住了各方面的压力。但不久以后，公司内部对许志华的这项措施质疑的声音渐渐大了起来，一些元老级的人物称许志华的这种做法是"异想天开"，许志

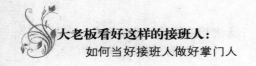

华一下子处在了内外夹击的风口浪尖上。对此许志华能够理解，他接受各方面的指责，认为这些是对企业的爱护。忠言逆耳利于行，良药苦口利于病，所以不同的见解，只要是好的，对企业有利的，他都能接受，所以他一点也没有和父亲抱怨过什么。

但他的父亲出于保护他的目的，很机智地派许志华到北京组建分公司，远离旋涡，许志华的第一次行动或者说"创业"就这样在各方争议中落幕了。许志华为了证明自己，只身北上，租下了北京洋桥外的盐业仓库，楼下是白花花的食盐，有一股刺鼻的海腥味，楼上装满了匹克的鞋子衣服。他就在货品中间办公，北京的冬天很冷，仓库里却没有暖气，许志华就硬挺着，一双手被冻得通红。一辆金杯面包车载着许志华穿梭于北京的大街小巷中，送货接货，就这样，许志华一点一点地建立起匹克北京分公司。许志华靠着艰苦的打拼，最终打开了匹克在北京的市场，为企业以后的发展注入了巨大的动力。

从许志华的经历中我们可以看出，宠辱不惊，有容乃大，是一种多么重要的品质。匹克的困境，他敢于面对，并积极寻找重生的道路；面对别人对自己的质疑，他能够理解，不恼不怒，包容不同的见解。正是有了这种宽广的胸怀，他才能顺利地接过匹克的事业，并把先前的一家小小的制鞋企业发展成现在的行业第三大上市公司。

黄金法则 12：改变心态就能改变人生

作为一个企业的继承人，将来的企业家，我们应该具备怎样的心态呢？综观那些创业成功人士的经历，我们就会发现，他们之所以能够成功，除了他们有经验聪慧过人外，他们还有常人所不具有的良好心态，对自己的事业充满着激情。

从某种意义上来说，一个人的心态决定了这个人对家族事业的忠诚和执著的程度，是衡量一个人是否能够继承家族事业并将之发扬光大，或者另起炉灶成就一番自己事业的重要指标。俗话说性格决定命运，在这里我们不妨套用一下这句话，心态决定成就。所以说心态非常重要，一个积极的、正面的心态可以让我们一辈子充满干劲，拥有取之不竭的动力，可以让我们充分地发挥主观能动性，用强大的精神力量为我们事业的成功保驾护航；反之，一种消极的、负面的心态，会像腐蚀掉铁的水汽一样消磨掉我们的斗志，使我们失去创业的激情，让我们原地踏步不思进取，甚至不进反退，一败涂地。

那么作为一个企业的继承人，将来的企业家，我们应该具备怎样的心态呢？纵观那些创业成功人士的经历，我们就会发现，他们之所以能够成功，除了他们有经验聪慧过人外，他们还有常人所不具有的良好心态，对自己的事业充满着激情。所谓心态，反映出了我们的主观能动性，是一种精神层面上的动力，是在创业的过程中必不可少的能量。心态有好有坏，对我们这些

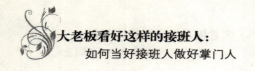

企业继承人来说，应该具有以下几种心态：

第一，我们要有成功的欲望。欲望一般来说通常被人们当成有害的情绪，它贪婪、自私甚至丑恶。在我们决定做一件事情的时候，最理想的情况莫过于我们摒弃自私、凡事助人为乐，并且诚挚地希望增进人类和社会的福祉。但是对我们这些凡人而言，要想彻底根除自私自利与贪婪之心是不可能的。所以我们应该试着去控制这种欲望，当我们把所谓的欲望转移到我们的工作上来的时候，我们就有了想要成功的不竭动力。欲望可以使一个人的智慧发挥到极至，排除所有障碍，欲望使人全速前进而无暇顾及其他。作为"富二代"，企业将来的接班人，父辈的成就给我们别人眼里的富贵和羡慕，也在我们眼前形成一种无形的光环，要有超越这种光环的欲望，才能迈向成功。

第二，我们要拥有强烈的野心。作为一个未来的企业家，我们首先要清楚地认识自己的才能，预测自己应按照怎样的一种方式发展来经营，仅仅是得到一些小成绩是不能称之为"伟大"的。所以，我们必须要有一种强烈的欲望，并以此为基础勾画出我们未来的蓝图，我们把这种建立在欲望之上的"蓝图"称之为野心。那么我们为什么需要野心呢，为什么要描绘出这么庞大的"蓝图"呢？想要我们的企业在激烈的市场竞争中存活下来，并不断地壮大，就一定要自己随时充满奋斗的热情，保证每时每刻我们的斗志都是最强烈的。这个"蓝图"存在，就能够使我们处于这样一个状态，因为他的存在，可以让我们自己的骨子里永远保留着使不完的干劲，就可以大大地增强我们勇往直前的能力。野心的存在，让我们有了更远大的目标。假如我们想成为某一个领域中最顶尖的公司，那就让我们和自己的员工一道去努力吧！

第三，我们要真诚。我们都知道这么一句诗"自由诚可贵，爱情价更高"，在这里可以套用一下，心态诚可贵，真诚价最高。企业和企业之间的交易一定要有买卖双方。一个成功的交易一定会是一个"双赢"的买卖，双方都能从中得到好处，而真诚无疑是这种"双赢"的基础。在生意场上，要让你的合作伙伴得到快乐，是以后长久合作的基础，一方获利而一方遭受损失，我们的成功也不会长久，知识短暂的流星，一闪而逝。我们这些将来的企业家，需要技巧，需要圆滑处事，但不能背叛真诚，抛弃同情，忘记亲和。作为一个企业的领导者，用诚实真诚的态度来对待自己的员工和合作伙伴至关重要，企业需要创造一个双赢的局面——在企业和企业之间，更应该在企业和员工之间。领导者应该随时保持一颗谦卑的心。权力与权威会使人道德沦丧、骄矜自大，或以高傲姿态面对众人。在这样的领导下，团队或许能获得短暂的成功，但不能持续地成长。最后，团队里的人都不想再合作下去了。

第四，我们要永远保持乐观。即使在最难熬的逆境中，也要永远保持快乐的心情、积极的态度。有一个关于乐观心态的小故事，说的是一个秀才第三次进京赶考，住在一个经常住的店里。考试前两天他做了三个梦，第一个梦是梦到自己在墙上种白菜，第二个梦是下雨天，他戴了斗笠还打着伞，第三个梦是梦到跟心爱的表妹脱光了衣服躺在一起，但是背靠着背。这三个梦似乎有些深意，秀才第二天就赶紧去找算命的解梦。算命的一听，连拍大腿说："你还是回家吧。你想想，高墙上种白菜不是白费劲吗？戴斗笠打雨伞不是多此一举吗？跟表妹都脱光了躺在一张床上了，却背靠背，不是没戏吗？"秀才一听，心灰意冷，回店收拾包袱准备回家。店老板非常奇怪，问："不是明天才考试吗，今天你怎么就回乡了？"秀才如此这般说了一番，店老板乐了："哟，我也会解梦的。我倒觉得，你这次一定要留下来。你想想，墙上种菜不是高种吗？戴斗笠打雨伞不是说明你这次有备无患吗？跟你表妹脱光了背靠背躺在床上，不是说明你翻身的时候就要到了吗？"秀才一听，更有道理，于是精神振奋地参加考试，居然中了个探花。这个故事告诉我们，很多时候我们不是输给了竞争对手，而是输给了自己消极的心态。

所以我们的心态很重要，不论是什么时候，我们都应该保持一种强烈的成功欲望和野心，保持一颗真诚乐观的心。

第三章　组织管理
做一个合格高效的领导者

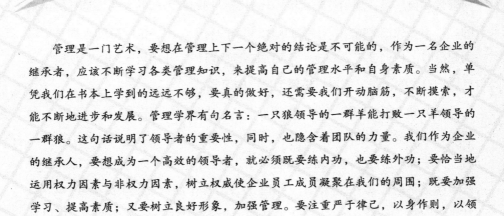

　　管理是一门艺术，要想在管理上下一个绝对的结论是不可能的，作为一名企业的继承者，应该不断学习各类管理知识，来提高自己的管理水平和自身素质。当然，单凭我们在书本上学到的远远不够，要真的做好，还需要我们开动脑筋，不断摸索，才能不断地进步和发展。管理学界有句名言：一只狼领导的一群羊能打败一只羊领导的一群狼。这句话说明了领导者的重要性，同时，也隐含着团队的力量。我们作为企业的继承人，要想成为一个高效的领导者，就必须既要练内功，也要练外功；要恰当地运用权力因素与非权力因素，树立权威使企业员工成员凝聚在我们的周围；既要加强学习、提高素质；又要树立良好形象，加强管理。要注重严于律己，以身作则，以领导魅力带动、影响、促进广大企业员工，为实现企业的共同目标而努力奋斗。

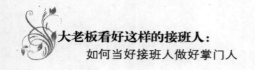
黄金法则 13：确定目标，丢掉幻想

确立目标，要求我们丢掉不切实际的幻想，一切从实际出发，全心全意为了自己的目标奋斗。幻想只是麻醉自己的一种方法而已，它会使我们想入非非，脱离现实，会使人沉浸在虚幻的世界中难以自拔！幻想最可怕的是让我们脱离现实，产生错误的判断，即更多的是主观的而不是客观的分析，一相情愿地想象事情的发展。

当我们接掌企业时，要确定企业的发展目标，丢掉不切实际的幻想，脚踏实地，一步一个脚印地去践行。作为一个企业的接班人，在接受父辈的企业时，就意味着我们人生的一个新起点，不管父辈把企业发展的如何巨大如何繁荣如何广阔，那始终都是上一代靠着坚韧的毅力和非凡的智慧打拼出来的，并不是我们的成绩。当我们站在父辈的肩上，比一个同龄的人拥有更高的起点时，我们就应该制定一个更加高远的目标，开始自己的路，创造出一片属于自己的天空，博得一份属于自己的荣誉。

关于确立目标的重要性，我们可以从《西游记》中得到印证：唐僧、孙悟空、猪八戒和沙僧师徒四人去西天取经，唐僧自不必说，自从收了徒弟以后，大家都知道他一路上就舒服起来了，有马代步，衣来伸手饭来张口，降妖除魔更不用他动手，当然，他动手也没有那个能耐。三个徒弟各有本事，孙悟空会筋斗云，一个跟头十万八千里，更厉害的是七十二般变化，所以孙悟空最善降魔除妖，冲锋陷阵；猪八戒虽然好吃贪睡人也懒，但也会三十二般变化，打起仗来也能上天入海，助悟空一臂之力；沙僧则胜在憨厚忠良，吃苦耐劳，干什么事情都任劳任怨，一路上挑着行李担子风里来雨里去。但是如果问一个问题：他们师徒四人中谁最重要，咱们应该怎么回答？这四个人里面要说最没本事的就是唐僧了，遇事不辨真伪，对妖怪也要慈悲为怀，迂腐得让我们唉声叹气，最可恨的是他还因为自己是无知迂腐动不动就念几句"紧箍咒"，弄得孙悟空痛苦不堪。但是，就是他，在孙悟空一赌气回了花果山、猪八戒开小差跑回高老庄、沙僧也犹豫的情况下，毅然一个人奋勇向前，不达目的誓不罢休。因为，唐僧心里清楚地知道，他去西天的目的是要取回真经普渡众生。他知道为什么要去西天，他知道他为什么做，他知道他要什么；而3个徒弟，他们并不知道为什么要去西天，他们只是知道保护好唐僧就行，至于为什么要保护好唐僧，他们不用去考虑，他们知道的是怎样做，并且把它做好。所以，无论路程多么艰险、无论多少妖魔挡道、无论多少鬼怪想吃其肉，他都毫无畏惧，奋勇向进。最后，唐僧不仅取回了真经，而且还使曾经被称为妖精的3个徒弟，最终功德圆满成佛。一旦确立了目标，就要坚定信心，不管遇到多大的困难和险阻，都不要放弃，才能取得成功。

所以确立目标，丢掉幻想，对我们来讲非常重要。当我们根据企业的现状确定好一个目标之后，为了实现目标，还应该做到以下几点：

第一，把我们确立的大目标分解成几个中目标，即人们经常说到的"阶段"，这样一来，企业的总体目标就显得层次分明，条理清晰，给人以真实感，一个阶段性的胜利将极大地鼓舞我们实现总体目标的热情。如果把我们的国家看成是一个企业，那么实现现代化的这个总体目标就有着清楚的阶段性：20世纪80年代，中央提出了"翻两番"的长期经济发展战略。后来，中央又把这一目标明确为"三步走"的战略构思：第一步在80年代翻一番，即以1980年为基数使经济总量（GDP）翻一番，解决人民的温饱问题；第二步是到20世纪末，再翻一番进入小康社会。第三步，在下世纪再用30到50

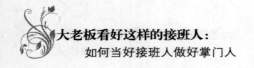

年的时间，再翻两番，基本实现现代化，达到中等发达国家水平。国家的发展如此，企业的发展和管理更应该如此，具体到我们个人身上，确定目标后更应该如此。把大目标分解成几个阶段性目标以后，会减少我们实现的难度，增加我们奋斗的信心，使得整个目标的实现在精神层面上变得容易了。

第二，确立一个实现目标的时间表是非常重要的，它可以使我们时刻保持紧迫感和危机感，一刻也不懈怠，为了实现目标不断奋斗。几乎每家企业都有一个总体的规划，比如联想在 2001 财年的计划是：实现 260 亿元人民币的营业额，电脑销量（包括商用台式、家用台式、笔记本、信息家电）400 万台；服务器 5 万台；掌上电脑 50 万台；外部设备 90 万台；主机板 500 万片。这个计划有一个总的时间表，就是一年。当然这是一个阶段性的目标，是总体目标中的一个步骤。

确立目标，要求我们丢掉不切实际的幻想，一切从实际出发，全心全意为了自己的目标奋斗。幻想只是麻醉自己的一种方法而已，它会使我们想入非非，脱离现实，会使人沉浸在虚幻的世界中难以自拔！幻想最可怕的是让我们脱离现实，产生错误的判断，即更多的是主观的而不是客观的分析，一相情愿的想象事情的发展。我们经常幻想成功，就会逐渐失去冷静，当幻想和现实的差距越来越大时，人也会变得越来越烦躁，情绪也会越来越差和难以控制。幻想会浪费我们的大量时间，使我们错过眼前的很多机会。幻想不会使我们成功，只有行动才有可能成功。所以，一旦确立目标，不管遇到多大的挫折，都不要放弃和幻想什么，埋头苦干才是实现目标的最好方式。

黄金法则 14：有令则行，
不让命令打折扣

作为一个企业的领导者，想要完全掌控整个企业，让企业的前进方向按照自己的规划前进，做到令行禁止，是需要很多条件的。我们的命令是否能够完完全全地贯彻执行下去，关系到企业的日常运行的稳定性，更关系到企业将来的发展前景，是不容忽视的大问题，必须引起我们的高度重视。

一个企业更像一支队伍，只有做到令行禁止，才能打胜仗，才能在风起云涌的商海中生存下来。作为企业的领导人，如何保证自己的决策被真正地贯彻落实，是一个很重要的问题。

想要做到令行禁止，应该从下面的几个方面入手：

第一，在企业内部建立起奖惩制度，激励贯彻服从者，处罚敷衍违背者。美国著名心理学家马斯洛认为，驱使个人成长和创造的动机，是由数个需求层次组成的，最高层次的需求是自我实现。在此之下，动机由其他四种需要组成，即生理需求（如呼吸、水、食物等）、安全需求（人身安全、健康保障、资源所有等）、社交需求（如友情、爱情等）、尊重需求（如自我尊重、信心、成就等）。人的一生都围绕着这些需要展开努力和行动，而努力和行动的目的就是获得别人的认可——自我实现的形式就是获得认可及自身价值最大化。因此如果顺应个人的努力和行动，对其表现进行积极地肯定甚至奖

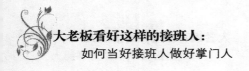

励，将极大地激发个人积极性。

在企业的运作过程中，我们需要建立起有效的奖励标准，以此激励员工服从命令，一丝不苟地去执行。对服从命令、执行能力强的员工，我们应该采用表扬鼓励、加薪升职等手段来激励他们。对一个有进取心和责任心的员工来说，企业的表扬鼓励和加薪升职构成了他的荣誉，从此会全心全意为企业工作，不打折扣地贯彻我们的命令，做到令行禁止。因此，奖励作用积极意义在于：对员工的积极性起到极大激发，对于公司运作效率产生极大提升。

而惩罚则可以起到一种警示作用，对那些不听从命令的员工加以惩罚，会在他们的思想上拉起一道防线，每当将要触线的时候，他们就能主动规避，避免再次受到惩罚，这样我们的命令也就可以得到全面的执行。相对于鼓励而言，惩罚的意义就在于，否定员工在日常工作中的不执行命令或者敷衍的行为，以而引发他们的自身反省和懊恼，对于之前的观念和行为进行改正，从而获得经验教训。惩罚对于个体员工来说，有着强大的制约作用。因为往往能起到一种震慑作用，使之今后学会服从。

第二，我们自身的个性魅力能够很重要，建立在自身魅力上的权威更加具有吸引力。有魅力的企业家作出的决定员工常常会自觉遵守，不打折扣。我们的魅力能够影响企业的员工，让他们自觉执行命令，凝聚在我们的身边，做一个良好的执行者。我们的自身魅力是我们隐形的能量，它能够影响我们周围的人，使他们认同我们，从而认同我们的举措，更好地贯彻执行我们的命令。

第三，建立良好的企业文化，使员工在企业文化的长期熏陶中养成服从命令的良好习惯。一个企业的文化对企业的员工来说是一种精神上的引导和教育，在企业文化中贯穿服从命令的理念就显得必不可少。企业员工一旦在企业中找到了家的感觉，认同企业的文化，势必会自觉形成服从的习惯，在今后的生产管理中延续这种服从的习惯。但如何保证良好的习惯延续下去，是一项长期艰苦的工作。良好的习惯是要靠严格的管理来保证的，是要良好的企业文化促进的，如果只是依靠员工自发的坚持，那么在漫长的琐碎工作过程中，其中的效果要大打折扣。

第四，努力提高员工的素质。只有高素质的员工才能做到令行禁止，不打折扣。海尔集团党委书记张瑞敏在谈到员工素质的重要性时这样概括："1984年我到海尔的工厂时，第一件事是借钱发工资。一直借了半年，直至没有人肯借。我们第一个目标是做中国的名牌，首先要提高人的竞争力，因为名牌企业是其员工素质决定的。我到了工厂以后，定了一个规则，就是"不准在车间随地大小便"，当时人的素质之差，是真的会在车间大小便的，我们就是要把人的素质一步步提高。后来我们找出了76台不合格的冰箱，要负责制造的人把名字贴在上面，用大锤子砸了，让他们知道不能做不合格的产品。"虽然张瑞敏强调的是员工素质和产品质量之间的关系，但我们从中也能看到员工素质和服从之间的关联，假如我们的企业拥有"随地大小便"的员工，那么再谈要他们绝对地执行我们的命令，也就成了一句空话大话了。

综上，作为一个企业的领导者，想要完全掌控整个企业，让企业的前进方向按照自己的规划前进，做到令行禁止，是需要很多条件的。我们的命令是否能够完完全全地贯彻执行下去，关系到企业的日常运行的稳定性，更关系到企业将来的发展前景，是不容忽视的大问题，必须引起我们的高度重视。有令必行，不让我们的命令打折扣，需要我们建立健全企业的奖惩制度，树立自己的权威和魅力，培养良好的企业文化以及长期不懈地提高企业员工的素质，只有这样，我们的企业才能表现出一支军队的风采，真正做到令行禁止，不打折扣！

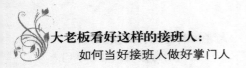
黄金法则 15：管理的最高境界：
无为而治

作为一个将来的企业家，一个立志超越父辈开创一番事业的企业继承人，我们要充分地认识"无为而治"这种理念在企业管理中的重要作用和地位。抓住这种理念实施的前提，努力在企业中营造一种良好的文化氛围，建立现代企业的管理制度，努力发现人才引进人才，建设好我们身边的管理团队，作为我们施行自己理念的左膀右臂，开创我们企业的美好未来！

老子的《道德经》里有这么一段话："太上，不知有之；其次，亲而誉之；其次，畏之；其次，侮之。信不足焉，有不信焉。悠兮，其贵言。功成事遂，百姓皆谓'我自然'。这段话的意思是：好的统治者，人民并不知道他的存在；其次的统治者，人民亲近他并且称赞他；再次的统治者，人民畏惧他；更次的统治者，人民轻蔑他。统治者的诚信不足，人民才不相信他，最好的统治者是多么悠闲。他很少发号施令，事情办成功了，老百姓说"我们本来就是这样的。"

我们不妨把老子关于治国治世的主张运用到我们企业的管理上，一个国家和一个企业从管理上来看，其实是相同。老子的"太上，不知有之"，其实就是说的无为而治是最好的治国方法，放到我们的企业管理上，无为而治也是一种最高明的管理形式。做最聪明的企业家和管理者，让我们的员工都感觉不到我们的存在，无论我们在不在企业，员工都能积极地工作，这就是我们作为一个企业家最高明的管理境界。留下一片天空给部下施展，并不说明自己的能力不强或者懒散，相反，我们是一个企业的开路先锋，先指出前进的方向，然后让我们的部下全面发挥，这样的话，我们的企业内部就会形成一种自动自发、运作有序、充满活力的文化，从而受到广大员工的拥戴和别的企业的信任。无为而治的管理是一种智慧，是一种站在最高点统揽全局的最好的管理方法。香港富商施永青对"无为而治"的理念就颇有心得。有一天，一个内地的经理给他打来电话说："施先生，我挑了一家新店面的地址，不知合不合适，请你过来看看。"施永青听了后断然拒绝了这个经理的邀请："你身为经理，应该比我熟悉你所在地区的情况，一定比我清楚应该把店址选在哪里。"施永青的管理方法一向是：将能，而君不御者胜，要赢就要放手让将去打，没必要总是自己"御驾亲征"。这个故事很有代表性，我们想一想，假如施永青真的去了，肯定要对店址的选择拿出一点自己的意见，而经理为了讨好老板，一定会按照施永青的意见去做，这样就失去了自己的想法。

但这里所说的"无为而治"，并不是所谓的什么也不管，什么也不过问，任由企业惯性地发展。就像帝王决定国家的政策而大臣们去执行一样，我们也不必事事躬亲，我们大可指出一个方向，让我们的员工去努力，就好像给雄鹰一片天空，让它自由翱翔；给鱼儿一洼水泊，让它欢快地畅游。这就是我们所说的"无为而治"，企业管理的最高境界。但要想达到"无为而治"，需要首先具备下面两点要求：

第一，企业要有一套成熟的管理制度。只有在一套完善的制度下，我们才能在决策后保证下属沿着我们制定的路线前进。万科集团董事长王石在国内首先引进了国外企业管理中先进的职业经理制度，打造专门的职业化的企业经理，提出了"弱化个人作用，强调制度作用"的理念。所谓的职业经理人，现阶段一般指将经营管理工作作为长期职业，具备一定职业素质和职业

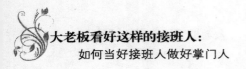

能力，并掌握企业经营权的群体。他们当中的优秀代表，比如原微软中国区的总裁唐骏，后来跳槽到了盛大网络，担任总裁一职，他虽然在一个企业的地位显赫，但却不是企业的拥有者，只起到一个管理的作用，是比较有名的职业经理人。另外我们耳熟能详的"打工皇帝"何经华，在用友软件集团担任总裁期间，年薪高达500万，也是典型的职业经理人。他们为企业创造了巨大的财富，甚至有可能改变了一个企业的命运。当然，这些职业经理人不管才能再怎么出色，也只是我们决策的施行者，按照我们的意志行动。

第二，老板要放权，在把握住企业这艘大船航向的前提下适当地授权给部下，发现和培养能够执行自己决策的人才。万科集团在企业的管理中注重人才的培养，强调企业管理队伍的建设，在企业内部进行定期的个人业绩评定，长期聘任有能力的职业经理人为公司服务。万科培养职业经理的公司制度手册争相成为其他公司的模版，1999年始，王石辞去万科总经理的职务。自此开始，王石主要以董事长之职管不确定的事情，由总经理主要负责确定的事情，所谓确定的事情，就是董事会已经做出决议的事情。王石正逐步地把权力放给管理层。在万科团队中，"80"后已经成为一支非常重要的力量，总数占公司全体员工的80%左右，最近，王石表示会给管理层更大的权限。"实际上到现在，万科的管理团队不仅在管确定的事情，也已经在管不确定的事情。就是说现在我份内的工作，他们已经切入，但他们的事情，我绝对不会切入。"

所以，作为一个将来的企业家，一个立志超越父辈开创一番事业的企业继承人，我们要充分地认识"无为而治"这种理念在企业管理中的重要作用和地位。抓住这种理念实施的前提，努力在企业中营造一种良好的文化氛围，建立现代企业的管理制度，努力发现人才引进人才，建设好我们身边的管理团队，作为我们施行自己理念的左膀右臂，开创我们企业的美好未来！

黄金法则 16：管得少，还要管得住

　　管得少很必要，管得住很重要，既要管得少，又要管得住，这是一个相当值得思考的问题。用人不疑，疑人不用，其出发点还是要从源头上抓起，做好人才考察这一环节，聘请德才兼备之人来执行我们的规划；建立健全企业的各项制度，管好财务，有利于约束部下的行为，制衡部下的权利，防止部下不法行为的产生；而我们的个人魅力，则会在精神层面上保证我们对企业员工的影响，便于我们对企业的管理，使我们真正管得住我们的企业，我们的部下。

　　虽然企业的"无为而治"现在被大多数的企业家所提倡，但我们不要在跟风的时候忘记了它施行的前提条件。"无为"其实是为了最后有所为，我们"无为"的前提是要把企业的最终决策权紧紧地抓在自己的手里，驾驭企业这艘大船的是我们，不是别人。简而言之，就是管得少，还要管得住。

　　现阶段，在企业的管理方面，一个被大家所普遍认可的方法就是"管得少就等于管得好"，当然，反过来说也一样，"管得好就是管得少"。这是一种暗合老庄"无为思想"的企业管理理念，被大多数企业家奉之为现代企业管理的最高境界。这种企业管理上的最高境界，是一种依托在我们企业自身的规章制度和企业文化上建立起来的管理上的理念和平台，其目的是通过减少我们这些老板对企业的干预，从而充分发挥我们员工的才能，调动他们的

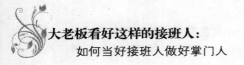
主观能动性，为企业更好的发展注入不竭的动力。综观我国现在的企业，特别是私营企业，在管理上还普遍缺少这种"管得少"的勇气，缺乏必要的自信和信任。据中国社会科学院的一项数据调查显示，"在我国企业的日常运作上，百分之八十的时间和精力用在了日常管理上，仅有百分之二十的时间用在正常的工作上。"而对比西方发达国家的管理比例，他们的企业花在管理上的时间是百分之二十，花在工作上的时间是百分之八十，正好和我国的企业相反。由此可对中国大部分企业的竞争力做一个全面的预测，和西方企业相比，我们的企业在管理上缺乏效率，从而在市场竞争中缺少必要的竞争力。台湾奇美公司，以生产石化产品为主，其产品在世界市场上占有率排在行业各家企业第一位。公司的董事长许文龙从来不参与企业的管理，公司里大大小小的事情，他都采用授权的形式交给部下去做，不做书面决定，开会的时候也只是和员工聊聊天、拉拉家常。在许文龙身上，这种"管得少就等于管得好"的企业管理理念体现到了极致——他竟然在公司连一间办公室都没有，但奇美公司的生产力却是同行业竞争对手的 4 倍，在 20 世纪 70 年代，奇美公司的石化产品以"质量高、价格廉"闻名海外，在全球整个行业内掀起了一场奇美革命，令欧美企业畏之如虎。当然，许文龙在企业管理上的"管得少"几乎是不闻不问，近乎极端，但他在管理上、用人上的企业哲学，还是值得我们学习的。

　　但是，管得少有一个重要的前提，就是我们必须管得住整个企业，就像一个军队的司令官，在授权部下指挥某次行动的时候，还必须牢牢控制整个战场的形式，不能让整个军队脱离了自己的掌控。我们作为一个企业的老板，在用人的时候，不怀疑，大胆授权是必要的，但要牢牢控制企业的方向和最终决策，这样才能既在"管得少"中发扬部下的才能和积极性，又在"管得住"的总体环境中掌控企业的发展战略方向。这里所说的管得住有两点：

　　第一，我们应该在企业的大方向上撑好舵，当好企业员工精神上的领袖。

双星现在的名气很响，在运动鞋行业是一家领头羊。但曾经的双星，却遇到过产品严重积压，没有市场的危机，那时全厂人心惶惶，企业摇摇欲坠。老总汪海那时就鼓励企业的员工："有人就穿鞋，关键在工作"、"等待别人给饭吃，不如自己找饭吃"，汪海的这些话，起到了稳定员工人心的作用，大家坚持了下来。20 世纪 80 年代中期，国外名牌产品大举进入中国市场，汪海又提出"创出世界名牌是最好的爱国行动"、"创名牌是市场经济中最大的政治"，激励员工与外国名牌一决高低。10 年前汪海讲过的一句话现在成为人们的共识，"企业如果只会找部长找市长，是找不来市场的"。

第二，从德才两个方面考察人才，发现人才。一个真正的企业管理人才，在具有丰富的管理经验的同时，还应当具备正直的品性，只有才而无德，是不能重用的，因为这种人无德，在我们身边的时候还能专注于管理，一旦取得我们的信任后或者脱离我们的视线，就会为了一己私利做出不利于企业的行为，严重危害到企业的利益。

第三，建立健全企业的用人制度和财务制度，从体系上做到各部门相互制衡，各人有各人的管理范围，避免部下的权力过大，功高震主。人事和财务是企业的两个最重要的部门，我们应该牢牢掌握这两个部门的运作，以此掌控企业整体的运营，防止企业内部出现危害自己利益的行为。

管得少很必要，管得住很重要，既要管得少，又要管得住，用人不疑，疑人不用，最重要的还是要从源头上抓起，做好人才考察这一环节，聘请德才兼备之人来执行我们的规划；建立健全企业的各项制度，管好财务，有利于约束部下的行为，制衡部下的权力，防止部下不法行为的产生；而我们的个人魅力，则会在精神层面上保证我们对企业员工的影响，便于我们对企业的管理，使我们真正管得住我们的企业，我们的部下。

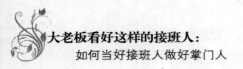

黄金法则 17：输赢只在一念间

作为一家企业的实际掌控者，我们在企业的决策上有着绝对的权威，一言一行都有可能关乎企业的生死存亡，输赢只在一瞬间。所以我们应该学会占据信息的制高点，让自己处在一个有利的位置，在正确信息的基础上做出决定。避免"一言堂"，在保证权威的前提下适当发扬民主，充分发挥人才的优势，集思广益，取众人之长，为我们做出正确的决策奠定基础。

俗话说商场如战场，市场瞬息万变，作为一个企业的决策者，我们就像战场上的司令官，一个正确的全面的决策可以让我们的企业向前迈出一大步，矗立于行业的前沿；但一个错误的片面的决策，则会让我们的企业选错前进的方向，丢掉赖以生存的市场，把自己的企业推向濒临破产的深渊。输赢只在一念间，我们的决策关乎企业的现在和未来，关乎着企业的方向和成绩，所以我们在将要做出重大决策的时候，一定要深思熟虑，三思而行。

张伟航是山东一家制衣企业的负责人，2008 年的时候从父亲手里接过了企业。在父亲几十年的打拼下，这家制衣企业已经在山东制衣行业中小有名气，更是市里的明星企业。在张伟航接手后，他的父亲彻底退居二线，不再过问公司日常的事务。张伟航接手后，不仅想着把父亲留下来的制衣公司再向前进一步发展，而且打算大干一场，采取多元化的发展战略，跨出制衣行业，把公司的触角伸向别的领域，把原来纯粹的制衣公司发展成一个集团企业。

2009 年的时候，张伟航决定进入果汁生产领域，想以此作为企业多元化的起点。之所以选择果汁这个行业，张伟航完全是凭着感觉做出的，一来杭州"娃哈哈"的名气惊人，其掌门人多年都名列中国富豪榜的榜首，想必果汁行业的利润不少；而来果汁行业的技术要求不高，办起来比较容易；三来山东出产苹果、鸭梨等水果，靠近原料产地。说干就干，张伟航开始筹措资金，盖厂房，买设备，找工人，仅仅半年的时间就建好了新厂，专门生产一种名叫"舒爽"的果汁。

由于"舒爽"是一个完全陌生的品牌，尽管它的价格比同类的果汁便宜，但张伟航花了大价钱摆上大型超市的货架上的"舒爽"果汁就是销不动，一个月，两个月，三个月，卖出去的果汁连大部分成本都收不回来。好在农村渠道的产品销售还有些进展，为了改变这个不利的局面，张伟航决定与当地一家广告公司合作，加大产品广告的投入，争取快速提升产品在各个终端的销量，当然这又要投入一笔不小的费用，眼看着原来计划办果汁场的资金只出不进，没办法，张伟航只好把服装公司的流动资金挪了过来……

"舒爽"果汁开局失利，高端的城市市场一点也没打开。由于产品定位不明确，很多经销商仅凭开始对这个产品的好奇和众多的好处就将产品拿下，并放上了货架销售，但三个月下来，产品就是销不动。张伟航决定进入果汁市场的时候，忽略了一个关键的问题，现在的果汁饮料行业竞争激烈，产品已经趋于饱和，内有娃哈哈、康师傅等企业，外有百事和可口可乐两家巨头，在这样的一个环境中新的果汁品牌很难生存；另外最重要的一点是，消费者在饮料的消费上比较保守，只要选择了一个品牌的果汁饮料，一般不会轻易改变口味，忠诚度比较高。

尽管电视台的广告铺天盖地，但"舒爽"还是没能打开市场，仓库里都堆满了送不出去的货，成本无法回收。更要命的是先前建厂贷款日期越来越

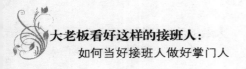

近，还款的压力越来越大，张伟航只好把服装公司的货款拿来救急，连累了服装公司，资金周转出了问题，整个企业一下子陷入了财务危机。

所以我们在作出关乎企业生存发展的决策时，应该慎重，避免出现失误，令企业陷于困境。一个成熟的企业家，在做决策的时候，通常会采用如下的几种形式：第一，借助于已经掌握的信息，来做决策。从某种意义上来说，我们能否做出正确的决策，取决于我们当时手中所掌握的信息量的多少，一般来说，在作出重大决策之前，我们应做详尽的调查，切不可盲目地妄下决定。当然在尽可能占有信息的同时，我们应该分析这些信息的真假，去粗存精，为我们所用。现在的社会往往会充斥着大量的信息，真假难辨，我们在作出决定的时候一定要多考察，避免被错误的信息误导；第二，应该充分发扬民主。虽然民主决策的好处大家都知道，三个臭皮匠赛过诸葛亮，但真正操作起来却很难，特别是在私营企业里，老板具有决策的大权。但我们毕竟不是神仙，难免有出错的时候，所以有必要调动大家的积极性，对某个关乎公司前途的方案一起开会讨论。特别要鼓励大家发表不同的意见，我们要有海纳百川的胸怀，取长补短，形成最佳的方案。第三，一些涉及专业性的决策时，应该征求相关人员的意见，避免夜郎自大，盲目自信。

综上，作为一家企业的实际掌控者，我们在企业的决策上有着绝对的权威，一言一行都有可能关乎企业的生死存亡，输赢只在一念间。所以我们应该学会占据信息的高地，让自己处在一个有利的位置，在正确信息的基础上做出决定。避免"一言堂"，在保证权威的前提下适当发扬民主，充分发挥人才的优势，集思广益，取众人之长，为我们做出正确的决策奠定基础。

黄金法则 18：注重细节，
并不代表事必躬亲

细节决定成败，我们不能忽视，千里之堤毁于蚁穴，对我们是一个很好的提醒。细节上做得好，研究得透，就能抓住消费者和竞争对手的习惯和特点，从而使自己立于不败之地；但我们不能为了每一个细节，为了完美无缺而事必躬亲，最好的方法就是自己树立一个榜样，让企业的员工去践行！

人们常说"细节决定成败"，可见细节对一个人的事业有多重要。对我们来说，领导一个企业固然要重视企业的宏观战略的制定，从大处着手，为企业将来的发展指明一条光明大道。但细节上我们同样应该注重，从某种意义上说，对细节的把握能够带给我们意想不到的成功。世界著名的快餐企业麦当劳的成功就是一个靠注重细节成功的典型企业。麦当劳的外卖快餐在细节上做足了文章，从包装到餐具都以人为本，为顾客的方便着想。正是由于麦当劳当初对细节的追求，这才有了现在餐饮行业的巨无霸。一个看不到细节或者从思想上就不把细节当回事的人，从本质上说是一个对自己的工作和企业缺乏责任心的人。对自己所继承的事业缺乏认真的态度，对自己肩上的担子敷衍了事，这种人是成不了气候的。而考虑到细节、注重细节的人，不仅认真对待工作，将小事做细，而且注重在做事的细节中找到机会，从而使自己走上成功之路。麦当劳总裁弗雷德·特纳说："我们的成功表明，

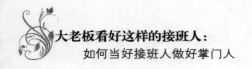

我们竞争者的管理层对基层的介入未能坚持下去，他们缺乏的是对细节的深层关注。"

　　张彤是一家百货连锁超市的经理，一年前刚刚从老板父亲手中接掌企业的日常运营。张彤的百货连锁超市在德州市各县区拥有十几家分店，是德州市连锁零售行业中当之无愧的领头羊。张彤接手后，除了制定了"跨出德州，走向全国"的发展计划，还特别注重对现有分店的细节管理。一次张彤视察一家分店，四处观看之后，他要求分店经理找一根木棍来，虽然经理觉得张彤在这时要一条木棍有点莫名其妙，但还是从外面找来一条小木棍交给张彤。张彤手握木棍径直走到货架前，用木棍拨正了倾斜向一方的灯光，使之照向货架上的商品。他一进门就注意到了地上反射的灯光，所以才有了要求经理找一条木棍来看似莫名其妙的举动。这样的小事也要由大老板过问，并且亲自动手，岂不把他累死？张彤对分店经理解释他刚刚的举动时说："我亲自动手的效果远远要比简单命令你们改正的效果好，虽然我不可能每天到所有的分店跑一圈，把每一个细节都注意到，但是你们应该重视细节，把每一步都做得完美无缺。"

　　但是，对于细节的注重并不意味我们凡事都要事必躬亲，作为一个企业的领导者，如果凡事都要自己动手，是很难想象的。什么事情都有两面性，具体到对细节的注重而事必躬亲，过多过滥势必会对企业的员工造成困扰。

　　假如我们什么事情都要自己动手，事必躬亲，那么可能会让下属产生以下几种感觉，严重影响他们工作的积极性，伤害他们的感情。

　　首先，由于我们的事必躬亲，什么工作都大包大揽，容易让我们的下属慢慢觉得在这个企业里不被重视，产生挫败感，影响以后工作的积极性。我们的事必躬亲，势必会让下属产生这样的疑问：我到底哪里不行，怎么老板什么事情都自己做而不让我做？难道老板不信任我，连这样的小事都要防着我？

　　其次，我们的事必躬亲也会造成下属的不安和困扰，让我们的下属放不开手脚，不能施展自己的才能，由此对我们产生某些负面的看法，从而导致上下级关系的不和谐。

有这么一个不算笑话的"笑话"，某家企业在年终要举办一场晚会，犒劳一年来为了企业辛勤奋斗的员工。离晚会开始还有一个小时的时候，员工们陆陆续续地到达会场，大家彼此边聊边笑，好不欢乐。虽然晚会尚未开始，但歌却唱个没完，仔细一看，原来是总务课长亲自在幕后主唱，歌声并不怎么样，但见总务课长是唱得汗流浃背、辛苦万分，大家好奇地问个究竟，他说："我也没有办法，老板的指示，要一直不停地唱歌……"我们先不讨论这个课长的"笨"，作为一场企业的庆祝晚会，老板完全可以把事情全部交给下属去做，何必下这么一条"不停地唱歌"的指示呢，一下子把下属的手脚给束缚了起来。

第三，也是最终的一条，太注重细节事必躬亲的老板，没有给企业的员工留下学习实践的空间，使得他们有种什么也学不到的感觉，不利于企业的人才培养。作为一个企业，不管是国营还是私营，都不可能靠一个人的能力支撑起来，特别是对我们这些私营企业来说，权力高度集中，不肯放权，凡事都要自己做主的现象相当普遍。权力的集中、具体事情上的亲为，剥夺了企业员工的积极性和归属感，让他们觉得自己一事无成，整天在混日子，或者认为我们太恋权力，信不过他们。总之在这样的环境下，员工会认为自己的前途一片黑暗，没有盼头，消极应对的情绪就会出现，从而给整个企业留下隐患。

综上，细节决定成败，我们不能忽视，千里之堤毁于蚁穴，对我们是一个很好的提醒。细节上做得好，研究得透，就能抓住消费者和竞争对手的习惯和特点，从而使自己立于不败之地；但我们不能为了每一个细节，为了完美无缺而事必躬亲，最好的方法就是自己树立一个榜样，让企业的员工去践行！

第四章　科学决策
接班人要有前瞻意识

　　企业接班人的前瞻意识就是指我们必须对企业所在行业的发展具有预见性，能够高瞻远瞩，遇见整个行业将来的发展趋势。具有前瞻意识，进行科学预见，是对我们作为企业接班人总揽企业全局能力的基本要求。这里所说的前瞻意识，所说的预见并不是盲目的，应该建立在对企业以及整个行业还有市场发展的总趋势、阶段性、可能性的预测上。影响行业和市场发展变化的因素很多，尤其是复杂的时期，各种联系盘根错节、相互交织、相互作用，并处于不断的变化之中，所以，预见只能是原则上的、大致的、基本的，即相对的，而不可能是绝对的。但是，在总趋势实现的过程中，由于种种主观和客观条件所决定，具体实践之发展具有多种可能性。作为企业的领导者，我们只有能够预见到多种可能性，才能从容应对各种可能出现的情况，掌握整个行业和市场的主动。

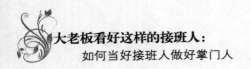

黄金法则 19：掌握行业最前沿的
知识和信息

随着时代的发展，信息对企业的生存显得越来越重要。作为企业的领导者，我们可以深深体会到行业知识和新信息对一个企业领导人的重要性，所以当我们继承家族事业以后，每时每刻都要不断地提醒自己，掌握最前沿的知识和行业信息，只有这样，我们的企业才能立于不败之地！

一个企业家，必须对自己企业所在的行业最前沿的知识和信息做到了然于胸，只有在这个前提下，我们才能更好地了解我们的企业在这个行业中处于一个什么样的地位，才能根据行业的最新变化调整企业的发展战略，掌握行业的制高点，使得我们的企业处于一个有利的竞争地位。作为一个企业的继承人，掌握行业最前沿的知识和信息是尤为重要的，这些最前沿的知识和信息，有助于我们把握行业的最新动态和发展方向，使企业在战略上处于一个有利的地位。

借用一个时髦的词来表达，那就是"充电"，充什么电呢？个人有个人的需要，作为一个企业的接班人，我们的充电应该围绕着我们从事的行业展开，掌握行业的前沿知识和信息，提升自己对企业所在领域的知识深度，拓展信息的宽度，这有利于我们及时掌握行业发展的动向，及时更新生产、管理模式和经营策略。社会的竞争激烈，如果我们没有掌握行业最前沿的知识和足够多的信息，那么我们必将越来越跟不上时代的步伐，越来越落伍，最后终将摆脱不掉被淘汰的命运。分析那些第二代继承父辈企业不久就面临危机甚至倒闭的案例，我们可以发现一个共同点，那就是接班的下一代对行业知识和信息的掌握不够，更新也不及时，以至于在同类竞争企业接纳了行业的新知识，采用了新技术，运用了新的生产方式之后，他们还停留在原来的地方，随着时间的推移，被淘汰也就不可避免了。

比尔·盖茨为什么能够在软件行业里屹立 30 年而不倒，成为软件领域的一个传奇？一个重要的原因就是，盖茨能够不断地更新他的大脑，且更新的频率和速度都大大超越了竞争对手，所以才能在竞争中占尽先机。盖茨在刚刚开始创业的时候，就特别注意行业知识和新信息的学习，每天中午吃完饭后，盖茨通常会浏览十几本软件行业的杂志，所以任何行业的新信息和新知识都在他的掌握之中。后来随着微软的不断壮大发展，盖茨亲自参与软件研发越来越少，空闲时间慢慢增多，他就制订一个读书计划，规定自己每月必须拿出连续的 7 天来更新自己脑中的行业知识和信息。在这期间，他每天阅读大量的专业报纸和杂志以及部下递交的各种研究报告，思考企业的未来发展规划，常常 1 天工作 18 小时，有时甚至 24 小时不眠不休，最高纪录是一周阅读了 112 份报告，而有的报告长 120 页。

古人说："苟日新，日日新，又日新。"当别人准备好了进入明天，你还在运用三年前的方式，思考早已过时的问题，显然是不行的。及时清理旧知识、舍弃旧观念，获得新知识、新信息、新理念，使思想常新，对每个人都很重要，只有这样，才能不断发现新机会，始终站在时代的最前沿，引领行业潮流，而不是被潮流冲走。

另外一个关注行业知识和信息而成功的企业家是 IBM 创始人沃森的儿子小沃森。1946 年第二次世界大战结束后，在空军中服役的小沃森退役，加入父亲创办的企业。那时的 IBM 还是一家专注于生产纸带打孔机，老沃森已经70 多岁了，对计算机行业的科技发展似乎失去了以往敏锐的洞察力，在企业

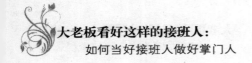

的发展方向上越来越保守，故步自封，企业局限于纸带打孔机的生产，从不涉及其他的产品。其实从老沃森创立 IBM 到小沃森加入，40 年的时间已经过去了，在这 40 年的时间里，电子科技技术早已经取得了重大的突破，在这种技术的发展带动下，真正的"电子"数值计算已经从人们的梦想变为现实，发展到实用阶段。但老沃森并没有意识到这种变化，还在一味地生产纸带打孔机，使得 IBM 没有发生一点的变化，企业的战略方向出现了重大的错误。老沃森认为所谓的电子计算机，只适用于科学研究领域，并不会普及到人的生活中来，全世界只要有 6 台计算机就能满足需要，所以研究制造电子计算机是一种错误的行为，因为它并不具备大量生产的商业价值。

　　而小沃森则要清醒得多，在军队服役的经历使他认识到不管做什么，掌握行业知识和发展信息至关重要。就在小沃森刚刚加入公司那年的一次商务考察中，他参观了宾夕法尼亚大学的一个计算机实验室，顿时与计算机结下了不解之缘，他敏锐地洞察到了这种计算机今后巨大的市场价值。宾夕法尼亚大学的这家计算机实验室由计算机的鼻祖埃克特和莫齐主持，当时已研制出一台大型计算机，尽管其外型硕大笨拙，却是第一台采用电子线路的计算机。二人向小沃森演示了计算机演算炮弹弹道的过程，所需的时间竟比炮弹飞行的还快。小沃森当场为之倾倒，惊呼这就是 IBM 的未来。虽然老沃森的故步自封，坚持不肯投资计算机领域，小沃森进军计算机生产领域的雄心备受打击，但最终小沃森还是靠着自己对计算机这种新生事物的灵敏嗅觉，若干年后抓住了机会，成功引进了计算机生产的技术，这才有了现在的世界五百强企业。

　　从上面的事例中我们可以深深体会到行业知识和新信息对一个企业领导人的重要性，所以当我们继承家族事业以后，每时每刻都要不断地提醒自己，掌握最前沿的知识和行业信息，只有这样，我们的企业才能立于不败之地！

黄金法则 20：具备亲自实施的
勇气和能力

作为家族企业的接班人，我们必须要有亲自实施的勇气和能力。这种勇气和能力避免了我们成为赵括那样的纸上谈兵的"理论强大，实践失败"的人，一个企业家亲自施行的勇气和能力，意味着一段新的事业的起步，其间的辛苦和困扰，肯定少不了。在面对挫折的时候，我们的勇气和能力就成了我们前进的至关重要的保证

一个企业家，想要在瞬息万变的商海中劈波斩浪、屹立不倒，不仅要具有丰富的学识，还应该具有能够亲自实施的勇气和能力。学识再多却没有亲自践行的勇气和能力，就好比赵括纸上谈兵，一经实战，必败无疑。

想要成功，做一番超越父辈的事业，这种理想和抱负不可谓不大，但想是一回事，做又是一回事，理想和抱负的实现，要看我们是否有践行的勇气，是否有践行的能力，这个选择和决定，可能要求我们必须放弃现有的安逸，放弃一个很高的起点，一切从头再来。

宏仁集团总裁王文洋的父亲是台湾省著名企业家王永庆，王永庆创建的"台塑"集团是台湾最有实力的企业，综合实力排在台湾所有企业的第一位，王永庆本人更是台湾的首富。王文洋在"台塑"工作期间，提出企业应该到大陆投资办厂，成立了专门的小组，到大陆考察，后来但由于企业高层的反

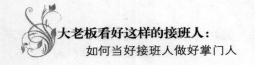

对，只在大陆投资了一个小项目做实验，并没有大规模地进军大陆市场。1996年已经40多岁的王文洋决定离开"台塑"前往大陆创业，离开了"台塑"，没有家族企业的资金支持，一切都要靠自己的努力。为了解决资金问题，王文洋和搭档于曰江开始拿着计划书挨家挨户拜访投资机构。在许多关于王文洋广州开始创业的描述中，几乎都用了"他募集了数千万美元开始创办宏仁"这样寥寥数语带过，但只有王文洋自己知道，事实却非如此容易，这个过程当中自己的压力相当大，尝到的苦味也最多。王文洋的台塑背景，确实可以帮他见到投资机构的老总们，但要真让这些老总们掏钱，是要靠真枪实弹的，但那时候王文洋自己连厂房在哪儿都不知道呢！在经历了一连串的碰壁后，王文洋终于找到了一个有投资意向的老板，最终拿到了1000万美元的投资。另外自己也募集了1000万美元，宏仁集团自此开始起步。

在王文洋创立宏仁之前，已经有不少台湾商人开始在大陆投资建厂，但涉及高科技领域的还不多见，大多都是劳动密集型产业，因为相对台湾省来说，大陆的劳动力充足而且便宜，成本低，挣钱快，更重要的是好搬家，一旦有什么风吹草动可以很快撤离，规避风险。王文洋有了一个不同的计划，在台塑的时候，王文洋就提出要在大陆扎根，做长久的投资规划。在大陆创立宏仁后，虽然钱不多，但还是上最新的设备，生产可以在全球市场竞争的高品质产品。通常情况下，这种安排将会拉长投入期，延缓收益，但快速发展的大陆市场超出了王文洋的预料。当时大陆同类产品主要依赖进口，宏仁的产品一下子取代进口，工厂很快就开始赚钱了，银行便开始支持，整个规模也就慢慢扩充起来。目前宏仁在广州、上海和无锡设有三大生产基地，拥有8家子公司和13个大型厂区，集团资本额为2.25亿美元，去年营业额达到9亿美元。

在离开了家族企业台塑之后，王文洋靠着自己亲自打拼实施的勇气和能力，在大陆缔造了另一个传奇，一个与台塑完全脱离了"血缘关系"的企业集团。当然，大家在知道王文洋身世背景之后，依然习惯于将宏仁想当然地理解为"台塑集团在大陆的子公司"。但王文洋认为，这样的称呼自己辛辛苦苦创立的企业，是非常不准确的，除了自己是王永庆的大儿子之外，宏仁和台塑之间没有一点的关系，资产也百分之百地在大陆，已经深深地把自己的根扎在了大陆这片土地上了。

　　一个企业家亲自施行的勇气和能力，意味着一段新的事业的起步，其间的辛苦和困扰，肯定少不了。在面对挫折的时候，勇气和能力就成了继续前进的至关重要的保证。从王文洋的创业故事中我们能够看到他的勇气和能力。当初王文洋离开台塑来大陆设厂投资，是需要很大的勇气才能做到的，毕竟像台塑这样的企业，有实力，能让自己的才能得到淋漓尽致的施展。但王文洋为了追求自己的理想，为了创造出自己的一番事业，毅然退出台塑，来到大陆闯荡，这种勇气非常值得我们肯定；在大陆投资设厂，不管是筹资还是行业选择、筹措上市，都能看到王文洋的那种敏锐的商业判断能力和交际能力，没有这些出众的能力，是不能有今天的宏仁集团的。

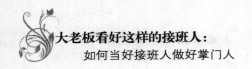

黄金法则 21：洞悉未来，
敢于大胆决策

一个企业家的决策，有时候和运气有关，但真正经得起历史考验的一定是理性和感性的结合体，纵然带有强烈的感性直觉色彩，但也绝不是完全非理性的。纵观成功企业家的经历，每一次重大的决策中都有着对未来的感性判断和理性的洞悉，里面渗透着常年的经验积淀和精心的设计。

想要出人头地，做出一番大事业，没有对未来的洞察力和大胆的决策，是根本不可能的。只有通过对市场和世界格局的充分把握，了解各方面的形势，正确预测未来的趋势，才能抓住机会，成就一番事业。从根本上讲，这是一个企业家是否具有领导力的问题，而作为企业的继承人，我们的领导力往往关乎着企业的兴衰成败。一个企业家的决策，有时候和运气有关，但真正经得起历史检验的一定是理性和感性的结合体，纵然带有强烈的感性直觉色彩，但也绝不是完全非理性的。纵观成功企业家的经历，每一次重大的决策中都有着对未来的感性判断和理性的洞悉，里面渗透着常年的经验积淀和精心的设计。大胆决策的那一刻，其实已经透过纷繁复杂的表象，站在未来的角度，更大的范围、更深的层次洞悉事物运动的本质趋向。

康师傅凭什么从成功走向成功？就是靠着魏应行的那次偶然的经历，在那次经历中敏锐地洞悉了市场发展的机遇，抓住了未来市场的发展方向，做出了一个大胆的决策。1998年，台湾省的魏氏四兄弟开始了在大陆的创业奋斗，他们做过食用油生意，推销过酥卷，但都因为当时的中国市场还不成熟，这方面的消费群体还没有培育出来而失败，魏氏四兄弟也因为这两次的失败大伤元气，差点赔掉所有的资产。一次魏应行去外地出差，在车上魏应行拿出自己随身携带的方便面，准备泡开了充饥。周围的人对他从台湾带过来的方便面非常好奇，几乎所有的人都围观了他的那次"方便面餐"，并且一个劲地询问魏应行吃的方便面从什么地方可以买到。魏应行敏锐地捕捉到了这个市场的巨大需求，洞察到未来发展的巨大空间，把握了创业的方向。通过调查，魏应行了解到，当时内地的方便面市场呈现两极化：一方面是国内的方便面生产企业生产的廉价方便面，全部都在一元钱以下，虽然很便宜，但质量不好，口味奇差；另一方面，国外企业生产的方便面质量好，口味新颖，但售价很高，一袋往往超过五元钱，当时的人民生活水平还很低，普通的大陆人根本买不起，在他们眼里这种方便面还属于高档消费品。了解到这种情况，魏应行一下子便有了信心，决定生产一种物美价廉的方便面来填补两者之间的空白市场，并给这种方便面起了一下现在我们耳熟能详的名字——康师傅。名称起好了，产品档次也定下来了，接下来就是确定口味了。怎样开发符合内地人口味的方便面呢？康师傅经过上万次的口味测试和调查发现：内地人口味偏重，而且比较偏爱牛肉，于是决定把"红烧牛肉面"作为主打产品。考虑到内地消费者的消费能力，最后把售价定在1.98元人民币。1997年，亚洲金融危机后，市场突变，几乎让所有的企业慌了手脚。这是考验企业应对能力的最好时机，因为只有在"逆境"顽强生存下去的企业才具备永续经营的资格。魏应行敏锐地意识到了这种趋势，洞悉了未来市场的发展趋势，大胆地做出了一个重大的决策：砍掉以前的省级经销商，把康师傅的市场中心往下移到市县，以地级市为据点，辐射周边的县乡，把经销商发展到最基层，培育和扩大康师傅的市场。康师傅是第一批做出市场重心下移决策的企业，而第一批企业都冒着极大的风险。因为传统大户要"砍掉"，但想

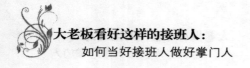
象中的地市级市场网络还没有充分建立起来，如果出现衔接问题，企业就可能崩盘。但康师傅成功地做到了这一营销方式的转变。从 2000 年开始，康师傅又开始了第二轮通路创新。这次不仅将通路下沉至县级市场，而且围绕终端实现了通路精耕。为此，康师傅 3 年时间内在通路上投入了 4000 万美元。现在康师傅在中国大陆分东南西北中 5 大片区，已有 300 多个营业点，近 5000 家经销商，55 万个销售点，139 个仓库。

康师傅在大陆成功的过程已经是众所周知的事情，我们从康师傅的成功当中可以深刻地体会到洞悉未来，大胆决策的重要性。试想，如果没有当初魏应行的那次出差时的"被围观"，没有魏应行敏锐的市场感知力，没有对未来的精准预测，没有后来的大胆进军方便面行业的决定，就没有现在的康师傅品牌的诞生；在 1997 年的亚洲金融危机后，如果没有及时做出改变经销重心的决定，就没有康师傅现在的遍地开花、无处不在的经营盛况；现在的康师傅坚持走"精耕"路线，也是对未来方便面市场走势的精准把握，常言"人无我有，人有我精"，康师傅的这一坚持，洞悉了未来的市场真理，牢牢占据老方便面市场上的龙头地位。

黄金法则 22：群策群力，
善用大家的智慧

对一个企业来说，群策群力是发掘员工智慧、克服我们的个人主义、解决发展难题的有效方法。群策群力，善用大家的智慧，能够帮助企业创建一种每个人都能积极参与的机制，使每个企业员工的想法和意见都能被我们注意到。

一个聪明的企业家，不仅仅依靠自己的能力来搞好企业，还要学会群策群力，善用大家的智慧。来为企业的长久发展献计献策。俗话说得好，三个臭皮匠赛过诸葛亮，一个人的智慧和能力终究有限，集合大家的力量才是让企业永葆青春和活力的最好方法。

我们必须认识到，对一个企业来说，群策群力是发掘员工智慧、克服我们的个人主义、解决发展难题的有效方法。群策群力，善用大家的智慧，能够帮助企业创建一种每个人都能积极参与的机制，使每个企业员工的想法和意见都能被我们注意到。在群策群力的机制下，我们的最主要的工作是引导员工而不是控制员工，这样能够让每个企业的员工找到归属感，感到自己也是这个企业的主人，把企业当成自己的家，从而真正地为企业今后的发展着想。在大家的努力下，发挥集体的优势，我们的企业必将发展的更加繁荣。

群策群力作为一种企业的管理方法，最早出现在美国的通用电气公司。

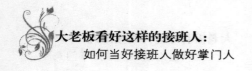

　　1989 年 1 月，通用电气公司一年一度的碰头会在美国佛罗里达州的勃卡雷顿举行。韦尔奇向到会的 500 名高级总经理宣布了实施群策群力管理方式的计划。

　　群策群力的基本形式是：举行企业内各阶层职员参加的讨论会。在会上，与会者要做三件事：动脑筋想办法，取消各处岗位多余的环节和程序，共同解决出现的问题。

　　群策群力管理方式开始于 1989 年 3 月，一时间，它出现在通用电气公司的各个部门。据 1991 年的一项统计显示，共有 4 万名员工参与了这种管理方式，占员工总数的 1/3。群策群力的核心宗旨就是发动基层人员参与管理，调动所有工作人员的聪明智慧。起初，讨论会的形式是，由执行部门从不同阶层、不同岗位抽出 40~100 人到会议中心或某一宾馆，大家分组讨论，专找管理工作中的弊病，最后找出解决方案。这种发动群众提意见的做法很激烈，也很令某些部门管理人员下不来台。飞机发动机制造厂的后勤部主任阿门得回忆当年的感受时说："在答复小组讨论的问题时，不到半小时，我已大汗淋漓。我的手下在布置会场时有意让我背对上级，他们一共提出 108 个建议，答复每个建议只有一分钟的时间，我无法和上级交换眼神。"最后阿门得肯定了除其中 8 条之外的所有建议。事实证明，这次群策群力所提出的建议在 1991 年为该厂后勤工作节约了很多钱。

　　在通用电气公司里，每年约有 2~2.5 万名员工参加群策群力会，时间不定，每次 50~150 人，主持者要善于引导大家坦率地陈述自己的意见，及时找到生产上的问题，改进管理，提高产品和工作质量。员工尚且如此，公司的各级领导层更加注意集思广益。每年 1 月，公司的 500 名高级主管在佛罗里达州聚会两天半。10 月，100 名主要领导又要开会两天半，最后 30~40 名核心主管则每季度开会两天半，集中研究下面的反映，做出准确、及时的决策。

　　当基层开群策群力会时，各级主管都要尽可能下去参加。韦尔奇带头示范，他常常只是专心地听，并不发言。在某次会上，有个职工提出，在建设电冰箱新厂时，可以借用公司的哥伦比亚厂的机器设备。哥伦比亚厂是生产供空调使用的压缩机的工厂，与电冰箱生产正好配套。如此转移使用，节省了一大笔开支。开展群策群力活动，不仅在经济上为通用电气公司带来了巨大收益，更重要的是使职工感受到了自己的价值，全员精神面貌大变。

黄金法则 23：有效预测是英明决策的前提

有效地预测企业所在行业的发展方向，抓住市场的脉搏，这样我们才能"一览众山小"，在了解整体信息的基础上作出有效的预测。而有效预测是保证企业挖掘、把握机遇、实现既定目标、规避风险的先决条件，只有在有效预测的基础上，我们才会做出科学且符合企业自身发展方向、与企业自身相符的有效决策。

法国未来学家儒佛尔提出："没有预测活动，就没有决策的自由。"这便是对社会发展与企业发展、活动决策极具影响力的"儒佛尔定律"。尤其是在现代飞速发展的科技信息社会，是所谓"信息爆炸"年代。根据科学统计，当今世界各地每天大约有上百亿信息单元的信息量在全球各地传递着。在当今科技信息飞速发展、生存竞争日益激烈的市场经济社会中，企业经营管理中科学正确的英明决策，其首要前提保障就是有效预测，即综合社会与市场的表象信息，迅速更新信息，分析表象之下的潜在暗示信息，在快速、准确

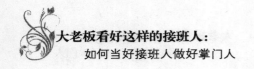

搜捕信息的基础上，进行综合、科学、谨慎的分析，而后做出对未来预期目标、预期利益、与可能存在的风险做出有效预测。

《伊索寓言》中，有这样一则寓言：一只山猪在大树上勤奋地磨着獠牙。狐狸看到了，好奇地问它，既没有猎人来追赶，也没有任何危险，为何要这般用心地磨牙。山猪答道：等到猎人和猎狗出现时，再磨牙也来不及啦！做为人类，难道我们的智慧还不如山猪？答案当然是否定的。然而，我们的一些人，由于急功近利，内心躁动，却常常犯着"短期行为"的错误，这是我们应当时刻警惕和避免的啊！

创二代在企业的经营管理、营销管理中，必须要清楚，在当今瞬息万变的市场大潮中，面对诸多的信息，我们要如何利用？其唯一有效途径，就是分析预测。有人说："一个成功的企业家能从繁复的信息中预测出未来市场的走向，并马上将其转化为决策的行动。没有预测活动，就没有决策的自由。"有效预测是一个企业在瞬息万变的市场经济浪潮中捕捉机遇、规避风险、实现企业利益、保证企业发展的保障与先决条件。

著名企业家李嘉诚，就是因为善于预测，才开创了自己辉煌的成功事业。20世纪50年代中期，李嘉诚创办了"长江塑胶厂"来生产塑料玩具。但结果由于玩具市场饱和，工厂面临倒闭。就在危机时刻，李嘉诚成功地把握住了一次偶然的机会，他翻阅到了一份报纸，发现一则信息说当地一家小塑料厂制作塑料花向欧洲销售。李嘉诚看到这则消息，立刻意识到商机与转机到来了。在看到这则消息后，李嘉诚马上想到了"二战"以来，欧美生活水平虽有所提高，在经济上却还没有实力种植草皮和鲜花。基于此分析，李嘉诚预测到：未来，在一段时期里面，塑料花必将被大量使用，成为他们用于各种装饰场合的必需品。有需求就有市场，这是一个难得的市场机遇，是一个巨大的未来发展商机。于是马上决定企业转产生产塑料花。正是靠着这些塑料花，几年后的李嘉诚成为了香港大富翁之一。

在这个故事中，李嘉诚对于市场信息预测到塑料花的未来发展的广阔市

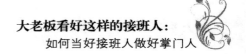

场前景，并果断行动，博得了先机。如果李嘉诚没有如此敏锐、机智的有效预测，那么其损失的就是这一信息中所潜藏的巨大商机。

在被称做"信息爆炸时代"的当今，这些在全球迅速传递的信息被称之为第四类战略资源，它与自然资源、财物资源、人力资源，并称现代社会发展的四大资源。这四大资源被大量使用，构成当代世界各国经济社会发展战略计划的基础。信息作为第四类战略资源，其对于我们从事任何活动、谋求发展与成功的巨大意义自然是不言而喻的，而我们创二代要博取自己的辉煌事业，对其科学分析、有效预测、正确决策更是必不可少的，甚至是决定企业发展与生死存亡的重要保障。

林炯灿能在香港建立食米王国，也与他超凡的预测能力相关联。林炯灿很早就经营着自己的米店，但由于竞争激烈，效益总是不好。林炯灿日思夜想，想要改变这种状况。后来他从渐渐开始流行的小家庭的社会现实中看到了商机：从前流行大家庭，一家七八口，甚至三代同堂。所以顾客会一次购买好几袋米储存。自从小家庭制度流行之后，市民已无意一次购买太多食米。可是，食米包装仍沿用传统的大麻包法，显然食米包装追不上社会转变。于是他预测到：小包装的大米将会受到顾客的欢迎。想到就做，林炯灿于是先行改良了食米的包装，推出了"小包米"，用胶袋包装，摆放在超级市场售卖，结果大受欢迎，不久其他米商就开始纷纷仿效。正是通过这一有效预测、准确决策，才使林炯灿的米店取得了在食米行业中不可取代的地位。

总之，有效预测是保证企业挖掘、把握机遇、实现既定目标、规避风险的先决条件，只有在有效预测的基础上，我们才会做出科学且符合企业自身发展方向、与企业自身相符的有效决策。而要做到有效预测，我们创二代首先要具有搜集信息的敏锐嗅觉与善于把握运用信息的敏锐思维能力；其次，要求我们将从信息中所获取的"价值信息"科学的结合我们企业自身的客观事实，量体裁衣，制定出适合企业发展的战略目标与目标实现途径，即科学决策。同时，在我们进行有效预测的同时，必须要做到利益与

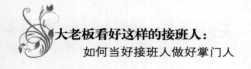
风险的权衡预测，不可偏其一，而导致预测失效，决策失误，造成意外风险与危机。

黄金法则 24：把信息和情报放在第一位

　　作为一个企业家，一个生意人，一个敢于创新的继承者，我们应该把信息和情报放在第一位，一条重要的信息情报可以造就一个成功的企业，造就一段辉煌的传奇，也能让一家本来生机勃勃的企业错失先机，成为行业里的明日黄花。

　　对企业来说，行业内的信息和情报犹如眼睛和耳朵，一个企业的领导者只有掌握足够多的行业信息和情报，才能练就自己的"千里眼"和"顺风耳"，眼观六路耳听八方，掌握重要的市场商机，从容应对市场上出现的各种情况。

　　美国"亚默尔公司"的创始人菲力普·亚默尔就是靠着信息和情报成功的典范。亚默尔的第一次依靠信息和情报赚钱，是在美国南北战争接近尾声的时候，那段时间，市场上的猪肉供应很少，价钱高得离谱。亚默尔知道这和当时的战争有关，一旦战争结束，市场上的猪肉价格一定会迅速降落下来，他密切注视战争发展，等待市场即将发生转变，以便抓住时机做一笔大生意。因此亚默尔每天都关注着报纸上有关战争的信息，根据报纸上看到的信息情报，亚默尔推断南方败局已定，一定坚持不了，战争有可能就在最近这段时间。有一天，报纸上的一条新闻深深地吸引了亚默尔的注意，报道说一个神父在南方军队李将军的营区里遇见了几个小孩子，都在十几岁左右，他们手里拿着很多钱向神父打听什么地方可以买到巧克力和面包。孩子们说，他们的父亲是李将军手下的军官，也是几天没有面包吃了，带回来的马肉很难吃。亚默尔读着这则消息，一下子就明白了怎么回事，虽然说南方的军队节节败退，供给比较紧张，但连李将军的大营里都出现了这种有钱买不到面包和巧克力的紧张状况，说明南方已经陷入了巨大的困境之中，连战场上不可或缺的马匹都宰杀了，说明北方的胜利指日可待了。亚默尔感觉自己出手的机会到了，立即同东部市场签订了一个大胆的"卖空"销售合同：以较低的价格卖出一批猪肉，约定迟几天交货。当地销售商当然乐意这样的进货价格，可是他们哪里知道战争即将结束，市场价格会迅速跌下来。结果不出亚默尔所料，不几天战局和市场都发生了根本变化。他从中赚了 100 万元的巨额利润。

亚默尔的另一次根据自己掌握的信息和情报发财的成功运作发生在 1875 年的春天，报纸上刊登了一条新闻，说紧挨着美国的墨西哥发生了疑似瘟疫的病例。这则消息刊登在报纸的角落里，不仔细阅读的话很容易让人忽略过去，更别说引起注意了，但亚默尔已经养成了仔细阅读报纸的习惯，不放过一丝一毫的信息和情报，所以当亚默尔看到这条消息的时候，马上意识到又一次商机的到来，一个重大的经营计划顷刻间在大脑里形成了。亚默尔是这样想的，墨西哥发生瘟疫的话，一定会传染到美国和墨西哥接壤的两个州——加利福尼亚和得克萨斯，从这两个州又有可能蔓延到整个美国，而加利福尼亚和得克萨斯这两个州是美国的主要肉类产地，若发生瘟疫的话全美国的肉类供应一定会不足，价格必然大涨。想到这，亚默尔赶紧抓起电话，拨通了家庭医生亨利的电话号码，让他赶快去一趟墨西哥，目的是证实一下那里是否真的发生了瘟疫，他要得到尽快而确实的消息。几天后，亨利发回

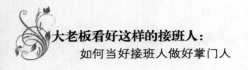

电报，证实那里确有瘟疫，而且很厉害。亚默尔接到电报后，立即集中全部资金购买加利福尼亚州和得克萨斯州的牛肉和生猪，并及时运到美国东部。不出所料，瘟疫很快蔓延到美国西部的几个州。美国政府下令：严禁一切食品从这几个州运出，当然也包括牲畜在内。一时间，美国国内肉类奇缺，价格暴涨。亚默尔趁机将先前购进的牛肉和猪肉抛出，在短短几个月里，他净赚900万美元。

这是企业家把信息放在第一位，依靠及时的信息和情报取得成功的事例。反之，一个企业家没有掌握全面的信息和情报，仓促应战，则有可能失败。浙江百井大厦同方控股的董事长朱志平认为，成功的企业家同时也是"情报专家"。竞拍狗不理失败给了朱志平一个深刻的教训。朱志平回忆，在拍卖会开始之前，他们并不知道有这个企业参与竞拍。他们已经为这次竞拍准备了8个月，并调动了3亿元资金，还专门组建了一个班子进行搜集信息。但"半路杀出来"的天津同仁堂，却并没有在他们的掌控范围之内。朱志平说，拍卖开始的时候，同方控股的工作人员给他发了条消息，称天津同仁堂就在他身后，"我当时就感觉不对，觉得自己摆在了明处，而天津同仁堂在暗处。"事实证明，天津同仁堂的确是一匹黑马。朱志平不得不接受这个让他"胸闷"的事实，他并把教训归结为：没能及时地获取并分析动态信息。

综上，作为一个企业家，一个生意人，我们应该把信息和情报放在第一位，一条重要的信息情报可以造就一个成功的企业，造就一段辉煌的传奇，也能让一家本来生机勃勃的企业错失先机，成为行业里的明日黄花。

第五章　合理理财

接班人莫做守财奴

　　对于企业而言，资金是什么？当我们在为企业进行财务计划、投资预算、融资预测之时，我们真正的意识到资金的作用与意义了吗？我们都知道企业资金积累越多，企业财富便越殷实，企业实力便越雄厚，但是我们真正明白并懂得运用资金去实现财富积累了吗？创二代，作为企业的管理者，我们必须要明白企业不是装钱的袋子，不是对进账的资金进行密封，成为一袋永无繁衍生息的定额财富。我们的企业要做生钱的机器，要用一分钱生出一块钱，用一块钱生出十块钱，用十块钱生出百万财富。而以钱生钱的财富积累才是资金效用的最大发挥。那么，要如何实现以钱生钱，这里所需要的便是合理理财理念与运用。守着一袋金钱不敢打开装钱的口袋，那是守财奴葛朗台的行为，我们创二代要做的是，科学合理的让资金流动，实现快速的企业财富积累。既然如此，就让我们一起来打开葛朗台一生所不知的理财宝典，探寻合理理财之道。

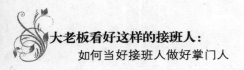
黄金法则 25：多学些财务知识，
用好财务总监

"如果我们想富有，那么我们必须读懂并理解数字"；如果我们想要让我们的企业长久地发展下去，想要我们手中的财富无限地增长，我们就必须掌握足够的财务知识；如果我们想使公司资金快速运转、财务管理高效、资本投资运用效用最大化，我们就必须用好财务总监。创二代，如果我们能够做好这些"如果"，那么我们将会收获更多"如果"之外的欣喜。

作为一个企业的继承人和实际的管理者，掌握一些财务知识，是非常重要的。我们不妨先问一问自己，知道会计的工作范围吗？你能看懂会计的账本吗？你能看懂会计报表吗？你懂财务管理吗？应收账款的周转天数越少越好吗？负债率40%合适吗？借款买的设备算自己的资产吗？现金为王这话对吗？利润率越高越好吗？假如对上面的问题我们一无所知，那么我们有必要腾出时间补充一下自己的财务知识。

如果我们想要让我们的企业长久地发展下去，想要我们手中的财富无限地增长，我们就必须掌握足够的财物知识。通常说到财物，一般人总会把他同会计联系起来，认为财务知识在现在也许属于一个最乏味的领域了，那些晦涩的数字和芜杂的报表总让人头晕眼花。但不管怎么说，如果我们想富有下去，想让我们的企业发展下去，财务知识就可能是我们需要的最终的基础知识。我们经营一家企业，必须明白资产和负债的区别，并且尽可能地购买资产。我们通常非常重视"知识"这个词而非"财务知识"。而一般性的知识是不能定义什么是资产、什么是负债的。字典中关于"资产"和"负债"的解释对一个受过训练的会计师来说是很清楚的，但对于普通人而言可能毫无意义。定义资产的不该用词语而是数字。如果我们不能读懂数字，就不能发掘和辨认出资产。关键不是数字，而是数字要告诉我们的东西。数字不是词语，但像词语一样，它能告诉我们它想告诉你的事。"如果我们想富有，那么我们必须读懂并理解数字"，在财务报告中，读数字是为了发现情况、了解流向，即钱在向哪儿流，这一点对我们来说非常重要，假如我们连我们企业资金的流向都弄不清楚，这是非常危险的事情。

李明2005年毕业于辽宁师范大学，毕业后因为最想冲击的一所高校聘任失败，在父亲与叔叔经商致富的影响下，决定创业，自闯一番天地。而创业初期，因为学行政管理专业的他对财务知识的极度匮乏，在企业的成本预算、资产与负债的平衡、财务运转等一切与企业相关的财务处理都无从下手，不知如何分析、如何决策，甚至公司财务人员所递交的财务报告都有些不解其意，自己这样对于财务知识的匮乏状态给公司的经营管理带来了极大的障碍。李明意识到一个企业管理者对于财务知识的了解对企业的经营发展有着至关重要的作用。于是，李明下定决心突破自身的"瓶颈"障碍，他买了许多企业财务方面的的书籍，并在一所高校请了一位经济学硕士做自己的"家教"，在他勤奋刻苦的突击中，对于财务知识的了解和应用日渐精进，在企业的财务问题上可以凭自己的知识掌握迅速作出解决方案，在很多决策中都可顺利而有效地制定出有利于企业发展与效益创造的战略。更为重要的是，李明在明了了财务知识后，对自己公司的财务状况了如指掌，财务人员的财务计划他也可积极地参与分析决策，这就保证了公司的财务清晰状态，并有效地控制了财务人员的"作弊"行为。

企业管理者，在了解、掌握财务知识的基础上，必须用好。一个企业的

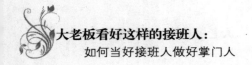

财务总监拥有会计长和财务长的双重权力，是一个企业财务上的最高掌权者，对企业的财务状况有着至关重要的作用，所以用好财务总监对我们来说非常重要。财务总监岗位职责是：在董事会和总经理领导下，总管公司会计、报表、预算工作；负责制订公司利润计划、资本投资、财务规划、销售前景、开支预算或成本标准；制定和管理税收政策方案及程序；建立健全公司内部核算的组织、指导和数据管理体系，以及核算和财务管理的规章制度；组织公司有关部门开展经济活动分析，组织编制公司财务计划、成本计划、努力降低成本、增收节支、提高效益；监督公司遵守国家财经法令、纪律，以及董事会决议。美国出版的《再造财务总监》一书中提到，当代财务总监要做什么呢？当代财务总监要承担的角色首先是参与企业战略。也就是说，财务总监的角色已经从昔日"账房"上升到企业发展顾问的高度了。财务总监，在一个企业的经营管理中、企划案的制定中都具有举足轻重的作用，一个企业管理者，若对财务总监不能善用，不能充分使其举足轻重的作用发挥到最大化，那么，无疑对于企业的发展会制造出很多不利因素、甚至导致企业发展障碍。

创二代，企业管理者，首先要在财务总监的聘任中有"伯乐赏识千里马"的独具慧眼。因为财务总监的企业经营管理中的特殊重大意义，作为企业管理者，在财务总监的聘任中必须谨慎，要充分了解你所聘用人选的能力以及人品，要尽可能地选用德才兼备的可用之才；第二，企业管理者要对财务总监的工作给予足够的信任，既然你选择了，就要给予基本信任，做到基本的权力下放，这样才有利于财务总监在工作岗位中充分发挥其才能，使财务总监的特殊作用发挥到极致；第三，企业管理在对企业财务总监给予信任的同时，恰当行使自己作为企业管理者的监督权。企业管理者要信任财务总监的工作、给予其适当的决策权力，但不是放任其工作权，过度的信任就是愚蠢的行为，会直接导致财务总监在长期的工作中"舞弊"，在企业管理中牟取私利。企业管理者要做到对企业财务状况的真实的了如指掌，并对财务总监的工作实行恰当的监督管理。

而在对于企业财务总监的"用好"，也必须要求企业管理者自身掌握基本的企业财务知识，不然，我们自己对公司财务状况不甚明了，又怎样去监督财务总监、防止财务总监的欺瞒呢？又怎样了解财务总监的工作内容及权限，对其进行合理的、恰如其分的信任与监督呢？总之，一个成功企业管理者，必须在了解财务知识的基础上用好财务总监，确保企业经营管理的顺畅与有效性。

黄金法则 26：改善财务信息，灵活运转

什么是财务信息？财务信息在企业财务运作、财富积累、利益实现中具备怎样的作用？企业财务信息化建设又要求我们创二代企业管理者怎样去塑建？这些无疑是企业在经营管理中所必须思考与解决的问题，创二代，企业管理者，我们必须了解并掌握企业财务信息的概念与作用，并在企业的经营管理中，科学有效地利用企业财务信息，使企业资金及企业的有效管理机制灵活运转。而企业财务信息究竟该如何改善、如何灵活运转呢？

财务信息，是指以货币形式的数据资料为主，结合其他资料，用来表明企业资金运转的状况及其特征的经济信息。在当今的现代化企业管理中，财务信息的管理已偏重于以电子计算机为载体来进行对财务信息（数据）的处

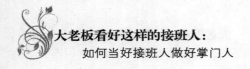

理、反馈、分析、运用。财务信息，在企业的发展中发挥着至关重要的作用。

信息，是人们用以对客观世界进行直接描述的可以在人们相互之间进行交流、传播和利用的知识。信息的有效利用会对人们所从事的活动产生极为有效的推动作用，使人们在从事某种活动中确立正确的主观意识，将所从事的活动向这正确的方向发展，确保既定目标的实现，提高既定目标的实现效率。企业对于企业财务信息的正确的、科学的利用，便有助于企业经营管理决策制定、有利于企业生产结构与生产规模的调整和规划、有利于企业既定效益目标的实现、有利于企业资金周转、融资、成本与效益的核算，有利于企业内部的财务、人员等方面的管理工作的进行。因此，创二代，企业管理者，必须了解并掌握企业财务信息的概念与作用，并在企业的经营管理中，科学有效地利用企业财务信息，使企业资金及企业的有效管理机制灵活运转。

首先，改善企业财务信息，必须要加强企业财务信息化建设，使财务管理得到全面的、有效的促进。

企业财务信息化建设，一方面，要求企业正确认识企业信息化建设，并采取积极的配合措施；另一方面要求在企业信息化建设中实施统一会计核算软件。

第一，正确认识企业信息化建设，以积极有效的措施保证企业信息化建设的改善与实现。

这要求企业管理者，正视企业信息化建设对于企业发展的作用，并且树立以财务管理为核心的管理思想和理念，采用高度集中的管理模式，对管理和制度进行科学有效的创新。在获取有价值信息的速度和数量就是在竞争中争取主动权的当今信息化的时代，通过建立财务信息系统强化财务管理与资金监控，突破现有企业管理的瓶颈与局限，尽可能地使财务信息的作用发挥到最大化，是确保企业在激烈的市场经济竞争中取得主动权、实现企业长远利益的有力保障。

第二，企业财务信息化建设，要求企业在企业信息化建设中实施统一的会计核算软件。

在当今已以电子计算机与科学软件系统为主要信息汇总、分析、处理的现代化企业管理中，企业对于统一会计核算软件的实施，是网上财务信息的首要举措。同时，要求企业在实施统一会计核算软件的同时，加强企业员工相关人员的业务培训及技能训练，并将自动软件财务信息管理模式上升到管理理念的高度。

同时，改善企业财务信息，必须制定科学有效的企业信息化管理制度。

信息化管理制度，是使企业信息系统正常运行和推广应用企业正规化文件发布的规章制度，广泛涉及计算机系统的使用、计算机机房的管理、财务信息系统的使用和推广等的个财务信息管理层面。企业信息化管理制度可以有效强化企业财务管控能力、加强财务信息流畅性、使企业管理成本得到节约、提升企业管理效率。总之，企业信息化管理制度的建立是完善财务信息化建设的重要保障。

企业信息化管理制度的确立，要求企业在企业信息化管理制度的确立过程中，严格遵守企业信息化管理制度确立规则。企业信息化管理制度的确立规则即为：全面科学的原则、责任目标明确原则、奖惩分明原则。企业管理者改善企业财务信息，建立企业信息化管理制度的过程中，必须从以上三方面遵循企业信息化管理制度的确立原则。以保障企业信息化管理制度的科学有效确立。

最后，改善企业财务信息，实现财务信息共享管理。

约翰·斯坦克（JohnP.Stach），提出财务信息共享管理（Open－BookMan-agement）的财务信息管理理念。这一理念的主要内容是：如果公司每一位成员都能够了解财务报表数字所代表的意义，将更能改善管理者与部属之间的关系，员工将更能理解公司的获利和加减薪的关系。另外，员工将因为了解了公司的成本支出状况而更为节省。财务资料的获悉，将会使公司成员在从

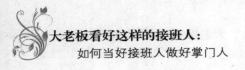

事生产或提供服务过程中，做出更适当的行动，更专心从事生产或服务，以形成更好的资产负债。在企业管理中，这一理念的有效应用，使企业财务透明度提高，增强了企业员工对于企业的理解与信任，增强企业财务信息系统的科学性与有效性。

在企业管理中，鉴于财务信息的改善对于企业经营管理的至关重要的地位与作用，创二代企业管理者，在企业的经营管理中务必做好财务信息的改善工作，建立科学有效的企业财务信息系统。

黄金法则 27：精打细算，
实现财富增值

创二代，在企业初创阶段，企业经济能力是我们所面对的第一大难题。各方面的成本投资都需要大量的资金做充足的支撑，而企业经营短期内却不能实现成正比的企业利润增长，那么，我们要如何更有效地节约企业成本、利用自身所拥有的创业资金、保证企业逐步走入运营轨道、并保证企业在日后的运营中得以长远而稳定的发展？

我们都知道，在企业的经营管理与企业发展中，企业财务的管理对于企业的意义与作用有多么重大，这是不用言说的，一个企业利益的实现，是必须建立在合理的企业成本规划和有效的企业利润实现的基础之上的，而这二者的目标实现是必须由企业财务状况与企业财务的科学管理做支撑，否则资不抵债的企业财务状况，无论如何也无法实现企业的利润增长的。

创二代，在企业初创阶段，企业经济能力是我们所面对的第一大难题。在初创阶段，我们虽然可以使用父辈的资金资源来作为创业资金，但这个创业资金必定是有限的，而在我们的初级创业阶段，企业利润的增长肯定是极为缓慢的，甚至会出现企业零利润的情况。我们创二代，在企业的创业阶段，营业居所、企业设备、办公设备、员工薪资、公关费用、各种执照等相关手续的办理费用及企业宣传费用和预计之外的损失等各方面的成本投资所需要大量的资金做充足的支撑，而我们所面临的这如此的大量投资的同时，在企业经营短期内却不能实现成正比的企业利润增长，那么，我们要如何更有效地节约企业成本、利用自身所拥有的创业资金、保证企业逐步走入运营轨道、并保证企业在日后的运营中得以长远而稳定的发展，无疑是创二代在创业初期，首先所必须解决的问题。

合理利用资金资源，节约企业成本，实现企业资源的高效率使用，这就要求我们创二代企业管理者精打细算地科学合理地使用企业资金，即科学合理地做好企业财务管理，科学合理地分配企业资金。创二代，是从小到大都没有因金钱的贫乏而遭受过任何委屈，创二代家庭优越的经济条件，养成了创二代从小金钱节省意识的淡薄。这里，这样讲不是再说创二代具有铺张浪费的恶习，而是讲一个事实，就是创二代可以凭借家庭的优越经济条件得到自己想得的一切消费品，在买一样自己喜欢的东西的时候不会因为缺钱而想到这个东西我该不该买，我高价买的这件东西是否会真正的给自己带来实际利益的满足。创二代对于金钱节约意识的淡薄基本是普遍性存在的问题，然而在企业的创业过程中，金钱浪费直接导致的就是企业成本的递增、企业利润实现的高难困境及逐渐形成的企业外强中空的虚有外表，如此一来，企业何以发展？企业利益在哪里实现？企业失去发展的保障、失去利益的实现，创业又何以成功？由此可见，创二代，在创业的过程中，必须坚持精打细算的原则，同时在合理使用资金的基础上科学地实现财富增值，才可确保企业

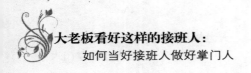
稳定地发展下去。

　　吕强毕业后一心想学父亲经商，又不想做富二代那样的"拿来主义者"，于是便于父亲"借"了一笔创业基金，要走创业之路，并信誓旦旦地对父亲说，等我的公司发展起来了，这笔创业资金我是一定要还给您的。无疑，吕强的表现是一个有理想、有抱负、而且要独立开拓一番事业的典型的社会优秀青年。但是，自公司创业开始，吕强就没有对自己的创业资金进行科学的使用分配，他没有科学的成本预算、没有投入成本与利益实现的效益预算、没有对经济环境的物价进行调查和相关开支估算，同时吕强认为自己手上拥有这么一大笔资金，干嘛还浪费那些精力与时间去做那些没有意义的预算与计划，需要什么就支付什么，把节省下来的时间与精力投入到其他事情中去多好，这么多事情已经忙得焦头烂额了。于是，吕强在租办公地、购买公司用品与设施、企业宣传等其他费用的支付中没有进行任何计划，需要什么就只管刷卡或付现金，并以最高工资标准支付三个员工的工资。总之，吕强在创业中依旧沿袭以往的"大手大脚"的花钱作风。在公司还没任何赢利的情况下，吕强很快就有点吃不消了，他也想到了应该节俭，但却不知怎样做到节约成本，之后，公司赢利额没有增长，而公司各方面的成本投入却都在递增，最后，在公司房租到期时，吕强不得不关闭了公司。

　　在吕强的创业失败中，我们吸取的最大教训就是要合理地使用自己企业所拥有的资金，使每一分钱都能尽其所值，带来企业利益的增长。只有企业的资金与企业的成本投入带来企业的利润增长，才会实现企业的财富增值，实现企业利益，才是成功的创业。那么如何以精打细算的方式合理的规划企业成本、实现企业财富增值呢？

　　第一，尽量避免投资失误。投资失误会导致企业的巨大损失，从而引发企业的债务偿还危机，甚至使企业陷入破产的境地。因此，我们在目标投资时，必须做到充分的调查、科学的分析、正确的决策，尤其要避免落进负债陷井。

　　第二，科学、合理地规划企业财务资源。创二代，要对企业所需投入的全部成本做仔细的预算，并将其尽可能地最低化，然后根据所拥有的企业资金，制定出合理的成本投资规划，避免入不敷出、财务赤字的发生。

第三，精打细算，使每一笔资金的使用都实现其价值功能最大化。创二代在物品选用、设备购进、薪资支付以及任何一次开销行为发生的时候，都要对市场价格（包括所购买商品的市场价格与企业当地的相关职业的薪酬标准）了如指掌，并做到货比三家，尽可能地以最为合理的价格实进行相关消费活动。同时，要将钱花在刀刃上，尽可能省不必要的开销，在使用每一笔资金（哪怕是几十元、几块钱）都要仔细考虑，这笔资金是否能换取你所需的价值。

总之，只有对企业资金进行合理的规划与使用，才能实现企业财富增值，才能保证企业的发展、实现企业利益。

黄金法则 28：适当融资，进行财富增值

融资是企业实现获取资金来源与实现财富增值的重要途径，科学地进行有效融资，对企业的发展和利益实现具有极大的推动作用。而创二代针对自身可进行有效融资的不利因素与银行、政府对于中小企业融资的不完善体系机制要如何才能进行适当融资，进行财富增值？

融资，是指为支付过现金的购货款而采取的货币交易手段，或为取得资产而集资所采取的货币手段。融资通常是指货币资金的持有者和需求者之

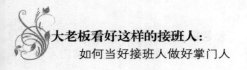

间，直接或间接地进行资金融通的活动。广义的融资是指资金在持有者之间流动以余补缺的一种经济行为，这是资金双向互动的过程，包括资金的融入（资金的来源）和融出（资金的运用）。狭义的融资指资金的融入。

融资是企业实现获取资金来源与实现财富增值的重要途径。有效的资金融入会给企业带来所需资金，实现企业发展目标；有效的资金融出，资金的合理运用会给企业带来利润与增值，有效的实现企业财富增值。因此，创二代，在我们的创业过程和企业发展过程中，如果能科学的进行有效融资，那么，对企业的发展和利益实现就具有极大的推动作用的。但是，创二代在创业阶段要进行有效融资，仍然存在着一定的困难，因此我们要对融资所存在的困难具体情况进行具体分析，争取做到克服困难，适当融资。

创二代在企业发展初期所存在的融资困难主要表现为企业自身的融资不利因素与银行、政府的对于中小企业融资的不完善体系机制。企业自身的投融资不利因素包括：小规模企业（公司）融资成本高、初创企业信用等级低、企业融资意识淡薄；银行、政府的不完善融资体现机制表现为，银企信息不对称和银行的不利选择（银行偏向于选择大型企业或信誉等级较高的中型企业）、缺乏市场化的利率调节机制、信用担保体系的不完善、政府扶持力度不够，政策不配套。这些融资困难，在一些创二代的创业过程中可能都有体会，但我们要做的是想办法克服融资障碍，尽可能地做到适当融资，在融资的过程中实现财富增值，即在融入资金与资金运用的过程中创造企业效益，实现企业财富增值。

目前，我国政府针对中小企业和初期创业企业的融资困境，也在积极地调整相关政策与相关融资体制，就目前的国内情况而言，初期创业企业的可选融资途径有：风险投资、民间资本、创业融资、融资租赁等都是不错的创业融资渠道。而且也有很多创业初期的企业取得了融资的成功。

兰州大成自动化工程有限公司，创业初期，由于资金缺乏，企业在一些发展方面受到局限，因此该公司力求产品研发创新，并申报了企业创新基金。该公司在运营一年内，凭借企业创业初期较好的企业形象、企业信誉与良好的企业发展态势和成功的企业产品研发，于 2000 年得到了创新基金 100 万元的资助，得到了甘肃省科技厅 50 万元的重大成果转化基金，教育部"高等学校骨干教师资助计划" 12 万元的基础研究经费。进而，兰州大成自动化工程有限公司，将融资资金进一步投入到产品的生产与研发中，在不懈努力的情况下，2001 年，针对青藏铁路建设的技术需求，该公司的研发项目被列入甘肃省重点攻关计划，支持科技三项费用 30 万元。

在兰州大成自动化工程有限公司的成功融资途径中，我们可以看到，企业自身如果把握好融资渠道中有利于初期创业公司所运用的融资途径，同时企业自身争创符合融资的要求标准，做到成功融资，并不是一件困难的事，在客观的融资环境允许的条件下，关键在于企业自身的融资争取和融资条件创造。

首先，争取融资机会、创造融资条件。创业初期融资，要充分了解并掌握国家相关的企业融资政策，了解可运用的融资渠道，并针对企业自身情况选择出适合企业自身状况、具有可行性的融资途径。同时，对不具备融资标准、却具有可行性的融资方式，企业要在自身努力上争取机会，创造条件，争取在较短的时期内实现企业融资。

第二，企业同时要把握好融资尺度、融资规模量力而行。企业融资过多有时会造成企业资本的浪费、增加融资成本。因此，企业融资，要根据企业自身情况出发，根据所承受的融资成本能力，与所需要的融资资金数额，量体裁衣，进行科学合理的融资。融资不是多多益善，资金限制，成本增加，起不到最佳实现企业财富积累作用的融资是失败的融资。

第三，企业融资要选择最佳融资时机、寻求最佳资本结构。一方面，企业融资要根据国内、国际的融资环境选择最佳融资时机，即企业融资要具有预见性，要充分了解掌握市场利率、汇率等各种金融市场信息，并且要根据企业自身的情况与所选融资方式的特点做出有效的融资规划。另一方面，企

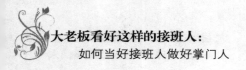
业融资要寻求最佳资本结构，企业在创业初期融资，选择怎样的融资方式进行融资是十分重要的，企业要尽可能地选择一种风险小、成本低的融资方式，在控制融资风险、成本与寻求融资最大利益之间寻求一种平衡，选择最优的资本结构。

第四，企业融资，要尽可能地降低融资成本。融资是需要成本的，在融资之前，企业管理者必须预算企业融资成本，预测通过融资可以使企业获得的投资收益有多大，以保证融资的有效性。切忌风险融资和盲目融资，一定要在成本与收益间做好估算，尽可能的降低融资成本与融资风险。

黄金法则 29：会计、税务申报 不要小聪明

谎报会计、税务申报，企业偷税漏税，这些案例近几年屡见不鲜，但纵观其偷税漏税的最终结果，无疑都受到其应有的法律制裁，甚至一些行为极为恶劣严重的偷税漏税企业，以血的代价给我们深刻的警示。创二代，如果我们不想以身试法，不想重蹈"违法先烈"之覆辙，那么，请我们不要玩谎报税务的小聪明，做诚实守法、担当社会责任、具有社会道德感的优秀企业人。

如实做会计、税务申报，是对一个企业的诚信要求，更是对于一个企业的法律要求。企业对会计、税务谎报，偷税漏税，不仅导致的是企业信誉的

丧失，企业形象的损毁，而且更为严重的是偷税漏税属于违法行为，直接违反了国家《征管法》的规定。企业谎报税务申报，偷税漏税，触犯国家法律，其严重恶果就是要承担国家相关法律制裁，甚至直接导致企业关闭。

近年来，我国企业偷税漏税的情况常有发生，但经查实后，其相关人员都付出了惨痛代价。我们来一起看一下，河南国税局公布的几大偷税漏税的案例，以及企业和企业相关人员因偷税漏税而付出的巨大代价。

1996年，天峰公司成立。袁某担任公司总会计师，王辉任天富公司会计。1996年间，天峰公司在没有建筑资质的情况下，为独立开发建设临湖小区项目与中天事业有限公司合作，由天峰公司支付给中天公司200万元管理费以取得中天公司的建筑承包资质，并以中天公司名义成立中天公司临湖小区工程经理部，天峰公司向该工程经理部派驻了全部工作人员，并实际行使该经理部的管理权，其中王辉担任该经理部会计。在天峰公司与中天公司签订的建筑工程施工合同中，双方约定工程造价为3.5亿余元，而实际上，天峰公司以工程经理部名义与怀宇建设集团股份有限公司签订分包建筑工程合同，由怀宇集团承建临湖小区，总结算金额为2.5亿余元，并于1998年6月竣工。

1996年至2001年，在该项目没有任何财务结算、竣工结算的情况下，王辉以工程经理部名义要求中天公司开具55份外商投资企业经营（服务）发票，金额为3.5亿余元，并以上述发票列入建筑开发成本，由王修于2001年12月向税务机关进行虚假的纳税申报以及相应的退税申报。天峰公司通过上述虚增建设成本、增大支出的手段，从1995年1月至2000年12月31日，逃避缴纳外商投资企业和外国企业所得税。经群众举报，天峰公司涉嫌偷税罪立案侦查后，司法先后将王辉、王修羁押。

该公司的行为侵犯了国家的税收管理制度，已构成逃税罪，依法应予惩处。王修、王辉具体实施天峰公司逃避缴纳税款的行为，亦构成逃税罪，依法均应承担相应刑事责任。

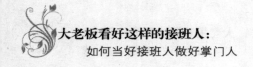

自以为聪明的偷税漏税行径，最终是逃不过法律的制裁。创二代，在我们的企业经营管理中，万不可要如此的小聪明，导致聪明反被聪明误，最终走上违法犯罪的道路。在企业会计、税务的申报过程中，一定要遵照税务申报流程、配合相关人员的执法工作，一定要严格遵守国家相关法律政策。自作聪明，偷税漏税，其结果就是自断前程。

创二代，在讲求诚信为人、诚信经商、企业合法的当今社会环境中，无论是从社会责任的角度出发，还是从企业合法的角度出发，我们都必须做到诚信纳税。诚信纳税是保证企业生存和发展的根本。这要求创二代，必须在以下几个方面加强修养，做好企业的会计、税务申报工作，履行企业的社会责任与社会义务。

第一，学习、了解国家法律、法规，做合法纳税人。这要求创二代必须遵纪守法、诚信纳税，积极学习、掌握国家税收法律法规，监管企业会计核算，对企业所应缴纳的各项税款真实、准确地计算，不做假账，杜绝一切出口骗税行为，提交真实的税务申报表。

第二，加强企业财务监管与企业会计人员的工作监管，通过培训、学习、宣传教育等方式提高企业财务、会计工作人员的岗位责任心与业务素质和社会责任感。

第三，积极配合国家税务工作人员的执法、调查工作，积极主动的申报、提交税款。

总之，创二代，我们作为新时代的自主创业者，中国企业界未来的领军人，作为社会、国家的建设主力军，必须遵纪守法，做合格的纳税人，做优秀的企业人。

黄金法则 30：让资金动起来，用好每一分钱

如果我们有一块金子，那么我们可能的做法会有三种：其一，学埋金之人，将其放入保险柜，结果是金子闲置，没有给我们带来任何现实利益；其二，在黄金市场价格最为昂贵的时候出手，给我们带来一笔重于这块金子的宝贵财富与现实利益；其三，用这块金子制作首饰、艺术品后再出售，获取比出售金子更多几倍的财富。那么，聪明的我们，面对这三种有可能发生的情况，我们会选择哪一种呢？

《伊索寓言》有这样一个故事：一个人把金子埋在树下面，每周挖出来陶醉一番。然而有一天，他的金子被贼偷走了，此人痛不欲生。他从没花过这些钱，每次只是看看而已，这些钱有和没有对他来说都是一样。这则寓言告诉我们：财富闲置就等于零，所以必须让钱动起来。

让企业资金动起来，就是要在对资金的投资、运用中，让企业的资金发挥其最大的价值效应，实现企业财富增值，起到"钱生钱"的滚雪球效应。无疑，这是企业实现企业利润增长、实现企业利益最为有效途径。因此，创二代合理有效地运用资金，使企业资金在流动中创出更大的企业财富，是高效实现企业利益的最佳途径。我们创二代，在企业的经营管理中，必须了解并灵活运用资金的投资知识，形成科学理财的投资理念，用好每一分钱，让

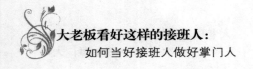
自己有限的资金发挥无穷的创造价值功用。

达晨创投，创造了巨大的财富，其财富积累理念就是"让资金动起来，以钱生钱"。达晨创投对于福建圣农的投资，就是其成功地运用资金投资实现企业财富增值的典型案例。达成创投的创始人肖冰，对于这次福建圣农的投资这样解释："福建圣农是我 2006 年看的唯一一个农业项目，当时看了立即就决定投它们。那一年刚好爆发禽流感，大家都不看好养殖业这个项目。但我们差不多把公司所有的钱都投进去了。"达晨创投于 2006 年、2007 年两次投资福建圣农，总投资金额 4600 万元人民币，最终拿到 8% 股权，并成为公司第二大股东，而其股权公司上市之后占发行后总股本的 7.2%。2009 年10 月 21 日，发行价定为 19.75 元的圣农发行首日收盘价为 26.25 元，涨幅为32%，市值达到 107 亿元人民币。达晨创投 3 年中从该项目获利约 7.2 亿元人民币，投资回报率为 15 倍左右。达晨除这次成功的福建圣农投资外，近年还进行了多次成功投资。

达晨创投对于资金的有效运用，使资金充分运转，在资金的流动中使每一分钱都发挥了其财富增值的作用，真正地做到了"以钱生钱"，使企业利益高效实现。达晨对于资金的有效投资运用，其理财理念与投资理念，都是值得我们创二代企业管理者学习的。

第一，让资金流动起来，实现财富增值，要学习、掌握投资知识、财务管理知识、企业资金运用方面的知识与理念，对资金运用与投资学理论要有足够的理解与运用能力。

第二，让资金流动起来，实现财富增值，要调查、了解经济环境与金融市场动态，只有在了解的基础上，即知己知彼的基础上准确投资，才会确保资金投资的准确性，如肖冰对福建圣农的投资目标的确定。

第三，让资金流动起来，实现财富增值，不是要盲目运用资金，盲目的让资金流动，而是要选择具有可行性与具有可实现性利益的项目进行资金投入，这要求企业管理人在运用资金决策时万分谨慎，必须在通过周密、科学、准确的研究、分析，才可最终决策每一笔资金的用途。

第四，让资金流动起来，要充分地使用好每一分钱，也就是说，企业管理者对于每一笔资金的使用，不论数额是大还是小，都必须要保证其价值实现的可能性，要使每一分钱都发挥其最大的财富增值作用，实现"以钱生钱"的滚雪球效应。

第五，在企业资金的运用与投资的项目制定与运营过程中，必须有效地做到规避风险，同时，必须避免风险投资。我们让资金流动起来的目的是要实现企业财富增值，而风险投资和无法规避资金运用中的风险因素，就会致使财富增值的失败，而且会因为资金的不恰当运用而造成或大或小的经济损失，增加企业成本或企业负债。

总之，在资金的流动过程中，企业管理者必须要确保的是每一分钱都恰当地实现其财富增值的价值，而且要成功地规避资金运用风险。即对资金运用的要求就是，要以降低企业成本（包括风险成本），有效保证企业利益的高效实现。

我们的金子，不能埋在树下成为无用的闲置资金，令其失去其最宝贵的价值。要知道我们的金子如果在黄金市场价格最为昂贵的时候出手，便会给我们带来一笔重于这块金子的宝贵财富与现实利益；而如果我们的金子要用来制作首饰、艺术品后再出售，那么我们的这块金子就会是比出售金子更多几倍的财富，是更为有效的增值。我们的企业资金就是这块金子，要怎样才能实现其更为有效的增值，那要看我们企业管理者是否具有挖掘这块金子用途的能力。

第六章　有效沟通
领导者不是高高在上的"独裁者"

　　我们知道，企业内部凝聚力的形成、团队精神的构建，以及企业各种活动与既定目标的实现都离不开企业成员间的通力合作，而这种通力合作是必须在有效沟通的基础上完成的。有效沟通，可以激发企业员工的工作热情，激发企业员工的价值创造性，可以使企业员工形成以企业为家的归属感与责任担当感。沟通的意义及作用是不言而喻的。而领导在形成企业内部有效沟通中具有着极为重要的作用。领导，不是高高在上的"独裁者"，领导需要广开言路，需要做实现企业有效沟通的润滑剂与催促剂。领导的作用是引领、激发、带动，而不是独断、强制。那么，我们创二代企业管理者，要如何做一个合格、优秀的企业领导人，如何建立自己企业的有效沟通机制呢？我们有效沟通的平台应该怎样建筑？信任、真诚、坦率等沟通技巧组成要素无疑是我们所必须要具备、并科学运用的。

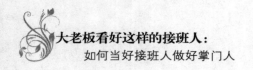

黄金法则 31：平等交流是有效沟通的通行证

沟通创造和谐，沟通赢得人心，它能够凝聚出一股士气和斗志。国内企业在沟通上存在的问题突出表现为言路不畅，我们的声音或者意图不能尽快地传达到企业的最基层，贯彻不到位；反之，基层的声音势必也不能传达到我们的耳朵里。要根除这个顽症，最好的办法就是打破我们和员工之间看似森严的等级壁垒，实现平等地交流，只有平等才能让人畅所欲言，才能充分地挖掘人的潜力。

美国加利福尼亚州立大学曾对企业内部沟通进行研究后得出重要成果。调查者发现，来自领导层的信息只有 20%~25% 被下级知道并正确理解，而从下到上反馈的信息则不超过 10%，平行交流的效率则可达到 90% 以上。进一步的研究发现，平行交流的效率之所以如此之高，是因为平行交流是一种以平等为基础的交流。

我们现在很多企业都在强调沟通的重要性，却常常没有建立有效沟通的实际方法，有的甚至忽视这种沟通路径的疏导。在我们的企业规模很小时，沟通不畅的问题不明显，但当我们的企业发展到一定的规模时，上面的问题也就会出现了，企业的规模越大，沟通不畅的问题越明显，这个问题在很大的范围和程度上影响着企业的管理和生产，如果解决不了，那么势必会阻碍企业的发展。我们作为一个企业的管理者，并不是高高在上地存在，我们需要和各方面沟通，了解企业的运行状况，发布自己的命令，反馈命令的执行情况及效果，这些都需要我们同方方面面的人来沟通。在企业中，信息的上传、下达和平行交流一样都不能少，前两种是非平等交流，后一种总体上是一种平等交流。要想扩大沟通的有效性，就需要把平等的理念注入到前两种交流形式中去。

我们的企业想要在我们的手上迅速发展，就得想办法调动各方面的积极性，保持企业的生机和活力，而这种生机和活力的产生，则要倚靠各方面之间有效的沟通：下情的上传，命令的下达和各部门之间的信息交流，只有建立在沟通上的有效协作、同甘共苦，我们的企业才能永葆青春和活力。权威调查资料表明，在一个企业中，中级领导大约有60%的时间在与人沟通，老板则可达80%，沟通的有效性对领导力和企业发展的影响非常广泛和重要，就像一个人的神经系统，没有它的存在，整个企业就是一具僵尸，行动起来指东向西，更别说在竞争激烈的市场中生存下去了。纵观国内国外成功崛起的大企业，无不是依靠有效沟通激发企业活力的典范，正如英特尔公司的前任CEO安迪·格鲁夫所言，"领导公司成功的方法是沟通、沟通、再沟通"。

当前，国内企业在沟通上存在的问题突出表现为言路不畅，我们的声音或者意图不能尽快地传达到企业的最基层，贯彻不到位；反之，基层的声音势必也不能传达到我们的耳朵里。要根除这个顽症，最好的办法就是打破我们和员工之间看似森严的等级壁垒，实现平等地交流，只有平等才能让人畅所欲言，才能充分地挖掘人的潜力。

沃尔玛公司就是这方面的典范。在沃尔玛，最重要的一条原则就是要倾听基层员工的意见，这一点在沃尔玛刚刚创建的时候表现得尤为重要，即使现在沃尔玛已经发展成了世界上零售领域的巨无霸企业，其倾听基层员工意见的原则也一如既往地执行着。在公司内，沃尔玛的员工可以随时随地发表

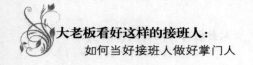
自己的意见，不管是哪个部门的员工，也不管员工具体从事哪一类的工作，都可以口头或书面形式与管理人员乃至总裁进行沟通，提出自己对企业管理和发展方面的建议，对自己关心的事情发表个人的见解，也可以对自己在工作当中受到的不平等待遇投诉，总之一句话，只有员工有意见，不管是好的坏的，都可以直接向管理层和老板反映。在收到基层员工的建议和投诉时，沃尔玛公司保证一定会重视员工的这些意见，对那些正确的有利于企业长久发展的建议，会积极采纳并上升为公司的规定。在沃尔玛公司，经常有一些各地的基层员工来到总部要求见董事长。董事长沃尔顿先生总是耐心地接待他们，并做到将他们要说的话听完。如果员工是正确的，他就会认真地解决有关的问题。他要求公司每一位经理人员认真贯彻公司的这一思想，而不要只做表面文章。沃尔玛重视对员工的精神鼓励，总部和各个商店的橱窗中，都悬挂着先进员工的照片。公司还对特别优秀的管理人员，授予"山姆·沃尔顿企业家"的称号。

在沃尔玛，每个员工都有一个工牌，但和别的企业不同的是，工牌上面只有员工的名字，并不标出员工具体的职务和工种，人人都一样，包括最高总裁也不例外。公司内部没有上下级之分，也没有员工和老板之分，平时见面就直呼其名，这种规定使员工们在思想和行动上放下了包袱，分享到了平等分工的快乐，营造了一个上下平等的工作氛围。正是这种视员工为合伙人的平等精神，造就了沃尔玛员工对公司的强烈认同和主人翁精神。在同行业中，沃尔玛的工资不是最高的，但它的员工却以在沃尔玛工作为快乐，因为他们在沃尔玛是合伙人。

平等的沟通渠道为沃尔玛带来了巨大的财富，同时给我们以无尽的启示：有平等才有交流，有平等才有忠诚，有平等才有效率，有平等才有竞争力。一个沟通顺畅的企业必然是一个工作气氛融洽，工作效率极高的企业，在这样的企业里工作，哪怕再苦再累，也是心甘情愿的，因为心情是愉快的！沟通创造和谐，沟通赢得人心，它能够凝聚出一股士气和斗志。这种士气和斗志，就是支撑企业大厦的中坚和脊梁。有了这样的中坚和脊梁，必定人心所向，又何愁企业不发展呢？

黄金法则 32：批评也要讲方法

批评是一件很不轻松的事情，有的人觉得批评无疑就是对下属发发脾气，用严厉的语气指出他们的错误，责令他们进行改正，并警示他们以后不得再犯同样的错误。这是对批评的错误认识。批评也是一种沟通，当我们在批评下属的时候，也应该坚持沟通所需要的原则，平等、尊重、坦诚，只有这样，我们的批评才能收到良好的效应。讲究批评的方法，是我们所必须要掌握的一门艺术。

在心理学上，有一种叫做"踢猫效应"的理论：某公司董事长为了重整公司一切事务，许诺自己将早到晚回。事出突然，有一次，他看报看得太入迷以致忘了时间，为了不迟到，他在公路上超速驾驶，结果被警察开了罚单，最后还是误了时间。这位老董愤怒之极，回到办公室时，为了转移别人的注意，他将销售经理叫到办公室训斥一番。销售经理挨训之后，气急败坏地走出老董办公室，将秘书叫到自己的办公室并对他挑剔一番。秘书无缘无故被人挑剔，自然是一肚子气，就故意找接线员的茬。接线员无可奈何垂头丧气地回到家，对着自己的儿子大发雷霆。儿子莫名其妙地被父亲痛斥之后，也很恼火，便将自己家里的猫狠狠地踢了一脚。这个理论告诉我们，假如对下属的批评不讲方法，那么有可能形成连带影响，起到反效果。

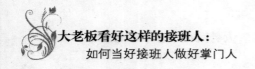

有的人觉得批评无疑就是对下属发发脾气，用严厉的语气指出他们的错误，责令他们进行改正，并警示他们以后不得再犯同样的错误。对这种简单甚至有些粗暴的批评方式，我们是不赞同的，批评是一件很不轻松的事情，在一定意义上看，批评也是一种艺术。如果我们对企业员工的错误行为不懂得如何批评教育，那么就有可能像上面的"踢猫效应"一样，压制员工的工作积极性，降低部门的工作效率，甚至影响整个企业的工作情绪。那么我们在批评下属的时候应该注意什么呢？以下几点可以供我们参考：

首先，批评下属之前要查清楚事情的前因后果，不能偏信一面之词就对某个人盲目地发火。弄清事实是正确批评的基础，有些管理者一时激动就不分青红皂白对下属进行批评，而忽略了对客观事件本身进行全方位的调查。

其次，不能搞一刀切，对不同的人和不同的事要区分对待。人的性格不同，我们采用的批评方式也应该不同，比如面对性格比较内向、敏感的下属，针对他们这一性格特点，我们可以采用以鼓励为主，委婉批评的方法；对自以为是或者盲目自大的下属我们需要用比较直白的话语当面告诉他们所犯的错误，并要求他们以后不能再犯。当然除了人的性格特点外，事情的严重程度也决定了我们批评的程度，假如事件的性质比较严重，那么我们也必须公开、严厉地批评；而对轻微的错误，则可采取私下指出的方式，提醒一下就好。

再者，批评是要注意场合，避免因为场合选择不当而使下属产生抵抗情绪。而注意场合是指在我们批评下属时周围的环境，是不是只有我们和下属在场还是在一个会上或者多人在场的这么一种环境，这就涉及了批评的范围和氛围问题。需要全体人员都注意警惕的问题，必须在大范围内进行批评；如果问题正在萌芽中，就可以在较小的范围中批评；对不适宜公开的问题，不适宜在公众场合批评的问题，则在小范围进行处理；批评的氛围则需要我们营造一种"气场"，对于同一性质同一程度的问题，在群众觉悟较高，风气较正的场合，就可以进行严厉批评；在群众心理承受能力较差的场合，群众基础较差，则要注意动之以情，晓之以理，耐心启发，使受批评者受到教育。批评的场合选择是很见领导水平的，选择不当，会激化矛盾，此外，批评还应注意政策的把握。

具体到批评时的具体操作，应该做到以下几点：在批评时问清下属犯错原因，让下属自己把犯错误的缘由表达出来。虽然我们可以根据事情的因果推测出大体的情况或者根据其他人的描述弄清楚具体的缘由，但在批评时还是要认真地倾听下属对事件的解释，这样做有助于我们了解下属是否已经清楚了自己的错误，也有利于我们针对下属在这一过程中的具体表现进行进一步的批评。下属往往告诉管理者一些管理者可能并不清楚的真相，如果管理者没有办法证实这些问题，则应立即结束批评，再做进一步的调查了解。另外，我们在批评的时候要控制住自己的情绪，最好不要大发脾气。有些时候，下属所犯的错误有可能非常严重或者低级，让我们非常生气，但作为老板，在批评下属的时候，尽可能地不要把这种情绪宣泄在下属的身上，因为大发脾气的结果往往是让下属产生我们对他有成见的这样一种感觉，从而产生离心倾向。最后要注意的是在批评的时候要尽量对事不对人，这样做的好处是在点出问题的同时避免了伤害下属的自尊心，保全了他们的脸面，更容易让他们客观地认识到错误，心服口服。在下属认识到自己的错误后，管理者应该尽快结束批评，过多的批评会让下属感到厌烦。另外，管理者不应该经常将下属的某个错误挂在嘴边上，喋喋不休地反复唠叨。如果在批评时，下属有抵触情绪，在批评后的几天之内，管理者应该找下属谈谈心，消除下属可能产生的误解；如果批评后，下属还没有改正错误，要认真地分析他继续犯错误的原因，而不应盲目地再次批评。

实际上，批评也是一种沟通，当我们在批评下属的时候，也应该坚持沟通所需要的法则，平等、尊重、坦诚，只有这样，我们的批评才能收到良好的效应。

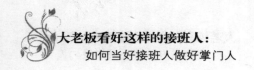

黄金法则 33：信任对方，赢得支持、合作与帮助

正确的信任，会在一个人的心中播撒爱与希望的阳光，会使一个人赢得更多的关注、支持与帮助，会使一个人在任何必要情况下与他人建立良好的合作关系。创二代，我们要清楚，在我们的企业发展与经营活动中，外界的支持、合作与帮助是必需的，我们必须以健康、正确、积极的心态去处理各种活动。在信任的基础上构筑合作关系，是赢得支持、合作与帮助的最有效途径。

我们知道，在我们从事任何活动、面对任何困难、处于任何困境之时，别人的支持与帮助对于我们而言是多么巨大的鼓励与破除困境的力量源泉。很多时候，我们要达到既定目标，来自外界的支持、合作、帮助是必不可少的，而我们能够获取外界支持与帮助的前提，是我们对对方的信任。信任是双方相互间建立良好合作关系的基础，因为信任对方，我们才会产生愿意与对方合作的意愿，才会放心地接受对方对我们的帮助行为；同样，因为我们信任对方，对方才会形成对我们的信任与友好情感，才会乐于支持、帮助我们，才会形成愿意与我们合作的意向。简而言之，唯有以信任为基础，才会使双方间敞开"心扉"，消除阻碍良好合作关系形成的心理障碍与心理防范意识。

卢梭说："要宣扬你的一切，不必用你的言语，要用你的本来面目。"也就是说，我们要取得对方的支持与认可，实现与对方的合作，获取对方的帮助，需要的不是多么美妙的言辞与表白，而是我们真实的内心展露，即行动中真诚的体现，而这种真诚的体现是建筑在我们的信任基础之上的，如果我们内心怀疑一个人，是决然不可能向其袒露自己的内心与真诚的。也就是说，信任于先，坦诚而生，人和自成。基于这一点，我们要获取对方的支持，寻求对方的帮助，首先要在心理上信任对方。

在美国有这样两个关于建立信任关系的故事，其截然不同的信任关系构建理念，形成了两个孩子长大成人之后的截然不同的人生。

故事一，有一个富翁父亲和儿子在户外玩，儿子爬到墙头上，想往下跳，要父亲在下面接住他。父亲对站在墙头上的儿子说："你跳下来吧，我会在下面接住你的。"儿子看到父亲在下面张开了双臂，于是就放心地跳了下去。谁知，结果是儿子重重的摔在了地上。父亲说："我这样做，目的就是想要告诉你，有时候连自己的父亲都不可以相信，更何况是陌生人。"

故事二：一位父亲与儿子在郊外玩，他也给儿子讲述了之前那个富翁与儿子关于信任的故事。这时，父亲见到一个年轻的小伙子正向这边走过来，于是父亲便对在墙上面玩的儿子说："在这位叔叔经过的时候，你向下跳，我们会在下面接住你。"儿子半信半疑，犹豫地站在墙上，这时父亲伸开双臂，说："放心吧，孩子，有我在，我一定会接住你的。"于是，正当这个年轻人走过来的时候，孩子跳了下来，本来孩子以为自己一定会和上面的故事中的那个儿子一样摔在地上，没想到自己落入了一个有力而温暖的怀抱，而接住他的人正是这位路过的年轻小伙子，年轻人放下孩子，还以充满关心的口吻说："孩子，怎么这样淘气，你跳下来，你的父亲年纪大了，不能迅速接住你，你会摔伤的。"这位年轻人离去时，父亲和儿子一同向这位年轻人致谢，之后，父亲对儿子说："孩子，我这样做是想告诉你，有时，连陌生人都可以信任，更何况是自己的父亲。信任别人，你会得到更多的关

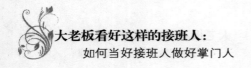

爱与温暖。"

十几年后，故事中的这两个孩子都已长大成人。第一个故事中的儿子，因为从小形成的不轻易相信别人的观念，在其内心形成了强烈的防范意识，在他的成长过程中，他从不真正相信任何身边的人，从不真诚对人，其强烈的芥蒂心理，致使其一生中也没有收获一个真正的朋友，在他陷入任何困境时，很少有人会来帮助他这样一个不与人真诚交往的人，即使有少数伸出援手的人，他都以怀疑的心理拒绝，久而久之，在他父亲去世后，他并没有将他父亲的企业继承发扬，而是在父亲留下的一笔财富中孤独终老。而第二个故事中的儿子，因为从小形成的信任观念与对外界帮助、合作的正确认识，在其成长过程中，坦诚待人，真诚地帮助别人，以积极乐观的心态信任别人，因此他收获了很多朋友，建立自己很好的人脉。最终，他在自己的拼搏与良好的人脉关系下，成为了一个优秀的企业家。

这两个故事，我们可以看到信任对一个人的社会人际关系建立与自身发展中具有多么重大的影响作用。偏激的不信任，会给一个人的心理造成不健康的心理阴影，会产生极为消极的人生态度，会失去成就任何大事都必须具备的"人和"基础和必要条件。而正确的信任，会在一个人的内心中播撒爱与希望的阳光，会使一个人赢得更多的关注、支持与帮助，会促使在任何必要情况下与人建立良好的合作关系。

创二代，我们要清楚，在我们的企业发展与经营活动中，外界的支持、合作与帮助是必需的，我们必须以健康、正确、积极的心态去处理各种活动与关系中的人际交往。在企业内部，我们需要企业员工的支持与有效工作，我们必须给予员工足够的信任，才可形成员工对企业的归属感、忠诚度，激发员工的工作热情与价值创造力。在企业外部，我们需要建立与客户的合作关系、与其他企业的合作伙伴关系及种种纷繁复杂的人脉关系，必须在种种合作关系与人脉关系的建立中给予充分的信任，才可构建成功有效的关系网络，才会在我们需要帮助时，不陷入绝境。

但需要强调的是，信任对方，不是盲目的、毫无适度的信任，毫无适度的信任同样是愚蠢的行为。我们要做的，是基于客观情况的分析，给予对方适度的、应该给予的信任，构建双方间的有效信任基础。不是毫无主观意识、毫无风险防范的听任于人的"纵容相信"。

黄金法则 34：运用坦率真诚的沟通方式

未来竞争将是管理的竞争，竞争的焦点在于每个社会组织内部成员之间及其与外部组织的有效沟通之上。那么，什么是有效沟通呢？有效的沟通方式怎样实现呢？坦率真诚的沟通方式无疑是实现有效沟通的最佳途径。坦率真诚的沟通方式会极大地鼓励企业员工参与企业管理的积极性，在企业的管理上有着不可替代的地位。

说到坦率真诚的沟通方式，我们就不得不提一下杰亨利法则，它是以发明人杰瑟夫·卢夫特和亨利·英格拉姆的名字命名。按照杰亨利法则，在一个企业里，任何人之间的沟通是不可避免的，上下级之间，各部门之间都需要频繁的沟通协调才能保证各项事务的具体运行。而在具体的沟通当中，主动、开放、真诚和自发是沟通的重要元素，是促进人际关系和谐的有效保证。杰亨利法则的核心是彼此之间的坦率真诚地交流，彼此之间的了解，这种彼

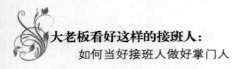

此之间的了解，有效地促进了彼此之间的沟通和交流，从而在整个企业内部建立起一种坦率真诚的文化氛围，保证企业各个方面的沟通。这种坦率和真诚，具体地表现在两个方面：一方面我们要在沟通中坦率公开自己的情感、经历和信息的程度，由此获得别人的真诚回报；另一方面，我们在付出真诚坦率之后，获得了别人的青睐，就像是一面镜子，在这种青睐之中我们也成功地从别人的评鉴中了解自己。杰亨利法则基于这样的假设：当开放区的信息量增加时，人们之间会更好地相互理解。因此他们建议运用坦率真诚的沟通方式。通过提高自我揭示的水平和倾听来自他人的反馈这两种方式扩大开放区的面积，从中获益。

坦率真诚的沟通方式，可以增加我们的亲和力，放大我们的人格魅力，从而改善我们的整体形象。我们的坦率真诚会运用到我们的企业管理当中时，能够起到两个方面的作用：一方面，从我们企业的内部生产环节上来说，我们的坦率真诚，拉近了我们和员工之间的距离，展示了我们的个性魅力，能够让我们企业的所有员工都参与到企业的运行中来，激发员工的归属感和主人感，让我们的企业保持活力；另一方面，从外部环境上来说，我们的坦率真诚能够使我们在市场竞争中获得别人的信任和青睐，建立良好的销售关系。约翰·奈斯比特指出："未来竞争将是管理的竞争，竞争的焦点在于每个社会组织内部成员之间及其与外部组织的有效沟通之上。"更有一种说法已经被许多人认同：一个人事业上的成功，只有15%是由于他的专业技术，另外的85%却取决于他的人际交往技巧。可见，了解与掌握有关人际关系心理的原理和规律等心理学知识，提高自身的心理素质，已经成了现代人的急迫需求。在企业里，人际的沟通是无可避免的，沟通问题也同样无可避免，开放、真诚、坦率是人际关系中的重要元素，是促进沟通渠道畅通的有效保证。对于企业的管理人员来说，更是迈向成功的必修课。

英国的著名企业维京集团发展到现在，已经成为一家年营业收入高达数十亿美元的大企业。企业创始人兼董事长理查德·布兰森从一开始就鼓励企业的员工大胆地把自己的看法说出来，坦率真诚地接受下属的意见和批评。他把自己的私人电话公布给全体的员工，只要员工有什么好点子好的管理方法都可以随时给他打电话，当然布兰森也鼓励大家通过口头或者书面的形式提出自己的意见，只要能够让自己知晓就行。维京集团每年都举办一次聚会，为那些平时没有机会见到布兰森的员工创作一个和其面对面接触的机会，在这个聚会上，员工可以把自己平时关于企业的任何想法都说给布兰德，只要对企业有帮助，布兰德都欣然接受。另外，布兰德还从企业的制度上保证员工的建议能够传达上来，维京集团下面的所有子公司都有一整套鼓励员工贡献点子的制度，他规定，子公司的任何员工都可以申请和公司的常务副董事共进午餐，在吃午餐的过程中贡献出自己的点子，和公司的高层一起商议有关企业未来的发展大计。另外，维京集团还有一个专门机构负责这个事情——"维京管理团队"，协助员工新点子在具体管理和生产过程中的应用。在这一"创意机制"的激励下，维京集团员工的积极性和创新意识得到了极大的提高，生产的积极性被调动了起来，各种类型的新方法层出不穷，如维京新娘公司，维京日益壮大的国际互联网事业，都是员工向布兰森提出的建议。维京集团鼓励开放的氛围，鼓励相互之间自由地进行揭示、交流，这使企业受益匪浅。

综上，坦率真诚的沟通方式极大地鼓励了企业员工参与企业管理的积极性，群策群力，为我们的企业构筑了强大的员工支持力，使我们的员工发自内心地把企业当成自己的家，产生了感情，产生了忠诚度，万众一心搞好企业。所以，坦率真诚在企业的管理上有着不可替代的地位，我们应该充分认识到它的重要性，自发地应用到我们的企业管理当中去，激发员工生产管理的热情，让我们的企业永葆青春和活力。

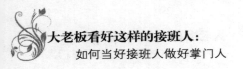

黄金法则 35：这样扩大你的
交际圈最有效

高质量的人脉交际圈子，能使我们做起事情来如鱼得水，在企业的经营活动与营销活动中，更是具有极为重要的积极促进作用，那么我们要如何建立并扩大自己的交际圈呢？显然，科学的、智慧的社交技巧是我们必须掌握的，而拓展交际圈的有效技巧都有哪些呢？又要如何科学运用呢？

在现在的商场上，宽广的人脉就意味着巨大的财富，这是我们必须注意的一个成功原则。而要获得一个宽广的人脉网络就需要我们在自己的周围建立一个大的交际圈，这个交际圈越大，网络越宽广，那么我们事业成功的可能性就越大。我们认识的人越多，处理事情、获得信息的路子就越广，不管我们从事一个什么行业，我们所需要的也是必不可少的就是一个良好的、积极向上的交际圈子，特别是一个高质量的人脉交际圈子，能使我们做起事情来如鱼得水。因此，如何在我们身边建立起适合我们的交际圈子并拓展它，增加自己的人缘就成了我们必须面对的问题。我们不妨从下面四点来入手：

第一，做众人心中的活跃者，大胆表现自己。在参加团体活动或者聚会的时候，面对众多参加者，我们要活跃，唱一首歌、跳一次舞，大胆地表现我们自己的才华，让自己的个人魅力充分闪现。这里是指在面对团队活动或参加集体聚会时，应当大胆主动地表现自己，让自己的优点发挥出来，而使自己表现得更鲜亮，引起更多人的关注。只有被关注的人，才能得到别人的认同和好感，从而增加自己更多结交新朋友的机会。

第二，将封闭的门打开。对于想扩大交际圈的朋友来讲，保持真诚的心是非常重要的。而在具体的交际过程中，不能有一种自傲藐视或自卑内向的心态，这些都不利于向别人吐露真实的想法和心声，更会在交际中成为绊脚石和拦路虎。因此，将自身封闭的心扉打开，将有利于与新朋友的沟通和交流，从而使人脉交际更顺利。

第三，不要失去任何一次与陌生人接触的机会。人脉开拓、扩大交际圈不应局限于在固定的地点，使用固定的方法，采取固定的模式，而是应当采取别人乐意接受，更为轻松的模式。比如：一次不经意的问候、一次不经意的聚会、一次老朋友的偶然会面，或得到一次参加大型活动的机会、一次不经意的上网聊天等，都会是你扩大潜在交际群体的良机。而重要的是，要采用适合的方式，运用灵活的技巧，创造与新老朋友接触的机会。

第四，多研究和分析沟通和交际的意义。扩大我们的交际圈不单单只是认识一些新朋友，它将会在一定程度上改善和增强我们的自信心、上进心、责任心，并通过融入社会大家庭，而感受到人间更多的关爱和温暖，从而丰富自身的人生世界，使其变得更加美丽和精彩。因此，将增加交际圈作为一种经营人生、拓展事业的方式，也是必不可少的。

第五，参加一些专业或非专业性的聚会，如老乡会、各种培训会（自己喜欢的，免费或收费的)，在这些地方有很多人，可以结识不少人，加上自己用心就能结交很多的朋友。

第六，参加专业性俱乐部，其本身就是一个侧重于拓展商务人脉关系为主的人际关系交友互动部落，在这里不但可以扩大个人交际圈，更可以获得高质量的商务人脉，可以为自己事业的发展带来意想不到的帮助。

当然，除了上面的几种方法外，别的方法也可以试一试，比如下面的这些：通过我们的老朋友结实新朋友。在企业经营中，我们应该多和老客户联系。除此之外，我们的高中、大学同学以及各种培训班的同窗都可以成为我

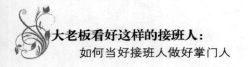
们交际圈的常客。在一系列的活动中，我们如果和这些人产生思想上的共鸣，就有可能建立更深的联系，在以后的企业经营中合作或得到相应的信息，帮助我们的企业开拓新的市场和抓住难得的机遇；在日常生活中培养自己的一种爱好，不断地去学习，多参加一些活动。多融入大家的活动中；从自己做起，不断让自己变得更好。让自己胆量变大点，性格开朗些，知识丰富些，胸怀开朗些，做事积极主动、认真；可以业余报考学历或非学历教育做起，其中的同学资源源源不断，也是一种很好的扩大人脉的方法；通过朋友聚会。朋友也有朋友，这样拓展人脉。交际圈自然就扩大了；最简单实用的一招是，跟朋友参加他们和朋友的聚会；加入并参加各种团体或组织；培养一些兴趣爱好，最好有一项是你的专长，这样对你专长方面有同样兴趣的人会主动找你做朋友的；多读相关人际关系方面的书（卡耐基的书就不错）；花时间主动联络，然后再主动帮助对方，不求回报。经常和所从事行业的采购商、供应商、经销商联系，用自己的慧眼找出其中的"谦谦君子"，他们也应该可以成为你的核心交际圈中的亮点。网络时代中的网络可谓无孔不入，网络时代交友的方式可谓五花八门。在合适的地方和时机留下自己的 QQ、E-mail、MSN 等，这些都会帮助你找到知音。

黄金法则 36：沟通技巧让你获得
更多青睐

同样是为人处世，为什么一些人会极易被人认同、极易获得朋友、获取人气呢？这里所涉及的便是沟通技巧问题，而沟通的技巧又包含哪些艺术呢，为什么会使人额外获得更多的青睐呢？这是我们创二代在人际交往与从事企业活动中所必须要深思并掌握的问题。我们成功地运用了沟通的技巧，这份沟通的魅力与效应自然就会展现。

作为一个站在父辈肩头的创业者，必须要学会怎样沟通，掌握一些沟通的技巧，这样我们才能在和别人的交往中获得更多的青睐，留给别人深刻的印象，从而巩固旧交情，认识新朋友，建立良好的人际关系，为以后的事业发展奠定丰富的人脉基础。而在企业管理中，我们要管理所有的企业员工，更需要借助沟通的技巧，化解不同的见解与意见，建立共识，当共识产生后，这份沟通的魅力自然就会展现。以"反败为胜"闻名的艾科卡先生，原本个性内向、拘谨而畏缩，后来他痛下决心，接受专家彻底的改造与训练，摇身一变成为极具说服力、善沟通、肯负责、有决断力的人。由此可见，良好的沟通能力与人际关系的培养，并非全是与生俱来的。所以掌握一定的沟通技巧是非常必要的。

首先，沟通时要掌握主动，率先向别人伸手，表达结交的意愿。我们在

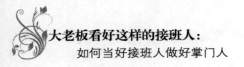

一个陌生的场合想要同一个陌生的人沟通，并希望进一步成为朋友和商业上的伙伴，我们就需要首先表达出自己的友善，丢掉表面上的冷漠。在交际上，通常主动的人比等待的人更容易结交到朋友，所以我们应该克服自己心中害羞、胆怯的心理，主动伸出手，用握手的方式表达自己愿意和其结交的意愿，这样才有可能交到朋友。人通常想要得到友谊但又桎梏于所谓的"面子"，不肯首先向别人表达自己的意愿，所以两个人之间就出现不了交集。所以，只要你肯主动地伸出手来，你就在使对方成为你的朋友上成功了一半。

其次，在沟通中运用微笑这种"武器"。我们应该充分认识到微笑在沟通中的重要作用，一个微笑的人有着巨大的亲和力，可以瞬间拉近两个人之间的距离。美国著名喜剧大师博格就有一句名言："笑是人与人之间的最短距离。"一个善于运用微笑的人，总能获得别人友好的回应，在人际交往中就会取得先机，和别人沟通起来也就游刃有余。我们应该做一个人人称道的微笑使者，把微笑当成自己沟通的人生哲学，让微笑每时每刻都绽放在我们的脸上，只有这样，当我们在与对方交谈时，从轻松自然的微笑开始，对方会被你热情的笑所感染，也会自然而然地以热情之心回报给你。

再者，在和别人沟通的时候，我们应该学会放松心情，树立自己的信心。能够让自己的事业成功的老板，都是有着自己主见的强者，不会随波逐流或者对别人的看法唯唯诺诺，有自己的想法与作风，很难想象一个身经百战的成功人士对别人动不动吼叫、谩骂甚至丧失理智地扭打。这些人对自己的了解非常到位，能够肯定自己、自信，所以日子过得非常开心，有了自信的人往往愿意同别人沟通，在沟通中展示自己。在交际过程中，一般人的心理上都会或多或少地存在着一种因为担心交际不成功而引起的心情紧张的情绪，这种紧张情绪更促使了交际失败的发生。所以，在交际场合，在和别人的沟通中，最重要的是保持自己的自信，大大方方地去交往，比如谈谈自己的情况，问问对方的爱好，夸一夸对方的衣着等等，只要成功地引出一个双方都感兴趣的话题，使交谈进入到一种轻快、活泼、愉悦的气氛中，对方自然而然地就会对我们产生好感，从而亲近我们，认定我们是一个比较随和真诚的人。当别人对我们有了这种认同时，我们的心情也自然会更轻松，也就自然会更有交际成功的信心。

第四，沟通贵在真诚对待彼此，我们想要结交真正的朋友，就必须真心真诚地对待对方，这一点对我们来说应该值得铭记一辈子，它是获得真正友谊不可缺少的一种优秀品质。因为只有真诚了，别人才能了解你，才能知道你是否值得结交，也只有付出真诚了，别人才能对你真诚、向你袒露自己的心扉。正如一位社交广泛的朋友所说："我在与别人交往时，绝对不会给对方虚伪的言行，因为那种行为别人一看便知，它是一种感觉——感觉到你不真诚，谁还敢与你结交呢？你只有尊重别人，相信别人，别人才能相信你，从而与你交心。"

第五，留下彼此的联系方式，以后要及时和对方联系，以此加深彼此间的感情，深化彼此之间的了解。当我们在某个交际场合与别人进行愉快交谈后，如果可能的话，最好问清对方的联系地址和电话并把自己的电话和地址告知对方，为以后进一步深交做准备。因为在交谈的当儿，别人可能时间很紧促，没有更多的时间了解我们。这样，即使别人对我们有好的第一印象、想与我们交往，也可能因心有余而时间不足而匆匆离去导致彼此之间的沟通中断，这岂不可惜？而留下联系方式后，就为友谊办了一份"保险"，这样别人若有意的话，自然会找个理由问候我们。如果对方给我们留下了联系方式，我们最好是主动问候对方，"最近忙吗"、"生意还好吗"等问候语会让对方感到"这个人很关心我"，从而认为我们是一位值得结交的朋友。

掌握了上面的沟通技巧，我们就能够在社交场合同想要结交的人轻松地交朋友，积累生意场上的人脉，为以后我们事业的顺利发展奠定坚实的人脉基础。

第七章　积累人脉
巧用身边的关系网

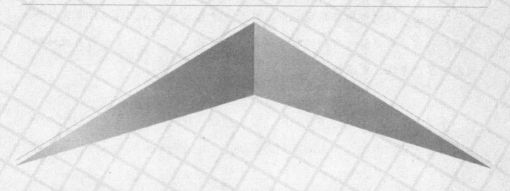

比尔·盖茨说："一个人永远不要靠自己花100%的力量，而要靠100个人花每个人1%的力量。"博恩·崔西说："销售领域里得到最高业绩的一个概念就是"摇钱树"概念。人脉销售就是一个开枝散叶、开花结果的过程。"这些名言足以说明了人脉的重要作用与巨大能量，而客观事实也已经证明了这些名言的哲理所在。所谓"人脉即财脉"，如果我们可以成功地构建一张有效的人脉关系网，那么这张网为我们捕获的将是巨额财富。创二代，我们能够对这样一张可以捕获巨额财富的"大网"而无动于衷吗？当然，这样一张网对我们而言是极具诱惑力的，那么，我们就积极主动出击，从身边做起，积累人脉，来构建这样一张属于自己的有效关系网络。而这样一张网络要如何构建，人脉要从何积累，这便是我们首先要掌握的重要的问题。

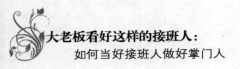
黄金法则 37：控制成本，
用客户寻找客户

　　用客户寻找客户，可以有效地节约企业成本，并以客户带动客户，会有效节省企业资源，并在有效节省企业资源的同时，更为有效地实现企业利益增长。在企业制定市场营销战略中，成功地建立客户关系，利用已有客户群发掘新的客户群是最为有利的战略部署。而关键在于，我们要如何有效地利用原有客户寻找、发掘新客户。

　　在当今激烈的市场经济竞争中，成本控制问题已经成为企业发展的一个至为重要的焦点问题，因为成本的高低决定了企业利润空间的大小，从而直接决定了企业效益与利益实现。因此，有效控制成本，是创二代必须解决的一个问题。而我们所讲述的巧用身边关系网，用客户寻找客户，是解决企业成本的一个重要途径。因为，在利用身边关系网，以现有客户挖掘潜在客户，节省了企业自己直接向目标潜在客户挖掘的时间成本、经济成本、人力成本、广告宣传成本以及相关所耗成本。

　　有效利用现有客户资源，以现有客户挖掘新客户，其优越性是显而易见的，但是为什么说以这种方式拓展新客户会有效的节约企业成本呢？

　　第一，以现有客户挖掘潜在客户的方式，使得企业可以节省对这部分潜在客户的挖掘过程中所耗费的时间、精力、人力、财力，从而可以在一个相当大的程度上节省了发掘这部分等量客户的相关企业成本。以现有客户挖掘潜在客户的方式可分为两个层次：第一种，是因现有客户的推荐或影响力而来的潜在客户群；第二种，是企业以现有客户为指向目标，在其指向作用下发掘潜在客户群。无论是这两种的哪一种，都有效地节省了企业没有基础的挖掘新客户的所耗成本。

第二，因现有客户的影响力而来的潜在客户群体，已经在心中对企业产品有了一定的认可度与信任度，不会像企业开拓新市场、挖掘新客户时还需要与客户有一个有效的沟通与磨合的阶段，不需要任何方式（比如使用、详尽为客户讲解、定义客户需求）。这便节省了企业培养新客户信任的相关企业成本。

第三，因现有客户而来的新客户群体，更易于培养这部分客户的稳定性，更易于将其发展为长期客户。因为这部分客户在已经对企业产品有所了解、并已经形成一定的信任度，其购买倾向也具有一定的倾向性，在此基础上，企业只要不破坏在这部分客户群心中已经形成的信任，并继续以优质的产品与优质的服务曾进其信任，培养企业与客户间的友善关系，这部分极具目标性的客户便会更有可能发展为长期客户，会在节省企业成本的同时，为企业带来更为丰厚的利益。

第四，因现有客户而来的新客户群极有可能成为企业的"免费广告资源"带来更大的潜在客户，有效稳固这部分极具发展性的客户群体，增进他们的信任度与认可度，这部分客户群体就会成为企业的无须额外投资的"宣传器"，起到极大的广告效应，而且他们的宣传与影响力会比企业的广告宣传更具有效性。企业自身去宣传，难免会有"王婆卖瓜，自卖自夸"的嫌疑，而客户对企业产品进行推荐、夸赞、微波式渗透影响，效果是相当有效的，因为比之企业的广告，消费者会更相信其已购买消费者的亲身感受与体验。从而，形成企业挖掘客户群的良性循环。

总而言之，培养企业与客户间的良好关系，以客户为导向，并以客户带

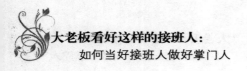
动客户，会有效节省企业资源，并在有效节省企业资源的同时，更为有效的实现企业利益增长。

例如，企业先有一个已发掘的客户群体 A，同时存在两个潜在客户群体 B 和 C。企业为开拓市场，要在已拥有客户群 A 之后，发掘这两个潜在客户群体 B 和 C。首先，企业以客户群体 A 为寻求新客户群的导向，企业通过在挖掘 A 的过程所积累的资料经验、实践经验、与成功挖掘后的磨合稳固经验的基础上，并以客户群 A 的需求倾向性、消费目标性为指引，成功的发掘了客户群 B。即以客户群 A 为导向成功地寻求到、并开发了潜在客户群 B。同时，企业在发掘客户群 B 的同时，没有忽略对已经发掘的客户群 A 的稳固性培养，以企业的优质产品、优质服务赢得了客户群 A 的信任与赞誉，于是客户群 A 便起到对企业产品的有效宣传推广作用，由此吸引了潜在客户群 C。即，在已发掘客户群 A 对企业的信誉传播和产品宣传的影响力作用下，企业没有发生任何发掘行为便成功地发掘了潜在客户群 C。

我们来分析一下，如果企业忽视了已发掘客户群体 A 的引向作用与广告效用，而另辟蹊径，采用了最初发掘客户群 A 一样的模式去发掘客户群 B 和客户群 C，那么，其所消耗的成本便至少是发掘三个 A 的成本，甚至因为迂回和其他因素导致高出三个 A 的成本。而企业将发掘这三个客户群的精力全部集中在 A 身上，通过对一个客户群 A 的深度发掘，成功地实现了对潜在客户群 B 和客户群 C 挖掘。即便企业在深度发掘客户群 A 的过程中仍需成本投入，但比之重拓路径，其节省的成本至少是一半以上。由此可见，用客户寻找客户的重要价值所在。

创二代，在企业制定市场营销战略中，成功的建立客户关系，利用已有客户群发掘新的客户群是最为有利的战略部署。但是能够实现这一战略部署的关键在于我们企业自身的产品与服务的优质性，在于我们企业自身的企业形象与企业信誉。我们在努力建筑这些关键基础的同时，努力稳固所有已经发掘的客户群，从而带动新的潜在客户群的开发，一定会成功地实现市场开拓。

黄金法则 38：人脉决定方向

人脉即财脉，如果我们能够有效地把握、培植、打理存在于我们身边的"人脉"，我们自可依靠人脉力量与其巨大潜能实现资金、技术、人才、机会等各个有利因素的开发。人脉决定方向，所强调的就是人脉的巨大引向作用与巨大能源利用力。因此，创二代，在我们的企业经营管理与营销管理中，善用人脉，会在实现既定目标的过程中取得事半功倍的效果。

美国大亨洛克菲勒在其全盛时期曾感慨地说："与人相处的能力，如果能像糖和咖啡一样可以买得到的话，我会为这种能力多付一些钱。"而美国人更有名言说："二十岁靠体力赚钱，那三十岁靠脑力赚钱，四十岁以后则靠交情赚钱。"两句名言的主要意义都在强调"人脉"在人的生活与事业中的重大作用。

有时候，我们经常听到创二代在创业过程中的抱怨之词，经常抱怨自己想要开拓一番事业却举步维艰，没有合适的发展方向，即便有了基本可用的创业基金，但仍没有强有力的后盾支持，抱怨为何自己没有贵人相助，为何所谓的"贵人"只存在于别人的传奇故事里。但是，我们在抱怨的同时，却忽视了我们身边的庞大的资源。要知道，"人"就在我们身边，无数的人在我们的生活中、在我们的创业中、在我们的身边的每一处，如果我们能够有效的把握、培植、打理这些存在于我们身边的"人脉"，那么，我们何患人气

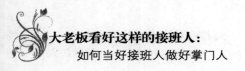
难以聚集呢？我们成功的挖掘了这些就存在于我们身边的人脉力量，必定能够实现资金、技术、人才、机会等各个有利因素的开发。总之，人脉就是有效促进我们企业发展的最为有力的能源，关键在于，我们怎样去开发、利用就潜在于我们身边的这部分庞大能源。

所谓人脉即财脉，善用人脉者，自可日进斗金。而人脉的建立要讲求科学的人际交往方法，要用心去沟通心，而不是趋炎附势、极具功利性的选择关系构建。教授庄秀凤在演讲中，经常把经营人脉比喻成养鱼，她这样说："养鱼的人必须把鱼从小养到大，然后才开始捕捞，经营人脉也是一样，不能刚把鱼饲料放下去，就急着收网，否则是捕不到大鱼的！刻意地请客户吃饭、送礼物，反而会让对方觉得有所企图。不如伺机做一些令人感动的事情，这要比请客送礼更贴心。"在创业与企业营销管理中，人脉是企业发展的一种具有巨大能量的无形资本，因此，我们创二代必须在日常社交与企业活动中，科学的建筑自己的人脉网络。

我们来一起来思考这样几个关于人脉构建的故事。

故事一：曾经有位培训师讲过这样一个故事说，他曾有幸参加乔·吉拉德关于人脉的演讲，演讲前，他不断的收到乔·吉拉德助理发过来的名片，在场的两三千人几乎都是如此，都有好几张，没想到，等演讲开始后，乔·吉拉德的动作却是把他的西装打开来，至少撒出了三千张名片。在现场撒出这个名片。全场更是疯狂。他说，各位，这就是我成为世界第一名推销员的秘诀，演讲结束！

故事启示：建立人脉资源需要最重要的东西就是——主动出击！

故事二：成功企业家胡雪岩凭借超强的人脉关系使得他的小贸易公司，一路蓬勃发展，最终打开了西班牙市场。一些企业家描述"红顶商人"胡雪岩时，给胡雪岩的评价是这样的："其实胡雪岩的手腕也很简单，胡雪岩会说话，更会听话，不管那人是如何言语无味，他能一本正经，两眼注视，仿佛听得极感兴味似的。同时，他也真的是在听，紧要关头补充一、两语，引申一、两义，使得滔滔不绝者，有莫逆于心之快，自然觉得投机而成至交"。

故事启示：倾听是人与人之间沟通的主要武器。只有先成为一个成功的倾听者才会有机会结交更多的人脉。

故事三：美国"钢铁大王"卡内基，在一九二一年付出一百万美元的超高年薪聘请一位执行长夏布（Schwab）。许多记者访问卡内基时问："为什么是他？"卡内基说："因为他最会赞美别人，这也是他最值钱的本事。"甚至，卡内基为自己写的墓志铭是这样的：这里躺着一个人，他懂得如何让比他聪明的人更开心。

故事启示：沟通是建立人脉的最佳途径，除了倾听，还需要适时的赞美别人。

在以上三个小故事中，这些成功的商业人士，所告诉我们的成功秘诀就是：人脉力量与科学构建人脉关系的有效方式。我们创二代，在企业的经营管理与营销管理中，必须懂得科学有效地建立自己的人脉网络。

第一，在人际交往中，必须要放低姿态、大气结交朋友。即忖度他人之心、广结善缘。在人际关系交往中，我们必须做到放低姿态，了解他人的心理需求，投其所好，例如给予恰当的赞美、适当的帮助、在能力范围内满足其最渴望得到的需要，以拉建关系网，广泛的结交朋友。

第二，在人际交往中，必须做到不因人微生鄙视、困苦不离见真情。即不以貌取人、雪中送炭赢得人心。在人际交往中，切忌毫无客观的根据的以主观意识去判断一个人，万不可轻易地否定一个人的"存在"价值。同时，在身边的人陷入困境中，要及时在能力范围内给予帮助，以真心、真情打动人心，形成最为稳固的关系链。

第三，其他必须掌握的建立人脉的方式，即建立网络人际、凝聚网络人气，对于自己的名片做到保鲜管理和使用，在人际关系中讲究诚信原则。

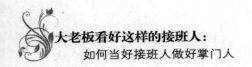
黄金法则 39：发展利用关系网

　　社会最为重要的构成要素即为人际关系，关系网对于我们的重要性是不言而喻的，著名经济学家说："一个人的成功，知识的作用只有30%，而其余的70%则取决于人际关系。"很多情况下，我们可以借助一张关系网的收缩，借助其无限张力企及凭借我们自身能力无法触及的巨大利益。发展关系网，利用关系网，是一个成功社会人士、企业人士必备的能力。

　　关系网是企业经营活动互动范畴、是企业互联网营销平台，是企业将来访者变成客户和订单的有效工具。在不改变企业工作与企业运营的前提下，有效发展利用关系网，会给企业创造出无穷的价值开发资源，对企业利益的实现起到极大的促进作用。

　　社会最为重要的构成要素即为人际关系。在社会的各种活动关系中，包括一切企业活动都是在人际关系交往中进行的，因此，形成自身的有利关系网，对于自身发展和企业发展而言，无疑是具有重要作用的。创二代，我们虽然涉世未深，但我们必须明白，现实社会是相当复杂的，每一个人生活在自己盘根错节的关系网中，每件事情与每件人所从事的活动都明里暗里的交织在复杂的关系网络中。如果我们不善于建筑自己的关系网络，不善建立社会关系网络，在社会活动、企业活动等活动交往中搞不好人际关系，形不成自己的关系网络，那么我们的发展是很难取得进展的，对于企业的发展是十分不利的。如果我们能妥善的、成功的建筑我们的关系网络，那么我们在从事各种活动的过程中就会如鱼得水，对于既定目标的实现会起到事半功倍的效果。

关系网对于我们的重要性是不言而喻的，但创二代必须要明白，关系网的建立，不是要求我们结交权贵，而是要求我们尽其所能的广结善缘。关系网就好比是一条八脚章鱼，每一条八脚章鱼在每一天每一分钟里都在不停地集合、交错，只是我们自己常常不自知、不在意，因此而和我们身边的贵人擦身而过。不要仅看关系中的显贵，不要将目光集中于显贵而忽视其他更多的普通人，要知道在适当的时机，任何一个普通人都可以扭转乾坤，成为我们的大贵人。

在一个小区里面，几乎每一个到这个小区租房子的人都会找余小姐帮忙，因为这位余小姐与小区大门口的警卫关系特别好。而大门口的警卫等于是小区的一扇窗，每一个要租房子的人都要问警卫："这个小区有没有人要出租房子，房租价格是多少？"每一次遇到这样的问题，门口的警卫都要回答说："你去问问那个住在八楼的余小姐，她有很多关于这方面的信息，你直接去找她就可以，不要再去问其他中介了。"结果就是，这位在大楼里住了十八年的余小姐，靠做出租房屋的中介赚了很多钱。

那么为什么小区门口的警卫会如此特别照顾这位余小姐呢？原因是在这之前，每一次小区大门经过的时候，余小姐总是要和大门口的警卫们打招呼，把这些警卫当作自己的朋友一样对待，逢年过节送红包、礼物，平时有什么好吃的、特产什么的也要拿来与警卫分享。余小姐出于对门口警卫的辛苦指责的体谅、感谢与敬重，用真诚与这些警卫相处，这些警卫自然对余小姐心存感激，自然就愿意尽自己所能去帮助余小姐了。

在这个故事中，余小姐就是利用了自己与这些警卫的良好关系，使自己十几年来一直在房屋中介中赚取可观收入，使得自己家无意间成为房屋中介所，并很好地发展下去，获取了很多经济利益。相反，现实生活中很少有人

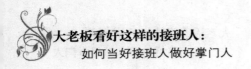
会对小区警卫如此重视，甚至是对小区警卫极为反感，谁也不会意识到自己对门口这些"讨厌"的警卫施以友好与热情，便会收获无穷的利益。但余小姐做到了，余小姐的成功告诉我们，从事某种活动成功的关键，不在于我们多么聪明、多么心思缜密，促成成功的最关键因素是如何建立并利用人际关系，如何构建身边的关系网，并使这张网发挥其最大的效力。

首先，这要求我们懂得关系网建筑的艺术，善于构建关系，建立真正的关系网络。这便要求我们在建立人际关系和构建关系网的时候，不是为了拉拢关系而可以去建立关系，更不是在知道某人具有利用价值时极具目的性的去巴结、拉拢某人，我们所说的关系网的建立要重在平时，广泛结交朋友，并在这些朋友中发掘有利价值。

同时，在我们构建关系网的过程中，不要总是从自身利益出发，总想着怎样在对方身上获取自己所需的价值，我们要明白"投之以李，报之以桃"的道理，要在别人需要帮助的时候奉献出我们的热情与真诚。人际交往是相互的，人与人之间的关系建立是一个互动的过程，付出才有回报，一个自私的人永远也不可能结交到真正的朋友，永远也不可能构建出一张真正具有价值的关系网。

总之，在关系网建筑的过程中，我们要懂得给予与谋取的关系，就是老生常谈的"付出才有回报"，同时，要深度培养自己的社交能力，多学习、实践、运用社交理论，做广结人缘的社会新青年。

一位著名的学者经过长期研究得出结论说："一个人的成功知识的作用只有30%，而其余的70%则取决于人际关系。"发展并利用关系网，已是我们创二代获取创业成功的必修之课。

黄金法则 40：人脉就是财脉

人脉就是给我们和我们的企业创造财富的一条重要血脉，是我们企业滋生财富的温床，成功地构建自己的人脉关系，发动人脉的巨大能量可以给自己带来宝贵的丰厚财富。那么，我们创二代在社交与企业活动中要如何建立自己的人脉呢？那些我们所必须要给予特别关注的人脉群体又包括哪些人群呢？这些问题便是我们成功积累人脉的关键所在。

美国成功学大师卡耐基经过长期研究得出这样的结论："专业知识在一个人成功中的作用只占 15%，而其余的 85% 则取决于人际关系。"

所谓"人脉就是财脉"，就是指一个人在从事各种经营活动、社会活动、个人活动的过程中，人际交往、人际关系发挥着极大的、不可低估的作用，良好的人际关系、有效的关系网络，会促进人在从事这些活动的过程中实现既定的目标，更为有效的实现预期利益。从这个角度上讲，人脉就是给我们和我们的企业创造财富的一条重要血脉，是我们企业滋生财富的温床，我们拥有良好的人脉，我们就拥有了源源不断的财脉。在好莱坞，流行一句话："一个人能否成功，不在于你知道什么，而是在于你认识谁。"强调的就是人脉对于成功与利益实现的重要作用。

有研究表明：你和世界上的任何一个人之间只隔着四个人，不管你和对方身处何处，哪个国家，哪类人种，何种肤色。不用惊奇，你和布什或拉登

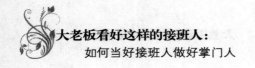
之间也只有四个人，而且构成这个奇妙六人链中的第二个人，竟是你认识的人，也许是你的父母，也许是你大学同学，更可能是办公室里每天帮你抹桌子做清洁的阿姨……仔细想想，通过做清洁的阿姨的人际网竟可以让你联系到布什，这是不是很奇妙？

机遇和贵人是在适当时候出现的适当的人、事、物的组合体。我们无法控制这种完美的巧合何时出现，唯一能做的就是通过控制自己的人脉来给自己创造更多的可能。

首先，创二代要懂得人际交往艺术，通过交流、沟通、运用社交理论，建立属于自己的社交圈子，构建自己的关系网络。在这其中，热情、真诚、友善、无私的优秀品质，和乐于助人、乐善好施的博爱精神是结交朋友、构建关系网的绝秘法宝。乔治·波特创建希尔顿饭店就是典型的成功范例。

一个风雨交加的夜晚，一对老夫妇走进一间旅馆的大厅，想要住宿一晚。无奈饭店夜班服务生乔治·波特告诉他们房间已经被订满了。但这个服务生建议他们住在他的房间，因为他必需值班，可以待在办公室休息。第二天他们要前去结账时，服务生告诉他们不是饭店的客房，不收钱。几年后，他收到一位先生寄来的挂号信，信中说了那个风雨夜晚所发生的事，另外还附一张邀请函和一张纽约的来回机票，邀请他到纽约一游。服务生在一栋华丽的新大楼前遇到了这位当年的旅客，老先生说："这是我为你盖的旅馆，希望你来为我经营，你愿意吗？"

这位服务生惊奇莫名，说话突然变得结结巴巴："你是不是有什么条件？你为什么选择我呢？你到底是谁？"

"我叫做威廉·阿斯特，我没有任何条件，你正是我梦寐以求的员工。"

这家旅馆就是纽约最知名的华尔道夫饭店，这家饭店在 1931 年启用，是纽约极致尊荣的地位象征，也是各国的高层政要造访纽约下榻的首选。后来，乔治·波特创建了著名的希尔顿饭店。

创二代还要学会通过"人脉"来构建"人脉"。即通过朋友来构建人脉，

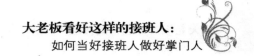

简单地讲，一方面是指通过老朋友认识新朋友；另一方面意义在于依靠老朋友的人脉关系实现自己的预期目标。这要求我们创二代，要充分深度挖掘已建人脉的潜在能量，以此形成新的更为广阔的人脉体系。

一个推销员拜访一个成功人士，问他："您为什么取得如此辉煌的成就呢？"成功人士回答："因为我知道一句神奇的格言。"推销员说："您能说给我听吗？"成功人士说："这句格言是：我需要你的帮助！"推销员不解地问："你需要他们帮助你什么呢？"成功人士答："每当遇到我的客户时，我都向他们说：我需要您的帮助，请您给我介绍 3 个您的朋友的名字，好吗？很多人答应帮忙，因为这对他们来说只是举手之劳。"闻听此言，推销员如获至宝，他按照那位成功人士的经验，不断地复制"3"的倍数，数年之后，他的客户群像滚雪球一样越滚越大，通过真诚的交往和不懈的努力，他终于成为美国历史上第一位一年内销售超过 10 亿美元寿险的成功人士，他就是享誉美国的寿险推销大师甘道夫。

创二代要成功的构建自己的人脉关系，发动人脉的巨大能量来给自己带来宝贵的丰厚财富，就要知道，在企业领导人的人脉网络中所存在的必需发掘的几种人，这是我们有效构建价值人脉的价值资源。

第一种人，能够在特殊情况下，帮助我们达成所愿之人。即一些信息、机会等对我们有利的价值因素依靠我们自身的能力没有办法获取，但通过这些人我们便可以便捷地成功获取。例如，你最重要的客户刚刚打电话来，告诉你今天晚上有一场甲 A 联赛，他需要 4 张票。你打电话问过所有的票务公司，都说没有票了。而你恰好有朋友认识内部的管理人员，于是你便给你的朋友打电话，朋友只是简单地和内部管理人士帮你招呼一声，你便成功的预订到了所谓"全部售光"的门票。在这样急需门票而你又无法预购门票的特殊处境中，有幸你认识了这位可以"开通后门"的朋友，这个朋友就是在特殊情况下帮你达成所愿之人。

第二种人，能够帮助你解决资金运转问题的银行工作人员。在我们的生

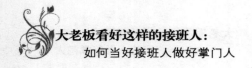
活与企业经营中，银行对于我们的作用已经越来越重大，尤其在企业的融资中起着非常重要的作用，如果我们拥有好的银行人脉，当我们资金运作出现问题时，就可以便捷的找人解决。

第三种人，能够帮助我们解决各种麻烦事情的"清理器"，即当地的警察和公务人员、律师。与这些人搞好关系，对于一些事情的处理是大为方便的，例如减低税负、一些手续办理的便捷化等等。尤其在企业遇到法律问题，或要与人对簿公堂的时候，律师人脉更会起到极大的有力作用。

第四种人，就是我们平日"招惹不起"的媒体联络人。虽然这些人我们招惹不起，但若和这些人建立起良好的人脉关系，那对我们的企业的发展宣传效应可就是大极了，这是我们所渴求而不易实现的，但只要我们与之有相关的人脉，就极为简单了。

黄金法则 41：深交靠得住的朋友

友谊对于人生，正像炼金术士所要寻找的那种"点金石"。它能使黄金加倍，又能使黑铁成金。朋友对于人生的意义是不言而喻的，而朋友也有良师益友与酒肉朋友之分，有人可以在危急时刻肝胆相照，在困境之中雪中送炭，也有人会在我们身陷围困之时落井下石。那么，我们要如何睁开我们的金睛火眼，去深交可以依靠的朋友呢？收获真正的朋友，唯一的方式就是用心看、用心交。

自古云："多个朋友多条路，多个仇人多堵墙。"朋友，在我们的生活中所发挥的作用是不言而喻的，一个成功的企业人更是拥有着自己人生之中的

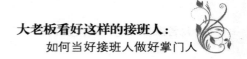

"伟大的友谊"。

英国哲学家培根在《论人生》中谈到友情时说道："如果把快乐告诉一个朋友，你将得到两个快乐；而如果你把忧愁向一个朋友倾吐，你将被分掉一半忧愁。"所以友谊对于人生，正像炼金术士所要寻找的那种"点金石"。它能使黄金加倍，又能使黑铁成金。

朋友的作用不言而喻，但朋友的含义却要值得细说。我们所说的朋友，是能够靠得住、能够在危难之时鼎力相助的真正的朋友，而不是平日里与我们逢场作戏，在我们玩乐之时极尽能事、在我们困境之时烟消云散的"场子"朋友、"酒肉"朋友。创二代，这群血气方刚的、意气风发的年轻人，平日里都有一群"哥们"、"姐们"的好朋友，但在关键时刻，我们必须清楚这些人中哪些是我们可以深交、可以信任、可以依靠的真正的朋友，哪些只是我们生命里的过客，甚可能有些人会在我们身处困境的时刻落井下石。

杨海辉 2006 年大学毕业后，在父亲的资助下注册了一家信息中介服务公司，主要做求职中介、房屋中介、家政中介以及一些信息咨询的服务项目。杨海辉是个义气青年，又由于自己的家庭在经济、社会地位等方面的优越条件，杨海辉的身边总是围绕着一群"哥们"。杨海辉曾为此感到很得意，在创业时，也不忘这些哥们的情意，将工作没有着落的几个人都聘到了公司里，他心想公司用谁都是用，何不照顾一下这些老朋友呢。谁知，在创业初期，由于对于经营管理与公司各项手续办理的不了解，在一项重要的手续中出现了差错，于是杨海辉的公司不得不暂时停业，等问题核清之后再继续营业。出现了这种情况，加之创业初期公司影响力小，两个多月营业额几乎为零，一些"哥们"对杨的公司失去信心便纷纷请辞了，临走时还不忘向杨海辉结清近三个月的工资，并且将公司的办公用品可以方便携带的都带走了。杨海辉面对创业初期的各种困难都没有任何沮丧，坚信走过初期的艰难时段，一定会走向成功，但他对于这些"哥们"的行径十分失望与伤心。

但此时，一个叫刘宇的同学并没有离去，这个刘宇平日不善辞令，因为

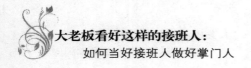

家庭经济困难，而且在大二时由于母亲因病入院，学费无法交齐，杨海辉得知情况后因为出于对于同班同学的同情，慷慨地借给刘宇 1500 元钱。在此之后，刘宇通过勤工俭学在半年后还清了杨的借款。虽然也和杨关系不错，但从来不和杨以及杨的那些"哥们"一起去吃饭、喝酒、唱歌。在毕业后，因为没有遇到合适的工作，又恰巧遇到杨办公司，就在杨的邀请下、怀着以行动"报恩"的心情来到了杨的公司。刘宇不但没有离开公司，还给了杨海辉极大的鼓励，并每天都和杨一起跑关系、定计划、想策略，在他们两个人的坚持中，公司的问题核实清楚，重新营业。在日后的营业中，刘宇更是积极地竭尽所能地帮助杨制定各种宣传方案，公司逐渐走上运营轨道，并且发展得很好。杨海辉因为拥有了刘宇这样一个真朋友，也更为明白了"患难见真情"的道理，从此之后对交友质量的选择，并以自己的真诚结交了更多真正的朋友。

这个故事留给我们创二代的思考是深远的，所谓患难见真情，能够患难与共的朋友，才是真正的朋友。杨海辉平日里在那些所谓的"哥们"的身上所消费的开销并不少，请他们吃饭、喝酒、娱乐，借钱给他们，尽管他们借钱后从未还过一次，这些人之所以会追随杨海辉就是因为杨海辉可以给他们带来利益，当杨海辉失去这个利益价值的时候，便"无情"地背弃了杨。而刘宇，他铭记了杨在自己最困难时候的帮助，以感恩之心在杨需要帮助与支持的时候，给了杨极大的鼓励与支撑。杨海辉依靠一次善举收获了杨宇这样一位可以与之共患难的朋友，这个朋友就是他创业与人生中的一半财富。像刘宇这样真正的朋友实在难求，但我们若以真诚相待，一定会结交到这样可以靠得住的朋友。在我们的关系网络中，只要有几个哪怕只有一个如此值得深交的朋友，那么我们就拥有了一笔财富。

法国作家罗曼·罗兰曾说过："得一知己，把你整个的生命交托给他，他也把整个的生命交托给你。终于可以休息了：你睡着的时候，他替你守卫，他睡着的时候，你替他守卫。能保护你所疼爱的人，像小孩子一般信赖你的

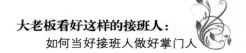

人，岂不快乐！而更快乐的是倾心相许，剖腹相示，整个儿交给朋友支配。等你老了、累了，多年的人生重负使你感到厌倦的时候，你能够在朋友身上再生，恢复你的青春与朝气，用他的眼睛去体会万象更新的世界，用他的感官去抓住瞬息即逝的美景，用他的眼睛去领略人生的壮美……便是受苦也是和他一块受苦！只要能生死相共，便是痛苦也成了快乐！"

在渴求这样的真正的朋友的同时，我们更要懂得如何去选择、去深交这样的朋友。这要求我们在平日里选择朋友的时候更要注重朋友的质量选择，人品是首要的考虑要素，一个人品有问题的人一定不能成为值得深交的朋友。同时，我们要真正懂得"患难与共"的含义，就是要使别人可以与你共患难，你首先要成为可以与此人"共患难"的人。

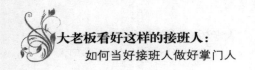

黄金法则 42：善假于物，
才能方便自己

　　有才德的人善于借助外界的力量，能成大事的人善于利用外界的条件，即善假于物，方能便于己。而我们创二代在企业的经营管理与各项策略的制定、战略的实施中要如何有效做到善假于物呢？善假于物，我们可以借用的外界条件又有哪些呢？在特定的困境中，我们可以通过善假于物走出困境、化解危机吗？答案在于思考与实践，在于我们怎样灵活运用"善假于物"的处世理念。

　　《荀子·劝学》中说："君子生非异也，善假于物也。"其意思就是说，君子的本性跟一般人没什么不同，只是君子善于借助外物罢了。强调的就是人在成才、成功的过程中，对外在环境、条件的有效利用的重要性。这些外在条件包括外界客观存在的事实环境、客观条件与各种相关因素，也包括外界"人"的力量，即人际关系的有效利用力量。

　　"登高而招，臂非加长也，而见者远；顺风而呼，声非加疾也，而闻者彰"，由此可见，善假于物也，才能方便自己。创二代，在创业发展过程中，必须要懂得、并做好"善假于物"，才可在一些困境与不利形势下顺利的实现既定目标，实现自己的利益需求。有才德的人善于借助外界的力量，能成大事的人善于利用外界的条件（包括客观时机与人际关系）。

　　某毛纺厂生产的一种呢子，由于加工中不慎，面料上出现了许多小斑点，无法清除，造成产品大量积压，全厂上下一筹莫展。这时一个设计人员突发奇想：既然不能清除，何不顺其自然，将这些斑点由瑕疵变为装饰呢？于是毛纺厂在加工中有意将这些斑点扩大，变成一种独具一格的花色装饰品。结果，呢子一下子竟成为抢手货。这个故事中，所体现的就是善假于物的重要作用以及开创性思维。

　　在企业的经营与管理中，我们创二代，要有效做到善假于物，利用外界因素为我们创造价值。

　　首先，善假于物，需要我们具有创造性思维，在从事某项活动时，能够充分地利用外界条件。对于外界条件的利用涵盖两个方面的内容：一方面要求我们要充分利用客观有利条件，抓住机会，实现自身发展；另一方面要求我们合理转化客观不利条件，在规避风险的同时，在不利因素中创造出可利用的有利因素，尽可能的创造性，将不利因素转化为可利用因素。

　　例如，美国新墨西哥州有个叫杨格的果园主，一次突降冰雹，将苹果个个打得伤痕累累，就在大家都唉声叹气时，杨格灵光一现，他马上按合同原价将苹果输往全国各地，与往日不同的是每个苹果箱里都多了一张小纸片，上面写着：亲爱的买主们，这些苹果个个受伤，但请看好，它们是冰雹留下的杰作，这正是高原地区苹果特有的标志，品尝后你们就会知道。买主将信将疑地品尝后，禁不住个个喜形于色，他们真切地感受到了高原地区苹果特有的风味。结果，杨格这年的苹果比以往任何一年都卖得要好。

　　冰雹突降，导致苹果伤痕累累，使得苹果销售处于劣势状态，而园主杨格的灵动的创造性思维，却使其果园苹果所处的劣势状态转化为了优势状态，不仅销售良好，还创造出了比正常苹果更高的利润价值。杨格善假于物的创造性思维有效保证了其果园利益的实现。

　　第二，善假于物，需要我们建立良好的人际交往关系，在关键时刻及时向朋友求助。这一点在一方面体现的是人际关系、关系网络的重要性。在困

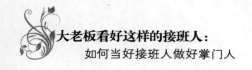
境中求助朋友，在需要外界力量时，请求朋友帮助，这需要我们在平日构建一个良好的关系网络，具备这样一个可以"求助"的基础。在另一方面，要求的是我们必须善于运用人际关系，在遇到问题时不要只想到单靠一个人的力量去解决，要充分开发我们的人际关系网的潜在能量，充分利用这部分人际资源发掘机会，使我们所构建的人际关系发挥其最大效用，为我们的发展创造利益与价值。

一个大学生，在大三暑假时回家的旅途中，在火车上了遇到一位广告宣传策划人，因为感兴趣，这个大学生和这个旅客聊得很投缘，在下车的时候两个人都给彼此留下了电话，方便以后联络。于是，逢年过节，这个大学生就会给这个广告宣传策划人发个短信以表问候。后来，大四毕业之后，因为工作不顺，这个大学生就辞职自主创业。在公司成立后，需要做公司宣传策划，这让这个大学生为难了。因为一些费用低宣传品设计没有特色，而且宣传效果不好，而极具创意的设计、宣传效果特别好的设计方案费用都特别高，公司承受有一定难度。为了寻找到费用适合又能产生较好效果的广告方案，这个大学生跑遍了很多家广告宣传品制作公司。就在他发愁的时候，突然想到了这位在火车上遇到的广告宣传策划人，虽然这个人已经不在做广告设计工作了，但他一定会熟悉相关的设计公司。于是大学生给这个人打了电话，这个人极为热情地答应帮助他解决问题，还鼓励他好好干，干出一番事业。于是在这个人的帮助下，大学生在一家广告设计公司以最低价格设计出一套最有效的广告方案宣传品。

通过这个大学生的例子，足以说明，善假于物，求助于人，有效的运用自己的人际关系网，对实现既定目标具有重要的作用。

第三，善假于物，要充分利用网络资源。在当今已是信息互联网的网络时代，网络销售、网络交流、网络合作等网络作用已经渗透到了生活和企业营销、经营管理的每一个角落。因此，我们更要学会善用网络资源，利用互联网搜集所需资料、建立网络人际、实现网络营销、做好网络宣传。

第八章　团队作战
不做孤军奋战的狮子

　　1994年，斯蒂芬·罗宾斯首次提出了"团队"的概念：为了实现某一目标而由相互协作的个体所组成的正式群体。团队合作指的是一群有能力、有信念的人在特定的团队中，为了一个共同的目标相互支持合作奋斗的过程。在企业的运营与企业活动、目标实现过程中，团队力量发挥着巨大的作用。团队就如使企业实现高速运转的发电机，在企业的既定目标实现与利益实现总发挥着保障与充电的作用。一个企业，必须具有自己的坚强团队，必须打造自己的优秀企业团队精神，才会有生机、有战斗力、有竞争实力。企业在激烈的市场竞争中，我们的企业团队就是保障我们在竞争战场上夺取最终胜利的主力军队，只有万众一心、众志成城的军队才可在任何战役中所向披靡。因此，我们创二代企业管理者，必须懂得打造自己坚强的企业团队，不做孤军奋战的狮子，以我们众志成城的"企业军团"在市场经济竞争战场上夺取我们的辉煌胜利。

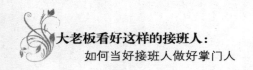

黄金法则 43：你不是一个人战斗

"团结就是力量"，我们说不做一个人战斗的孤家寡人，就是要依靠团结、合作的力量与对手竞争。企业实现团结与合作的途径主要表现为两个方式：第一种团结的构建，是对于企业内部团队精神的建设；第二种合作的构建，是对于企业外部联合与合作竞争的合理实现。如何实现这两种方式的团结构建，则是我们创二代企业管理者需要学习和思考，更需要科学运用的战略思想。

不做孤军奋战的狮子，旨在强调团队合作。"团结就是力量"，这是我们以 "80" 后为主体的创二代，从小学开始就被灌输的团队意识，我们高喊着这句口号成长到今天，在我们放手一搏、准备开拓未来实现梦想的关键时刻，必须再一次高喊一句 "团结就是力量"，必须在喊出这句口号的同时，深刻理解其中的内涵，并深度挖掘这句口号中所潜藏的无穷能量。

有这样一个寓言故事：从前，有两个人，来到一个极为荒凉的地方，他们的行囊已是 "弹尽粮绝"，很快就要被饿死了。这时，出现了一位神仙，这个神仙给他们其中的一个人一串鱼，给了其中的另一个人一副钓鱼的工具。于是，得到鱼的人担心要与没有得到鱼的那个人分享自己的鱼，就独自走了，靠着这串鱼维持着生命，当他走到一半，鱼吃完以后，就被饿死了。得到钓鱼工具的人，一面走，一面寻求有河流的地带，以钓鱼为生，后来，走出了这片荒地。后来，又有两个人进入了这片荒地，同样这个神仙也给了他们其中一个人一串鱼，另一个人一副钓鱼工具。而得到鱼的人，把鱼分了一半给那个得到钓鱼工具的人，说要和得到钓鱼工具的人同行。于是，他们两个人吃了鱼，有了精神，就一起赶路，在路途中两个人一起钓鱼，然后再一起分食钓到的鱼。就这样，这两个进入荒地的人都成功地走出了荒地。

在这个故事中，前面两个进入荒地的人中，那个得到鱼的人不懂得与对方合作，结果当自己的眼前优势被潜在劣势覆盖后，因为没有办法获取食物而被饿死在荒地中；后面的两个进入荒地的人，那个得到鱼的人充分认清了自己将要有可能面临的困境，懂得唯有与那个得到钓鱼工具的人通力合作，才会在面临困境时化解危机，于是他决定与得到钓鱼工具的人合作，最后两个人都成功地走出了荒地。由此可见，在很多情况下，尤其是在困境或有可能陷入困境的情况下，唯有借助他人的力量，依靠合作的力量与团队精神，才可化险为夷，才可凝聚更大的能量，保证既定目标的顺利发展和顺利实现。

创二代，在我们的未来岁月中，各种困难与艰辛是不可避免的，但无论遇到什么状况，无论是在顺境中，还是处于困境之中，我们都必须清醒地意识到，我们不是一个人在孤军奋战，我们企业的发展依靠的不是一个企业管理者的力量，而是整个团队的巨大潜力。作为企业管理人，要懂得建筑团队精神，懂得开发团队能源，懂得合理利用团队力量，只有这样，才可促使企业在面临任何情况的时刻，都可以乘风破浪，赢得发展与成功。从一定程度上说，我们对团队力量的理解有多深刻，运用有多充分，就决定了我们的企业可以发展的空间有多大，能开拓的未来有多远。

团结合作，不做孤军奋战的寡人，企业实现团结与合作的途径主要表现为两个方式：第一种团结的构建，是对于企业内部团队精神的建设；第二种合作的构建，是对于企业外部联合与合作竞争的合理实现。

首先，创二代不让企业的经营管理与营销管理成为我们一个人的战场，

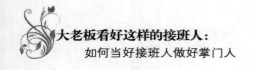

就要构建我们企业内部的团队，建设团队精神，凝聚企业内部的一切可以凝聚的力量，打造优质的企业团队。

对于团队的合作力量，我们可以举一个最为简单的例子。我们很多年轻人都玩过类似《神泣》这样的网络游戏。这样的网络游戏在完成任务与遇到各种险境的情况下都不是依靠一个游戏者的力量而完成的，游戏双方都有自己的团队，而且团队中一个人的行动出现偏差，都会引起其他团队成员的不满。

即便在网络游戏中，团队精神也在发挥这极大的作用，更何况我们的企业的运营。综观海尔、伊利等等取得成功的大企业，哪一个没有自己的团队精神文化，我们要取得创业的成功，就必须构建自己企业内部的团队精神。在激烈的竞争中我们选择一个人战斗，还是以团队凝聚多人的智慧与才干共同临敌，相信我们机智的创二代企业管理人会做出正确的选择。

同时，创二代要实现合作凝聚的力量，我们也要懂得适当运用联合的方式实现优势互补。在当今激励的竞争环境中，企业成功的运用好联合合作，优势互补，会形成极具力量的竞争优势。

以青岛啤酒和久久丫的联合为例，青岛啤酒以巨资赞助世界杯，以经营鸭脖为主的久久丫从中看到了联合的机会，便找到青岛啤酒，用自己全国数百家门店，销售带有青岛啤酒世界杯套餐等作为条件，交换了一句"看世界杯，喝青岛啤酒，啃久久丫"黄金广告语的传播，因而既借到青岛啤酒的优势，同时又和世界杯结下渊源。久久丫迅速闻名，从小品牌一跃成为知名连锁。

总之，创二代，在创业与营销管理中，必须清醒地认识到，我们不是一个人在战斗，我们必须依靠团队，挖掘一切可以凝聚、可以利用的合作能源，以保证我们的企业持久的向前发展。

黄金法则 44：培养下属的团队意识

团队精神具有目标导向功能、凝聚、激励功能、有效的控制功能，团队精神会更有助于企业管理制度的执行，团队精神会在企业内部形成有效的行为规范，在企业内部形成一种有效的约束力、控制力。一个成功的企业管理者必须成功地培养下属团队意识，构建企业团队精神。

团队意识，主要体现为团队精神。团队精神，是组织文化的一部分，良好的管理可以通过合适的组织形态将每个人安排至合适的岗位，充分发挥集体的潜能。"一个人做生意，两个人开银行，三个人搞殖民地"，这是英国流传的一句谚语，强调的就是团队精神与团队意识。

为什么要求创二代企业管理者要着重培养下属的团队意识呢？这正是基于团队精神的重要作用而言的。团队精神具有目标导向功能、凝聚、激励功能、有效的控制功能。团队精神，可以使企业员工齐心协力、万众一心，向着既定目标而奋斗，可以使员工形成对企业的信仰，可以使员工以企业为家、形成归属感，从而有效地激发员工的工作热情与为企业服务的精神，激发员工的创造性与潜在能力，为企业实现高效率的价值创造。同时，团队精神会更有助于企业管理制度的执行，在企业内部形成有效的行为规范，使员工在相互间的影响下更为自觉地遵守企业管理制度，在企业内部形成一种有效的约束力、控制力。

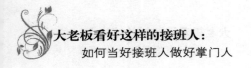

    1935 年日本学者赫松要所提出的重要企业营销、管理理论"雁阵理论"，其中非常重要的一点就是强调企业对于下属团队意识培养的重要性及如何培养下属团队意识进行了充分论述与分析。雁阵理论中说："所有的大雁都愿意接受团体飞行队形，而且都协助队形的建立。如果有一只大雁落在队形外面，它很快就会感到自己越来越落后，由于害怕落单，它便会立即回到雁群的队伍中。在团队经营中，首先要确保团队的目标与属员的目标平衡一致，以发挥团队的目标对属员应有的吸引力，使成员认识到只要'不落单'就有希望。其次要实施人性化管理，各级主管要处处关心属员成长，甚至要给予亲情般的关怀，以确保属员能够享受到团队的'阳光雨露'，使成员生活在令人满意的团队气氛中。再次是规范经营、和谐发展，打造一个健康的、积极向上的团队，使属员对自己的团队充满自豪感和荣誉感。这么一来，全员势必紧跟团队的步伐，共同推进团队的发展。"

    基于团队精神与团队意识的重要性，创二代企业管理者，必须注重强化属下的团队意识。首先，培养、强化属下团队意识，需要我们对团队精神、团队意识的特性有一个充分的了解和理解。团队，是一个具有自主性、思考性、合作性的组织体，它与群体的概念完全不同。群体是一个无纪律、无共同奋斗目标的散漫人群，而团队是一个具有共同奋斗目标、具有纪律与行为规范、具有凝聚力与合作精神的组织体。领导人可以通过对团队的建设、对团队潜力与能源的开发，实现既定发展目标、实现规划利益。一个成功的企业管理者必须成功地培养下属的团队意识，构建企业团队精神。

    第一，企业管理者培养属下团队意识，首先要理解团队的三个特性。团队的自主性，是指企业员工自主工作的能力与约束力；团队的思考性，是指企业员工参与企业营销方案制定、企业文化构建、企业管理决策等企业活动，并积极的提出相关建议和意见，即员工对企业活动的参与性与意见创造性；

团队的合作性，是指企业员工的互助与合作精神，即企业员工不仅要自主的约束自己的行为，履行自己的义务，员工间更要形成互助合作的凝聚力。例如蚂蚁的分工、合作的团队精神体系。

第二，企业管理者培养下属团队意识，构建团队精神，要求管理者在了解团队特性的基础上，做一个合格的、成功的领导人。企业管理者掌控公司各项战略的最终决策权，企业管理者更是企业员工的表率，要知道企业目标的最终实现不是依靠我们管理者一个人的力量，而是依靠整个团队的力量，因而便要求我们企业管理者充分运用团队的三个特性。这便要求我们领导人要善于调动企业员工的自主性、开发企业员工的创造性，企业领导者不可滥用领导权，不可以"命令下达、必须执行"的方式去强制化管理员工、扼杀员工的积极性与主动性，一个好的管理者要懂得适度放权与建立信任，要懂得"广开言路"对听取、多鼓励员工表现自己的创造性思维，增强员工的主人翁责任感。在雁阵理论中，尤为重要的是强调领头雁——领导者的重要作用，领头雁是有效对雁阵进行组合、并有效激发、激励雁群斗志与信心的引导者。创二代，要时刻清楚，我们的身份是企业团队的"领头雁"，而不是颐指气使的"地主老财"。即一个企业管理者在团队中的重要作用是，在企业内部正确植入团队理念，科学营造团队氛围。

第三，制定奖惩分明的管理制度，建立科学有效的沟通机制。要培养下属的团队意识，科学的奖惩分明的管理措施是必要的，这样才可有效的激发员工的工作主动性与创造性，有利于团队自主性与思考性的形成。同时，培养属下的团队意识，企业内部必须形成有效的沟通机制，消解矛盾与摩擦，增强彼此间的信任感与合作凝聚力。

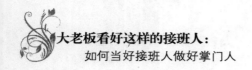

黄金法则 45：优势互补，
打造高效团队

发掘团队的重要能量，至关重要的一点就是发挥团队成员间的"优势互补"，那么何为优势互补，又如何打造实现优势互补的高效团队呢？"一个人做生意，两个人开银行，三个人搞殖民地"的巨大的团队能源与团队力量要如何开发呢？这势必是我们创二代管理者最为关心的问题，实现团队优势互补，打造高效团队最为关键的要点就在于企业管理者的知人善用。

在上一个法则中我们提到英国的一句谚语，即"一个人做生意，两个人开银行，三个人搞殖民地"，这句谚语中所体现的就是一种成功的团队构建模式，充分发挥了团队力量。而在中国，也有这样一句谚语，即"一个和尚挑水吃，两个和尚抬水吃，三个和尚没水吃。"这句谚语所体现的就是一种团队构建的失败模式，不但没有充分开发出团队潜在能源，实现团队效应，反而形成了"人等人，人推人"的倦怠与推卸责任的负面效应。创二代，我们作为企业管理者，必须明确清楚我们要打造怎样一支优秀的团队，必须在这样两个成败的对比中，明白如何去调动企业内部员工的积极性与主动性，怎样发掘团队的巨大潜力与无穷能源，不能导致"一个和尚挑水吃，两个和尚抬水吃，三个和尚没水吃"的负面效应。

发掘团队的重要能量，至关重要的一点就是发挥团队成员间的"优势互补"效应。优势互补，就是要使每一个团队成员充分发挥其特长，利用一些团队成员在一些方面的优势补充另一些团队成员在一些方面的劣势，使团队整体"扬长避短"，实现团队能源的充分开发。简而言之，实现团队的优势互补，就是要充分开发、利用团队每一个成员的特长与优点，使团队整体的效率与创造性达到最大化，从而形成一支高效团队。创二代，我们作为企业管理者，必须科学地实现我们企业团队的优势互补，打造高效团队，拥有一支极具自主性与创造性的高效团队，才会高效地实现企业既定目标与远景规划，实现其利益。

魏东、徐宁和胡童尧，这三名大学生就是通过团队合作、优势互补，取得了创业的成功，并在创业短时间内就取得了"开门红"，公司营业额过了百万元。这三名大学生毕业于不同的学校，年龄不同、经历与所学专业也更不相同。2009 年 5 月，他们合伙成立了济南渗透广告传媒有限公司。毕业于山东师范大学的魏东善于交流，在公司主要负责谈判；27 岁的胡童尧毕业于山东经济学院，因为曾在一家大型企业工作过五年，有丰富的工作经验，做事周密谨慎，对公司的经营管理与营销方案制定总是调研、分析、策划得详尽而准确；毕业于山东轻工业学院的徐宁，曾开过电子产品专营店，有一定的经营能力。因此，这三个人在公司运营中充分地进行优势互补，短短 9 个多月时间，他们已经拥有一份校园杂志和三家网站；合作伙伴已囊括济南的 41 家高校（校区），客户包括百事可乐、蒙牛等多家知名企业。现如今，他们的公司又招聘了六名大学毕业生，并在 30 多所高效中招聘兼职在校生。回首创业历程，他们无不感慨，正是他们三人的团队优势互补，三人齐心协力，通力合作，才取得了今天的创业成功。胡童尧说："三个不同学校不同年龄的人结合在一起，优势互补，相互配合，感到创业不再那么难了。"

在魏东、徐宁和胡童尧的创业成功中，我们看到了团队成员优势互补的巨大能量，而要实现团队的优势互补，首要前提便是，我们作为企业管理者必须对我们的属下的才能、优点、缺点充分了解，换而言之，要做到企业团

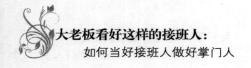
队的优势互补，我们创二代企业管理者就必须做到知人善用，使企业的每一个员工都能扬其长，避其短，做到企业人力资源的高效开发。唯有做到知人善用，才能在团队分工、合作中做到正确的工作分配、科学的分组委派，以使团队高效运作，从而打造出一支高效团队。

以蜂群的高效运作与高效率的价值创造性而论，其科学合理的分工体系是其实现高效率价值创造的保障。在蜂群中，蜂种主要分为蜂王、雄蜂、工蜂。蜂王：主要任务是产卵；雄蜂：主要任务是与蜂王交配，交配完后马上死亡；工蜂：主要任务是采蜜、酿蜜、哺育仔蜂、踩水等，除了产卵和与蜂王交尾，其他一切工作都由工蜂完成。蜂群依据各类蜂种的不同与其功能特点，科学地分配了不同蜂种的"留守任务"，使得蜂群工作具有极大的效率性。设想，如果不善于采蜜、酿蜜的雄蜂与蜂王也参与到采蜜酿蜜的工作中，看似采蜜、酿蜜的工作人员增多，而实质导致的将会是工作分配的混乱与"人力资源"的损失，因为不善于采蜜、酿蜜的雄蜂与蜂王很有可能在采蜜酿蜜的过程中死亡，即便不会死亡，它们也不会有效完成采蜜、酿蜜的工作，因为它们不具备完成这项工作的能力与完成这项工作所需的特长，它们的错误参与，反而会影响正常的产卵、交配，直接影响蜂群的繁衍生殖。

企业管理者对于员工的知人善用，所造就的团队就如这样一个极具价值创造性的蜂群。一个科学实现优势互补、高效的团队，会极大地提升企业的生产率、降低企业生产成本、有效增加企业利润，高效率地实现企业利益。

黄金法则 46：简化管理形式，
实现"无人管理"

　　企业活动的从事者是"人"，企业价值与企业利益的创造者也是"人"，因而企业管理必须要以人为本，建立科学的管理体系，才可最大化地激发、激励员工的工作热情与创造性。以人为本的管理体系构建关键在于"无为而治"的老子管理理念的运用，而这样一种深奥的管理理念要如何理解、如何运用呢？

　　简化管理形式，实现"无人管理"的管理理念，所体现和所要实现的就是现代企业"无为而治"的管理思想。"无为而治"的管理思想，是由道家思想代表人老子提出。老子说："人法地，地法天，天法道，道法自然。"老子所说的"道"，是宇宙万物的根源，又是它们的规律。既然道以自然规律为本，那么对待事物就应该顺其自然规律，让事物按照自身的必然性自由发展，使其处于符合道的自然状态，不对它横加干涉，在自然无为的状态下，事物就能按照自身的规律顺利发展，人生、企业、社会亦是如此。如果人为干涉事物的发展进程，按照某种主观愿望去干预或改变事物的自然状态，其结果只会是揠苗助长，自取其败。"无为而治"的管理思想，其核心思想与核心理念就是"以人为本"。因为，老子的"无为而治"的管理思想，蕴涵着深奥而无穷的管理智慧，所以被广泛应用到现代企业管理理念中。

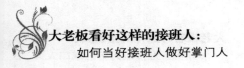

美国管理学家约翰·海德，很推崇老子的以人为本的"无为而治"管理思想，并曾在《领导之道——新时代的领导战略》一书中引用了大量老子的管理哲学名言。企业活动的从事者是"人"，企业价值与企业利益的创造者也是"人"，因而企业管理必须要以人为本，建立科学的管理体系，才可最大化地激发、激励员工的工作热情与创造性。鉴于企业无为而治理念的重要性，我们创二代企业管理者必须理解并善于运用这一科学的管理理念，从简化管理开始，真正实现企业的"无人管理"。

首先，我们创二代企业管理者必须对"无人管理"有一个正确的认识与理解，所谓无人管理不是真的对企业活动、员工工作不闻不问、放任自流，而是要求企业管理者明白何可为、何可不为，聪明机智地进行企业管理、科学合理地构建企业管理体系，以最有效的方式激励员工。

老子无为而治的哲学管理思想中说："太上，下知有之；其次，亲而誉之；其次，畏之；其次，侮之。信不足，焉有不信。悠兮其贵言！功成事遂，百姓皆谓我自然。"其意思就是说，最好的领导者，部属仅仅知道他的存在；次一等的领导者，部属亲近他，而且赞美他；再次一等的领导者，则是让部属畏惧害怕他；而最差劲的领导者，则是处处被部属看不起，遭人蔑视。领导者没有诚信，于是部属不信任。那么，怎样做才会成为一个好的领导者呢？

第一，在实现无为而治的管理中，一个好的领导者要做到权力下放并给予属下基本的、足够的信任，而且要智慧地做到权力下放与监督管理的平衡。

第二，在实现无为而治的管理中，一个好的领导者要充分开发利用员工的工作热情与价值创造性，并在利用员工的价值创造性为企业创造财富的同时，给予员工关心、鼓励、奖励，实行具有"人情味"的人性化管理模式。

总之一个懂得"有所为、有所不为"的管理者，不会做"集权于己"的专权主义者，而是懂得放权、信任与监督的平衡。一个公司老总，事事躬亲，每日跟在员工后头，吩咐这，嘱咐那，结果只会导致员工的厌恶感，破坏员工自主工作的空间，扼杀员工的创造性。而一个公司的老总，如若对公司事物不闻不问，对员工工作放任自流，其结果肯定会引发管理体制混乱，引发员工的舞弊行径。要实现无人管理，我们企业管理者必须有足够的智慧，具体情况具体分析，搞清楚何可为、何可不为。这便要求企业管理者，必须按照企业生产和运营的规律，理解外界管控与人的心理情绪关系，从容不迫、沉着稳健、机敏智慧地从事企业管理活动。

其次，要实现企业无为而治的无人管理，必须做到简化企业管理形式。只有做到企业管理形式简化，才可能更有效地实现企业管理效应、节约企业管理成本；同时可以在企业管理模式简化中有效地实现无人管理的企业管理模式。企业管理模式简化，可以发挥这些作用的关键因素就在于，简化企业管理形式给企业管理活动所创造的企业便捷管理模式。

简化企业管理形式，可以造就企业管理模式的便捷性，这个道理是不言而喻的，无论从事任何活动，简单的方法与模式都要比烦琐的步骤与方式更具便捷性与时效性。

著名的铸造企业春风集团，始建于 1973 年。目前已经建设成为全国采暖散热器最大的生产厂家，其产品 CF 牌散热器，是河北省著名商标和行业知名品牌，并连续被评为建设部小康住宅及民用住宅建设试点推荐产品，畅销全国所有采暖区及东南亚、北美、西欧、北非等十几个国家和地区。春风集团的飞速发展，其企业管理模式发挥了极大的促进作用，春风企业管理体制之所以成功的关键就在于其"简化管理形式"的科学管理理念。春风集团领导班子一致认同"简化是最有效的管理创新"。在春风集团创业初期，曾误以为周密、烦琐的管理体制才是一个企业成功的必要保证，而实践证明烦琐而紧张的管理模式使员工感到繁杂、低效率、无所适从。春风集团意识到管理体制的局限性后，及时调整管理模式，并根据企业发展所需，不断简化管理形式，从而使员工体会到管理标准化带来的简化和高效。春风集团的简化管理形式的科学管理理念有力促进了企业的飞速发展，并最终实现了企业"无人管理"的理想境界。

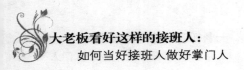
黄金法则 47：才智共享，
加强协作与沟通

　　"凝聚产生力量，团结诞生希望。"所谓"三个臭皮匠，凑个诸葛亮"，足以可见在协作与沟通中实现才智共享的重要意义与作用。我们都知道蚂蚁搬巨蟒和食人鱼群体在瞬间食尽一整个活人的故事，这些群体的协作所产生的巨大力量足以震惊于人。在我们的企业活动与企业竞争中，我们的团队就是这样一个可以产生极具震撼力量的能源与效用。如何实现才智共享，便是开发这一巨大能源效应的钥匙所在。

　　才智共享，强调的即为企业团队间"协作与沟通"的重要性。我们都知道，一个人的智慧与力量是有限的，而多个人的智慧凝结与力量凝聚则会产生一个巨大的能量源泉，就如同一条小溪的力量是有限的，而数条小溪会聚成江河后，便产生巨大的能量，可以发电或进行水资源调配。如果说企业团队的每一个成员的智慧与才干就如同这每一条小溪，那么成功地做到企业团队间的才智共享，就如同数条小溪会聚成江河，会给企业的发展创造出无穷的动力能量，会极高效地促进企业既定目标的实现与企业长远利益的实现。

　　我们都知道蚂蚁搬大蟒的故事，在搬运食物至蚁穴"建筑物"时，我们通常会见到几只蚂蚁或是一群蚂蚁在共同运作搬运一件东西，甚至是在慢慢移动一件"庞然大物"。在企业管理强调团队协作力量时，通常会引用蚂蚁搬大蟒的团队精神理论。一只蚂蚁的力量是微乎其微的，它可能只能搬动一粒微尘；而一群蚂蚁的力量凝聚，便足以形成一个锐不可当的强力兵团，即便是如同大蟒这样大蚂蚁不知多少倍的庞然大物，一大群蚂蚁所组成的强力兵团依然可以将其搬动。一大群蚂蚁的通力合作，便可以轻而易举地完成"小蚂蚁"的"大目标"。

有一句广告词这样说："凝聚产生力量，团结诞生希望。"所谓"三个臭皮匠，凑个诸葛亮"，我们创二代企业管理者，要尽其所能地实现企业团队的优势互补，充分发掘团队每一个成员的潜力与能力，实现企业团队的才智共享。而加强协作是实现才智共享的最有效的途径，企业团队每一个成员间的智慧结合与凝聚发挥一定是通过协作关系来完成的。同时，加强沟通是实现才智共享、实现通力协作的有力保障，因为有效沟通会消除与软化企业团队间的矛盾、摩擦，促进良好的企业团队精神的形成，而且有效沟通才会让企业管理者明了企业团队的每一个成员的工作意愿与特长优势，才会在分工协作中做出科学正确的工作分配与小组分配，才会使每一个团队成员的智慧与才干得到充分的发挥，从而最有效地发掘才智共享的能源效应。

远古开天辟地之时，上帝在创造人类的时候，看着人类的日渐增多，不免心生忧虑。上帝担心人类很有可能发生不团结，会造成世界的大乱，从而影响人类的稳定生活和社会的和谐发展。于是，为了检验人类之间是否具备团结协作、互帮互助的意识，上帝便做了一个试验。在这个试验中，上帝把人类分为两批，在每批人的面前都放了一大堆可口美味的食物，但是，却给每个人发了一双细长的筷子，要求他们在规定的时间内，把桌上的食物全部吃完，并不许有任何的浪费。比赛开始了，第一批人各自为政，只顾拼命地用筷子夹取食物往自己的嘴里送，但因筷子太长，总是无法够到自己的嘴，而且因为你争我抢，造成了食物极大的浪费，上帝看到此，摇了摇头，为此感到失望。

在第二轮比赛开始之前，第二批参加比赛的人类，看到了第一批比赛失

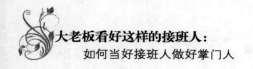
败者的失败过程，相互间及时地对第一批比赛失败者的教训进行了总结，并在此基础上，彼此间进行了交流和计划，制定了一套"参赛方案"。在第二轮比赛开始时，他们一上来并没有急着要用筷子往自己的嘴里送食物，而是大家一起围坐成了一个圆圈，先用自己的筷子夹取食物送到坐在自己对面的人的嘴里，然后，由坐在自己对面的人用筷子夹取食物送到自己的嘴里，就这样，每个人都在规定时间内吃到了整桌的食物，并丝毫没有造成浪费。第二批人不仅仅享受了美味，还获得了更多彼此的信任和好感。上帝看了，深感欣慰，由此看到了未来的希望。

这个故事讲述的是人类最初沟通与协作意识的形成，是人类最初的团队意识与团队精神的形成。在这个故事中，第一轮比赛的人类，因为没有团队协作意识，在他们的头脑中没有团队成员间优势互补、才智共享的理念存在，在比赛的过程中，他们每一个人都自顾自地依靠个人的能力去拼命完成个人目标，而个人客观能力的局限性最终导致了他们比赛的失败。而在第二轮比赛的人类，在看到第一轮比赛的人类失败后，彼此间及时有效地进行了沟通，并制定了合作方案，从而赢得比赛的胜利，还享用了丰盛的美食。第二轮比赛的人类，就是实现才智共享的人类典范。

我们创二代，在我们的创业过程中，在我们的企业经营与管理过程中，在我们从事任何企业活动时，都必须在人才运用与工作分配时，以才智共享理念为引导，科学合理地加强团队协作、加强团队沟通，打造高效的优势互补团队。

哈萨克族有这样一句谚语："劳动会给明天带来欢乐，团结会给明天带来胜利。"团结会给明天带来胜利，而团队作用的发挥是依靠智慧共享来实现的，一个团队如果做不到才智共享，无法进行优势互补，没有有效的协作沟通机制与体现，便无法成为一个真正的"团队"，而只能称其为"群体"。

黄金法则 48：凝聚力越大，
企业越有活力

凝聚力是企业打造高效团队的向心力，是企业的一项无形资产，是可以给企业带来丰富财富与价值的创造力。一个企业的团队凝聚力是实现既定目标与企业利益的推动因素，尤其是我们创业初期的小企业，如何打造企业团队凝聚力，是一个至关重要的焦点话题。那么，企业凝聚力究竟要怎样塑造呢？

凝聚力，是指群体成员之间为实现群体活动目标而实施团结协作的程度。所谓群体是指人的集合，包括家庭、朋友、单位、集体、阶级、民族、国家等。凝聚力外在表现于人们的个体动机行为对群体目标任务所具有的信赖性、依从性乃至服从性上。简而言之，凝聚力，就是使人或事物凝聚到一起的力量。

在人们从事各项活动中，很多目标是无法依靠个人力量而实现的，因此凝聚力便发挥了其极大的团队合作作用。对于企业的经营管理与企业的既定目标与企业利益的实现，一个企业的团队凝聚力是至为重要的推动因素，一个企业的凝聚力越大，这个企业越有活力，越具备创造力，越能创造巨大的财富与价值。在一个企业中，凝聚力是企业打造高效团队的向心力，是企业的一项无形资产，是可以给企业带来丰富财富与价值的创造力。

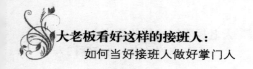

反观美国摩托罗拉公司的管理成败的案例，我们就可以看到凝聚力对于一个企业的创造性和财富价值而言，具有多么重大的意义。

美国摩托罗拉公司是一个"高度放权"的企业，在摩托罗拉公司的管理体制中，企业的上至经理下到基层员工，权力下放无不做到了极致。经理层在本部门的各项事宜的参与与决策中更是发挥着"一言九鼎"的重要作用。而基层员工也充分享有自主性：员工上下班从来没有实行过"打卡制度"、向上层领导提意见上级必须及时回复、有权自己安排生产过程、有权否决和自己搭档干活的具体个人的聘用。这种高度的放权确实培养出了公司员工高度的自觉性，像摩托罗拉公司的员工常常能利用业余时间集合起来，讨论解决工作中遇到的难题，并找出解决问题的最佳办法，这种精神在如今东西方都提倡市场经济的环境下是很少见的。公司员工工作的高度自觉性曾为公司带来过骄人的业绩：1994 年，摩托罗拉在美国市场的占有率达到 60%，把诺基亚和爱立信远远抛在后面。1995 年 1 月，摩托罗拉公布的 1994 年业绩曾让华尔街的经济评论家们大跌眼镜：其总收入上升了 31%，达到 222 亿美元，而利润则猛升了 53%，达到 16 亿美元。

但是，这样的状况维持的时间并不长，在 1995 年以后，摩托罗拉公司的业绩开始了下滑趋势，其在美国市场的占有率在从 1994 年的 60% 变成了 1997年的 34%，而现在又从原来的 34% 下降到 20% 多，下降的一个重要原因就在于高度的权力下放给公司带来的决策困境与群体涣散。摩托罗拉公司经理们被公司的内部人称为是些盛气凌人的家伙，他们既不与公司内部的技术部门合作，公司内部互相间还恶性竞争，像摩托罗拉的手机通讯部门就公然吃掉了同一公司的双向无线通讯部门。摩托罗拉内部各部门的明争暗斗严重影响了公司的健康发展，像半导体分部就老是不肯制造其他部门所需要的芯片；无线设备分部老早就生产出了数字化设备，可无线电话分部直到很晚才造出配套的数字电话；还有摩托罗拉公司日本分部老早就要求就海外市场需求开发先进的数字技术，但是负责日本市场的 200 名工程师只钟情于模拟技术，任凭公司的经理怎么反对也无济于事，这种数字技术研究的延误使得摩托罗拉手机在亚洲市场上的占有率从 1995 年的四分之一下降到现今市场份额的 3%。

这个在网络中广泛流传的摩托罗拉管理体制前后成败的案例，已经成为大企业与创业者借鉴分析的典型案例。在这个案例中，摩托罗拉公司前期科学有效的"无为而治"的管理思想，在企业内部创造了无穷的团队凝聚力，从而促进了摩托罗拉公司的飞速发展，与高效益的实现。而在 1995 年之后，企业逐步转化管理模式，调整原有管理体制，不科学的管理模式的转换，导致了企业内部团队涣散，凝聚力逐步减弱或丧失，致使摩托罗拉公司业绩逐年下滑，发展出现滞涨。可见，企业凝聚力在企业的经营发展中具有多么重大的推动作用。尤其是我们创业初期的小企业，如何打造企业团队凝聚力，是一个至关重要的焦点话题。

第一，打造企业凝聚力，要求企业建立一套适合自身发展的行之有效的企业管理制度。这里，要求我们创二代企业管理者必须坚持"以人为本"的人性化管理理念，而且要遵循前面所讲述的"无为而治"的管理理念，在对企业自身量体裁衣的基础上，建立一套行之有效的管理制度。

第二，打造企业凝聚力，企业管理者要充分发挥企业管理体制中的激励作用，建立企业奖罚分明的管理奖惩机制。要求企业管理者做到授权与监督的平衡结合，给员工一个发挥创造性的空间。

第三，打造企业凝聚力，要求企业注重培养企业内部的团队意识，塑造企业团队精神，建立企业文化，使员工形成"以企业为家，以企业为荣"的归属感、责任感与荣誉感。

总之，鉴于企业凝聚力对于企业发展的重要性，我们创二代企业管理者必须打造企业高效凝聚力，而打造企业凝聚力的关键在于一套能够激励员工自主性与创造性、培养员工企业归属感、构建优秀企业文化、构建优秀企业团队精神的管理体制的科学建立。

第九章　创新意识
伸手摘星，也有可能

　　创新意识是指人们根据社会和个体生活发展的需要，引起创造前所未有的事物或观念的动机，并在创造活动中表现出的意向、愿望和设想。创新意识是人类意识活动中的一种积极的、富有成果性的表现形式，是人们进行创造活动的出发点和内在动力，是创造性思维和创造力的前提。吴有训说："凡能独立工作的人，一定能为自己的工作开辟一条新的路线。"而借其意而言，需要告诫我们创二代的一句话就是：凡是能够在激烈的市场竞争中赢得发展的企业管理者，一定能为自己的企业开辟一条新的路径。那么，在复杂而激烈的市场竞争中，这样一条新的发展路径要怎样开拓呢？创新意识，无疑是构建企业发展崭新坐标的中心支点。"创新是企业家的具体工具"，创新是企业家借以利用变化作为开创新的实业和新的服务的机会与手段。唯有懂得创新、能够创新的企业家，才可在现代商业市场中立于不败之地，谋求长远发展。那么，我们要如何进行、如何实现企业创新呢？这便是所有创业者与所有企业家的共同探讨，永恒的学习与实践。

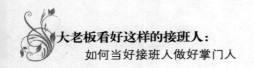
黄金法则 49：不断开发出新的产品

　　创新产品是企业竞争的源泉，先进入新产品市场的企业就会拥有制定本行业标准的特权，为竞争对手的进入制造壁垒，提高自己的竞争力，推迟业内竞争的到来。创新产品对企业具有重大的战略意义。这个世界唯一不变的是变化，要想适应快速发展的社会，只能不断开发新产品。不断开发新产品，就是在为企业发展的命脉不断注入新鲜血液。

　　市场竞争越来越激烈，使得产品的生命周期越来越短，如果我们只是凭借原有产品想要在市场中占有一席之地，那是不可能的，"一招鲜，吃遍天"在现在已经失效了。企业只有看准时机开发出新产品并快速占领市场，进入新的领域，取得新的发展空间，才能实现持续盈利。创新产品是企业竞争的源泉，先进入新产品市场的企业就会拥有制定本行业标准的特权，为竞争对手的进入制造壁垒，提高自己的竞争力，推迟业内竞争的到来。创新产品对企业具有重大的战略意义。要想维持企业的品牌形象，保证企业在我们手中持续发展步入新的阶段，只能不断开发新的产品。

　　企业要把有限的人力、物力、财力分配到急需的产品开发项目上，才能保证新产品开发效果最大化，因此在选择新产品开发时应该慎重考虑，做好详细的调研工作，新产品开发方向应考虑几点：

　　1.充分考虑市场需求。市场需求是产品存在的根本原因，它是新产品开发的导向。

2.消费者需求变化速度。随着社会的发展，消费者的需求呈现多样化，变化速度非常快，新产品从开发到成品，需要一定时间，但是这个时间一定要比消费者需求变动的时间短，否则只能成为明日黄花，不但不能获得经济效益，反而浪费公司资源。

3.产品的性质和功能。在产品开发之前，要充分考虑相应产品的替代性，确保新产品的先进性和独特性，使其能在同类产品中处于领先地位，在市场竞争中处于优势。

4.产品的市场价格与销量。多样化的产品，成本比较高，售价也会高，也许会影响销量，但因其多样化，能满足不同需求，可能会提高销量，而系列化产品恰恰相反，因此一定要经过仔细的调查研究，再确定多样化、系列化产品和价格销售量的关系。

5.企业自身技术基础和开发团队建设。在企业现有技术基础上进行创新，可以降低成本节省时间，新产品的开发是一个非常复杂的工作，需要经过很多阶段，这些阶段相互制约与促进，需要整个团队的密切配合。

开发成功的新产品一般具有以下几个相同点：微型轻便、功能多样、时尚、环保节能，相对于同类产品有自己的突出优点。

这个世界唯一不变的是变化，要想适应快速发展的社会，只能不断开发新产品，企业如同逆水行舟，不进则退，只有不断创新，才能在竞争中不被市场淘汰。在这一点上，比较经典的是佳能喷墨打印机的开发。

随着计算机的普及，打印机行业迅速成长起来。该产业经历从色带打印、针式打印到感热打印、喷墨打印以及目前流行的激光打印的过程。从 1988 年到 1995 年，佳能一直维持着该行业领袖的优势地位。这一地位的取得，归功于两次技术的创新：一是电子照相技术应用在开发激光打印机上的技术开发，二是开发和培育起喷墨技术并将其市场化。1986 年到 1994 年这一时期，佳能公司的喷墨打印机的累计市场占有率高达 68%。

1975 年，佳能将电子照相技术应用于激光打印机上，并把它作为一项核

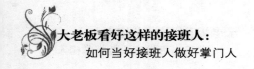

心事业。虽然激光打印机具有打印速度快、噪音低、清晰度高等优势，但也存在着难以小型化、彩色化、低价格化等问题，而能解决这些问题的则是喷墨式打印技术。

于是佳能的研究人员开始了对替代激光打印技术的新技术的研究。当他们把目光投向喷墨打印技术时，发现已经有人申请了有可能成为喷墨打印机技术主流的压电振动原理的技术专利，他们只能寻找新的替代技术。这些研究人员在 1977 年发明了以热能为喷射源的喷墨技术原理，又称 BJ 原理。但佳能是以激光技术起家的，因此其他技术人员的反应非常的冷淡。他们认为，该技术理论上很完美，但从实现它的方法上看，是完全"没用的技术"。为了完善这一技术，BJ 开发组成员持续 10 多年进行技术开发与改良工作。为了证明自己开发的技术有用，消除其他技术人员的偏见，他们说服了公司，在不增加产品开发成本和使用原有打印机外壳的前提下，换用他们开发的机芯，实现喷墨打印机的量产化。1990 年，佳能推出了世界上最廉价的小型喷墨打印机——BJ-10V，迈出了喷墨打印技术走向产业化的关键一步。1991 年以后喷墨打印机的产量大大超过了激光打印机，1995 年的销售额超过了佳能总销售额的 20%。一般地说，企业要获得竞争的优势，就必须开发出其他企业所没有的核心技术与产品，那些成绩一度辉煌而最终走向没落的企业，很大的一个原因就是没能及时开发培育出适应技术和市场环境变化的新核心技术和产品。

黄金法则 50：破除僵化的生产方式

在当今企业中，最典型的矛盾就是，企业管理制度不能适应企业的发展壮大，是制约企业发展的最大阻碍。另外，产权制度不健全也是家族企业管理的特点。如何克服以上缺陷，使企业突破瓶颈，进入新的发展阶段，进一步壮大呢？这就需要企业制度创新。而如何进行破除僵化的生产方式、实现管理模式的创新，则是我们创二代企业管理者所必须解决的重要课题。

生产方式包括两个方面：生产力和生产关系，它是二者的统一。生产力就是人们改造自然的能力，它包括三个要素：劳动者，劳动资料，劳动对象。生产关系就是指人们在生产过程中结成的各种关系，包括物质资料的生产、交换、分配、消费等各种关系。生产资料所有制是生产关系的基础，生产资料所有制形式，决定人们在生产中的地位和相互关系。生产力和生产关系是相互影响相互制约的，只有当二者关系统一时，生产方式才是最恰当的。随着社会的进步，科学技术广泛应用于生产过程，应用于劳动力、劳动资料、劳动对象，引起其素质变化，产生出巨大的物质力量，转化为直接的生产力，科技成为第一生产力，生产方式的变化是从生产力的变化和发展开始的。

在当今企业中，最典型的矛盾就是，企业管理制度不能适应企业的发展壮大，制约其发展。我们的父辈大部分都是白手起家，从无到小，从小到大，其中的弊病也逐渐显露出来：

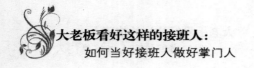
从管理模式上说，大致分为两种：1.亲情化管理模式，利用家族血缘关系的内聚力对企业进行管理。这种亲情化管理在企业创业阶段时期确实起到非常良好的作用，可以说它在企业创业时期可以起到绝对的正面影响，但是当企业越过创业期发展到一定规模的时候，亲情的内聚力变成了内耗，它对企业起到的负面影响也是绝对的。2.友情化管理，这种管理模式在企业创业时期具有积极作用，钱少的时候，不存在什么矛盾，朋友愿意为你两肋插刀，这种模式也是具有内聚力的，但是随着利润的增长，朋友彼此间的矛盾也在不断增加，朋友之间的友情淡化了，内聚也就变成了内耗。

另外，产权制度不健全也是家族企业管理的特点。一般企业在达到一定规模之前，企业产权与企业家的个人产权是混合在一起的，个人财产与企业法人财产没有明确的界限，不具备独立和完备的产权制度；产权结构单一。

组织形式上民营企业大多数选择的仍是个体或者家庭企业、合作制等形式。家庭成员大部分任中高层经理职位；企业的实际控制、决策权由家庭牢牢控制，外来人员很难独立做出决策。

如何克服以上缺陷，使企业突破瓶颈，进入新的发展阶段，进一步壮大呢？这就需要企业制度创新。

企业制度创新是其产品创新、技术创新等一系列创新活动的前提，是公司持续发展壮大的重要制度保证。企业制度要随着生产力和市场经济发展而不断发展和不断创新。只有坚持制度创新，积极改善现存体制和企业内部各种制约因素，使企业的生产力与制度在相互作用中不断演进，才能使企业跨上新的发展平台，实现可持续发展。企业的制度创新应主要集中在以下方面：

第一，企业家创新。企业家的思想与理念极大地影响着企业的经营理念、企业宗旨、企业文化等，而这些恰恰是企业一系列创新活动的孕育环境。所以应培养优秀的企业家精神，创造利于企业前进创新的环境。

第二，产权制度创新。完善企业的财务制度，明确企业产权与个人产权，现代企业制度的主要特征就是两权分离，应利用这一点，来改进我们企业内部存在的产权缺陷，完善企业所有权与法人财产权相分离聘请职业经理人，适当放开经营权，充分利用其专业知识，发挥其产业才能，以弥补企业所有者在这些方面的不足，促进企业的发展。

第三，管理制度的创新。管制制度既不能照搬现有别的企业的模式，也不能固守现有企业的管理模式，而要真正做到结合本公司实际，吸取他人经验，摸索出适应本公司现状的管理模式。

第四，分配制度创新。建立将企业职工与企业共担风险共享收益的新型分配机制，将智力资本作为一种无形资产参与到企业分配中来。具体来说，就是通过技术股、管理股等方式使骨干员工的才华智力成为企业的无形财产，通过股权的方式参与企业利润的分配，实现劳动力资本的价值。使员工的利益与企业的经营状况挂钩，激励员工的敬业创新精神。

企业制度创新是创新系统中的重要组成部分，它为企业技术创新的组织实施和过程管理提供支撑和保障。它能够有效地促进企业资源的合理配置利用，推动企业的进步。企业之间的制度以及企业环境差异，很难让其他企业模仿，在这个意义上来说企业制度创新比技术创新更重要。因此，企业想要持续发展，就必须加强制度创新，与产品技术创新协调发展。

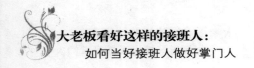

黄金法则 51：不按常理出牌

很多情况下，当我们陷入困境，找不到解决问题的有效方式时，如果我们打破常规，跳出思维定式，并且构建新的思维模式，站在全新的角度思考现有的问题，就能很容易找到答案，甚至会得到意想不到的效果。其实这种困境的出现，就是我们的思维与意识的局限性制造了我们开拓路径的障碍，只有我们打破常规，才可在新的路径中走向新的机会与成功。敢于打破常规思维方式，敢于冲破常见束缚，是我们智慧人生的开始。

北京有一家书店名叫"万圣"，铺面不大，在经营上却颇有特色，有些地方甚至有悖"常理"。比如，书店规模不大理应节约开支，但这家书店却反其道而行之，买进一辆货车，涂上店名并写上"招手即停"、"流动书架"、"来往各大专学院"；再比如，按常理书店内不应设有座位，以免顾客坐下来阅读而影响书的出售，但这家书店却全部开架，地毯铺地，音乐轻柔，店中间设有几张桌椅，顾客可以坐在那里翻阅或抄写。

据书店负责人刘化敏女士介绍，这样做是因为该书店将顾客定位在高等院校师生、科研机构工作人员。事实上，"万圣"的这些做法取得了颇为丰厚的物质回报和精神回报。各大专学院每月都要举办 1 至 2 次的书市，"万圣"书店则总是他们的主要邀请单位。通过这些书市，"万圣"得到了可观的经济收入。同时，这些大专学院的学生以及毕业后走向工作岗位的人士普遍认同"万圣"，许多人宁愿舍近求远，从距离较远的地方赶来，到"万圣"阅读、购书。

"万圣"这些有悖经营"常理"的做法，为什么能取得成功？

经营活动应从实际出发，根据不同的顾客定位，采用不同经营方法，而不应按所谓"常理"办事。"万圣"的成功之处就在于，它的这些经营手段与它的顾客定位相适应。购买汽车做"流动书架"，虽加大了成本，但汽车来往于各大专院校，等于在这些大学生们中间做了有效的广告，又因为"流动书架"为学生带来了方便，使他们普遍对"万圣"书店抱有好感。在店内设置桌椅同样是针对顾客的特点制定的经营方法。由于"万圣"书店的顾客主要是大学生，而这些大学生往往一时囊中羞涩，让他们能经常光顾"万圣"书店。事实上，这些学生们一旦有钱，经常会到"万圣"来购书，许多人甚至在毕业后还来这里购书。

"万圣"的这些做法还能够取得很好的社会效益，首都许多报纸、电台、电视台都对它进行过宣传，这在某方面来讲，等于做了很好的广告。

根据一般思维推断，10个人中有8个人会做的事情，这就是常理。

有这样一个小笑话，夫妻二人经常打架，丈夫常常被妻子逼得躲到床下不出来，后来有人问："你不是学了那么多年的武术吗，怎么还打不过你老婆？"丈夫长叹一口气说："那婆娘不按套路出拳。"俗话说乱拳打死老师傅，没有章法可循的打法往往是最有效的，因为跳出了人的常性思维，让对手摸不清你的意图，看不清你下一步的动作，这就能让你出奇制胜。如果依常性思维，任何人都可以清楚地知道你的动作，你一切的行动都在别人的掌控之中，那还有什么奇，有什么胜可言呢。

但是要想真的打死老师傅却不是一件容易的事情。

我们每一个人都生活在被各种常见和常识包围的生活情境之中，我们既依赖于它们，同时又被它们所制约和束缚。因为我们太相信常识和常见，我

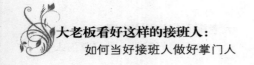
们的智慧被封闭住了。我们的思维常常被老的习惯和模式所束缚，被现有的思维模式锁定其中，止步不前，这让我们成为常规思维和行为的"囚禁"。工作中我们常常会困惑于一些挫折和困难，感觉摸不着头脑，找不到有效的解决方法。但是如果我们打破常规，跳出思维定势，并且构建新的思维模式，站在全新的角度思考现有的问题，就能很容易找到答案，甚至会得到意想不到的效果。

打破常规的思维模式是一场痛苦的思想斗争，要经受原有常规思想的种种折磨，是一个很艰难的过程。面对问题和困难时，千万不要盲目从众，大胆做出与众不同的选择，会有意想不到的收获。司马光砸缸就是典型例子。敢于剑走偏锋，独辟蹊径，敢于与众不同，往往会有很大的成功。成功的人往往是不按常理出牌的人，正因为他们敢于爆冷门，敢于突破旧习的束缚，做出非比寻常的决定，才会有一份可喜的收获。但如果成功的模式制约了你认识不断发展的世界的能力，让你停滞在原有的思维方式中，那么它最终也会变成一个禁锢你的思想的牢笼。当我们改变自己的模式时，需要留意那些围绕这些模式已经建立起来的周围世界。这个世界会阻碍我们改变模式，使其更为艰难；如果只是在既定的领域中寻求自我完善，我们就会越来越因循守旧，看不到现有领域之外的机会。我们应避免被过时的心智模式所劫持，而要使之不断得到改进。

在改变模式的过程中，我们需要排除种种阻碍，但也不能忽视旧规则的基础。突破常规的思维就是一种创新，创新是一种向上、向前的，进步的变化，是新事物代替旧事物，是事物的发展。其实，常识和常见只是某一种生活境界的产物，出了这个境界，它们就是谬误，所以敢于打破常规思维方式，敢于冲破常见束缚，是我们智慧人生的开始。

黄金法则 52：与国际接轨

经济全球一体化趋势加剧的经济环境大背景下，随着我国企业本地化经营优势的消失，外国企业在产品和技术方面的优势凸现出来，不可否认，外资企业在产品和技术方面的创新要比我们本土企业具有竞争力，这就给企业的发展构成很大的威胁。要想让企业在国际化市场的竞争中不被淘汰并且不断壮大，我们就必须与国际接轨。

经济全球化是世界经济发展的必然趋势，中国加入 WTO，融入全球经济一体化的进程，打破了原来国内的封闭式环境和静止性的竞争。我国获得了 130 多个成员国家（地区）无条件提供的最惠国待遇，关税和非关税壁垒不断降低的优惠以及与贸易有关的优惠待遇，中国企业的市场扩大，有利于企业的发展。但是这是一把双刃剑，是一个很大的机遇，同时随之而来的是挑战。

原来的企业无论大小，都是在国内竞争，政府有权干预，而且很多地方都实行"地方保护主义"，保护本地企业的发展，企业的竞争压力相对要小一些；但是入世后，我国这个市场，属于国际的，任何一个企业都可以进入，世贸规则透明化、规范化，我国政府的这种保护就会消失，企业的本地化经营优势就消失了。

随着我国企业本地化经营优势的消失，外国企业在产品和技术方面的优

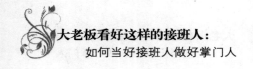
势凸现出来，不可否认，外资企业在产品和技术方面的创新要比我们本土企业具有竞争力，这就给企业的发展构成很大的威胁。外资企业工资待遇较高，福利比较优厚，办公环境优越，吸引大批人才进入，而且很大一部分人以能够进入外企为荣，觉得进入外企是一件很了不起的事情，家人自己都有面子。而反观我们的企业，在这一方面的管理制度不是很健全，因为这个原因造成很多人才的流失。外企的进入，挖走了大量优秀的人才，这给我们企业的发展带来很大威胁。

企业发展的关键问题是文化观念的变革。我们很多企业情愿采取传统的低效率低效益的企业运作模式，也不愿意尝试采用新的节约型高效益的技术设备、运作方式等。在这一方面我们要远远落后于外企。

现在，经济全球一体化趋势加剧，要想让我们的企业在国际化市场的竞争中不被淘汰并且不断壮大，我们就必须与国际接轨。

首先是思想上的接轨，认真学习世贸组织的规则和国际市场的运作方式。不熟悉世贸规则和国际市场运作，会付出一定的代价。外国企业在长期的国际市场竞争中，很熟悉世贸组织的规则和国际市场的运作法则。而我们的企业则不熟悉，往往会出现失误，这样就要付出很大的代价。很多企业因为不熟悉世贸规则和国际市场运作而吃亏的教训太多。

其次，积极的"走出去"，积极地参与到国际市场的竞争中去，让自己的企业去适应国际化的激烈竞争，不能安于现状，企业在市场中如同逆水行舟，不进则退。通过竞争，积累企业的国际化运作经验，磨炼企业的技术产品创新等能力。

再次，"引进来"。打破原有落后的企业经营文化观念，我们要积极学习国外企业的先进体制和管理模式，使之为我所用，但是并不能全部照搬，而要结合我们企业的实际。

最后，随着市场经济的深入发展，中国巨大的消费品市场已由卖方市场转向了买方市场，加之全球经济一体化的趋势加速，国内经济环境的变化迫使众多企业由以往的数量规模型转而追求质量效益型。许多企业大起大落，昙花一现，更要使我们深刻警醒。我们要创办新型的企业，提高其内部竞争力，以应对国内、国际市场的变化，以理性的思考去追求企业的持续发展。

温州东艺鞋业有限公司的前身，是成立于1986年6月的温州东风工艺皮鞋厂，注册资本只有4.6万元，十来个职工，日生产皮鞋20多双，产品无名无牌，仅是一个小小家庭作坊。而现在的东艺，拥有了两万平方米的厂房，固定资产高达1.1亿元；设备上也早已鸣枪换炮———投资3000多万元不断地更新设备，使它已拥有800多套设备，8条现代化皮革流水线。其中，意大利莫尼娜公司生产的前帮机、后帮机，是温州鞋业界少有的设备，它的机械制鞋和引进设备是温州最早、最好、最多的一家。东艺鞋业走向国际市场，应该说是从极其偶然的机会开始的。1992年的一天，一位港商回温州探亲，当他看到东艺生产出来的皮鞋时，禁不住叫了起来："这么好的鞋为什么不出口呢？"回香港后，这位港商立即与比利时客商联系出口事宜。由于东艺鞋的品质得到了贸易各方的认可，瞬间东艺鞋便获得了出口订单，当年出口创汇就达130万美元。尝到了国际市场营销的"甜头"，东艺便放弃了国内市场的进一步开拓，专心开始了国际市场的拓展活动。东艺鞋业已发展成为年销售额超过3亿元的制鞋大企业，产品畅销俄罗斯、东欧各国、日本、韩国、东南亚数国，少量出口美国、约旦、西欧等国，并远销中非、南非等国，成为浙江制鞋行业的最大企业之一，全国制鞋业的出口大户和创汇大户。东艺的发展目标是，做鞋业巨匠，创世界名牌。东艺鞋业的成功就在于充分发挥自己的比较优势，不失时机地抓住国际营销机会，并将多年的国际营销经验与先进的制鞋工艺应用于国内市场，抓住稳定的国内大市场，打造中国的驰名商标，采用双管齐下的营销策略。

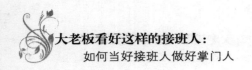

黄金法则 53：把握意外事件
所带来的机遇

有时候，意外事件的发生是无可避免的，在为意外事件所造成的困扰烦恼时，我们也需要以睿智的目光发现意外事件背后所隐匿的机遇。任何一件事情的发生都会有其发生的特定因由，而对这些因由的正确分析，对于其折射的价值信息准确捕捉，便会带给我们意想不到的机遇与收获。所谓"山穷水尽疑无路，柳暗花明又一村"，这柳暗花明的转机需要我们用睿智的头脑与迅速的行动去把握。

约翰·多来登说："事业有成，别以为是命运之神为你带来的。命运之神本身没有这个力量，而是被辨别之神支配的。"机会，从来都不是从天而降的，成就事业、成功的机遇不是"命运之神"的安排，而是我们能够发现机遇的识别力与我们迅速把握机遇的行动造就了我们的成功。在这里，我们要知道，机遇并不只存在于可见的明光中，很多时候机遇就潜伏于意外事件之中。我们要发现并把握机遇，不能只将目光锁定在表象机遇中，更要具备在意外事件中敏锐发现机遇的睿智。

知道被医药界广泛应用的青霉素是怎样被提炼出来的吗？弗莱明外出度假时，忘记了实验室培养皿中还在生长的细菌，当他度假归来的时候，发现实验室中，一个与空气意外接触过的金黄色葡萄球菌培养皿中长出了一团青绿色霉菌，弗莱明很好奇地进行研究，最后发现了大名鼎鼎的青霉素，拯救了成千上万的人。

　　大家都爱喝可口可乐，可是你知道可口可乐是怎样被发明出来的吗？如今大部分消费群体所喜爱的各种各样的可乐饮品，就是一位美国药剂师在一次试验失误中发现的。美国大西洋城的一位药剂师，他呕心沥血地研究出一种治疗头痛头晕的药，配好药料后用水化制成糖浆，没料到他一不留神把苏打水当成白开水冲了下去，"糖浆"冒起了气泡。他尝了尝味道，还别有风味。从此，被称为"美国人的梦"并长期雄踞霸主地位的碳酸饮料——可口可乐——就这样错误地合成了。

　　弗莱明与美国药剂师在意外事件中能处变不惊，并且敏锐地发现了这些意外事件中所隐匿的可利用的"价值因素"。就如当年苹果砸到了牛顿头上，这个纯粹的意外事件或许是牛顿的倒霉，偏偏在路过时被苹果给砸到，但就是这样一个小小的、极具偶然性的意外事件，使牛顿发现了改变世界的万有引力定律。被苹果砸到的人，也许不只牛顿一个，而发现万有引力定律的人却只有牛顿一个。如果，在我们的企业陷入意外事件所导致的困境与困扰中时，我们会在这样的意外处境中发现改变我们企业命运的"定律法则"吗？这就要看我们是否具备敏锐的洞察力，是否能够开发深度思维对意外事件中所隐匿的机遇迅速捕捉并把握。

　　意外事件，给我们造成的第一感知便是危机，这意外而来的危机经常让我们在措手不及中不知所措，导致思维的短暂空白与凝固。但是，在这短暂的思维空白之后，我们必须要清醒地对这意外的危机进行透彻而准确分析，在我们正确认知了危机发生的现状与根源之后，我们会寻找到化解危机的有效途径，并在化解危机的有效方式中把握我们意料之外的机遇。因为，机遇往往就隐匿在导致危机产生的根源中，我们能够对危机产生的根源准确分析，就会很容易掌控其中隐匿的机遇。就如万有引力导致了苹果的掉落，而被苹果意外砸中的牛顿发现了这一导致苹果坠落的根本原因，从而发现了万

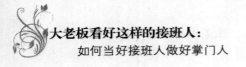

有引力定律。

我们要充分认识意外事件所造成的危机。意外事件所导致的危机通常具有突发性、破坏性、急迫性、不可预测性、信息资源紧缺性以及舆论关注性。也就是说，意外事件所导致的危机，会使企业遭遇并陷入无法预测的突发困境中，而这种突发困境对企业发展与企业利益具有一定的破坏性与威胁性，并且这一危机所导致的情形备受公众关注。

例如，1994年底，英特尔面临的"浮点问题"所导致的企业危机。这个浮点问题，是因为英特尔芯片的一个小错误：在研究一些复杂的数学运算时，机器出现了除法错误所导致的，而这样一种错误的发生概率是微乎其微的，几乎为零——90亿次除法运算中会出现一次错误。但是，就是这样一个正常情况下都不会发生的意外事件，使英特尔陷入了困境。这一意外危机的发生对于英特尔来说是一个预测之外的突发事件，立即引起了公众对英特尔产品的质量关注，使英特尔陷入前所未有的紧张与恐慌中。但很快，英特尔便成功化解了危机，重新赢得了公众的信任，并开创了新的发展辉煌，那么英特尔是怎么做到的呢？

这化解危机、开创辉煌的途径便是我们所说的在意外事件中发掘并把握住机遇。这是我们在充分认识到意外事件所造成的危机的特征与引发原因的基础上，所要进行的综合部署战略。

英特尔在这一次意外事件中深刻意识到：自己面对的，不再是一个处理器的运算缺陷，而是整个业界与消费者对英特尔的信心。于是，他们立即调整了应对措施，不再去解释这种错误有多大，而是果断作出决定：免费为所有用户更换问题芯片。在花掉英特尔近5亿美元之后，这场风波平息下来了。之后，英特尔对自己提出了两个问题：第一，是什么因素使一个小小的浮点错误最终导致5亿美元的损失？第二，奔腾处理器的浮点问题是一个孤立的事件，还是发展道路上遭遇的转折信号？一年之后，英特尔的总裁格鲁夫对这两个问题作出了正确的回答，在此突破式技术革新基础上，英特尔开创了一个新的奔腾品牌时代，化解了整个电子技术的芯片"浮点问题"所潜在的危机。并在这一次对意外危机的成功处理中开创了一个使英特尔开拓崭新辉煌的机遇。

杜拉克有一个著名的论断，那就是："意外的成功是对管理层判断力的挑战。"而你所错过的，将是对手的机遇。当意外事件发生时，我们敏锐地发掘并把握住意外事件所带来的机遇，那么，我们开拓的将是柳暗花明、更添辉煌的新历程。

黄金法则 54：勇于开拓，
遇见未知的商业阵地

在市场上，由于商机的不确定性和隐蔽性，人们往往难以把握，有时甚至对商机的认识出现偏差，进而导致决策上的失误，不但错过了经商的良机，而且有可能招致失败和损失。而商机并不是能够轻易把握住的，不能通过"跟风"轻易获得的，那么，究竟要如何成功寻找并把握商机呢？对未知商业阵地的勇敢开拓，便是创造商机的最有效途径。

某公司创业之初，为了选拔真正有效能的人才，要求每位应聘者必须经过一道测试：以比赛的方式推销100把奇妙聪明梳，并且把它们卖给一个特别指定的人群：和尚。

几乎所有的人都表示怀疑：把梳子卖给和尚？这怎么可能呢？有没有

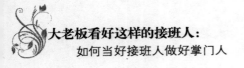
搞错？许多人都打了退堂鼓，最终只有甲、乙、丙三个人勇敢地接受了挑战……一个星期的期限到了，三人回公司汇报各自销售实际战果，甲先生仅仅只卖出1把，乙先生卖出10把，而丙先生居然卖出了1000把。同样的条件，为什么结果会有这么大的差异呢？公司请他们谈谈各自的销售经过。

甲先生跑了三座寺院，受到了无数次和尚的臭骂和追打，但仍然不屈不挠，终于感动了一个小和尚，买了一把梳子。

乙先生去了一座名山古寺，由于山高风大，把前来进香的善男信女的头发都吹乱了。乙先生找到住持，说："蓬头垢面对佛是不敬的，应在每座香案前放把木梳，供善男信女梳头。"住持认为有理。那庙共有10座香案，于是买下10把梳子。

丙先生来到一座颇富盛名、香火极旺的深山宝刹，对方丈说："凡来进香者，多有一颗虔诚之心，宝刹应有回赠，保佑平安吉祥，鼓励多行善事。我有一批梳子，您的书法超群，可刻上'积善梳'三字，然后作为赠品。"方丈听罢大喜，立刻买下1000把梳子。

更令人振奋的是，丙先生的"积善梳"一出，一传十，十传百，寺庙里的朝拜者更多了，香火更旺了。于是，方丈再次向丙先生订货。这样，丙先生不但一次卖出了1000把梳子，而且获得长期订货。

公司认为，三个应考者代表着营销工作中三种类型的人员，各有特点。甲先生是一位执著型推销人员，有吃苦耐劳、锲而不舍、真诚感人的优点；乙先生具有善于观察事物和推理判断的能力，能够大胆设想、因势利导地实现销售；丙先生呢，他通过对目标人群的分析研究，大胆创意，有效策划，开发了一种新的市场需求。由于丙先生过人的智慧，公司决定聘请他为市场部主管。

这位推销员之所以能够成功，主要是因为他能够打破常规的思维模式想问题，辩证分析，勇于开拓，发掘新的市场。和尚虽然没有头发不用木梳，但可以利用和尚特殊的身份作为媒介来开发市场，同时，根据人们的心理需求进一步拓宽原产品的用途，找出新的市场需求，拓展新的市场。

商机，顾名思义就是商业机会。在市场上，由于商机的不确定性和隐蔽性，人们往往难以把握，有时甚至对商机的认识出现偏差，进而导致决策上的失误，不但错过了经商的良机，而且有可能招致失败和损失。

经常会有这样的现象，当某一新颖的行业或者店面出现，由于抓住了市场某一需求，而又没有竞争者，往往非常火爆，好多人看到干这个发了财，也不去进行深入的市场调查和分析，不考虑自己所具有的经营实力，盲目地照搬模仿，纷纷涌入这一新兴的市场。等他们自己经营的时候就会发现，利润突然变得少了，和一般的行业没什么区别，甚至还会亏本。其实，他们所把握到的并非商机，进入的也不是一个全新的市场，而只是简单的商业运作行为，因而没有或很难有成功的机会。其失败原因就在他们没有发展基础，缺乏经验，因为盲目地跟风，在很短的时间内市场涌入大量的竞争者，而市场的这一特定需求是一定的，发展空间狭小，他们又没有找到新的需求。

商机并不是能够轻易把握住的，不能通过"跟风"轻易获得，也不是靠投机和碰运气得到的，而是经商者突破常规，打破思维定势，从大家忽略的信息中想到的，从众人否定的市场中找到市场需求，并加以分析得到的。具体来说，一是从市场的空白处寻找商机。对于众人忽略或放弃的市场，不能完全否定，亦不可轻易肯定，我们要多考虑一下众人忽略或者放弃的原因，分析一下是否真的可行，以及如果我们来做，会如何做，等等，要综合考虑与之相关的货源、消费需求、自身实力、生产成本以及政策法规等诸多因素，要全面分析、判断是否存在商机，从而谨慎决策，及时捕捉。二是在与同行业的差异中寻找商机。即在生产流程、技术工艺、产品性能及经营方式等方面，寻找或开发出与同行业不同的、更具市场潜力或竞争优势的部分，逐步发展壮大，进而打出自己的品牌，赢得市场。

总之，我们要充分发挥自身才智和优势捕捉商机，勇于创新，决策果断，敢为人先，把握好机会，方可开拓出新的属于我们自己的市场，只有这样，

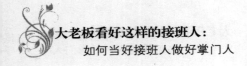

才能做到别人困惑时我们清醒，别人清醒时我们涉足，别人涉足时我们已主宰市场。市场无限大，商机无限多，只要我们开阔视野，辨证思维，谨慎准备，勇于开拓，就一定能找到市场的突破口，及时捕捉到各种商机，创造出属于我们自己的新天地。

第十章　情感投资

善待周围的人

　　金钱可以买来物质，但无法买来人与人交往中最为重要的感情、信任、关怀、互助等最为宝贵的情感。从表象上看，企业的经营管理与营销管理是为企业利益服务的，最终目的是要实现企业经营者的金钱利益，而追溯其本质，企业管理是无法离开"情感"资本的。要知道，从本质上讲，企业活动的从事者是人，企业利益的实现者也是人，而且在企业发展与企业利益实现的任何管理活动与营销活动中，就其本质而言就是人与人之间的交往、沟通、合作。而人，最大的特征就是极具主观意识，而这一主观意识的最强烈表现就是"情感"，情感在人们建筑任何关系、从事任何活动时都极具支配力与影响力。那么在我们的企业经营管理、营销管理中，要如何做好情感投资，就是本章所要讲述的重点问题。我们创二代经常给一些明星、名人添"人气"，那么今天我们就来看看，我们要如何运用"情感投资战略"来建筑自己的"人气"吧。

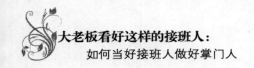

黄金法则 55：人情味远比 权力的效果大

《还珠格格》中晴儿格格在劝导老佛爷时曾讲过一句话："我们这个宫里什么都不缺，就是缺了这点人情味儿。"那么这样一种在以权势为重的古代皇宫中都属于"稀罕珍宝"的"人情味"到底是什么呢？它在我们的企业管理中又具有怎样的远比权力更具影响的功效呢？

人情味，是指源自人性之中最温情的一面，是人与人之间真挚情感的自然流露，是一种给人以爱与关怀的奇妙感觉，是一种由内而外感染他人的个性魅力，是一股可以温暖人心的精神。也指人们相互间的关怀鼓励。

自古以来，成大事者，必须具备"天时、地利、人和"三个条件。孟子曰："天时不如地利，地利不如人和。"强调指出各种客观及诸多因素在决定成败的关键时刻都比不上人的主观条件及"任何"其他因素，决定胜负成败的是人而不是物。"人和"的概念延伸至今不外着重于两个方面的内涵：第一，涵盖集团内部的凝聚团结；第二涵盖了集团外部的关系网络。在当今竞争如此激烈的商业场中，创二代如何在管理中实现内部的凝聚力、向心力的团结，如何在激烈的竞争中稳固好自己的关系网络，如何打造一个钢铁般的内心集团，不是依靠权力的淫威大行"铁棒"政策，相信无论哪一个企业领

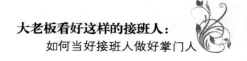

导人，都不想自己泣尽心血所建的企业集团终如大统一的秦朝般毁于自己的暴政之下，谁也不愿做这样一位淫威至败的"始皇帝"。尤其是我们踌躇满志的创二代创业人士，更需要借鉴经验，做好人情味管理。

"人情味"的效果要远比权力的效果大。

《还珠格格》这部电视剧已上演十年之久了，不知道一些人是否还记得晴儿格格在劝导老佛爷时曾讲过一句话："我们这个宫里什么都不缺，就是缺了这点人情味儿。"虽然这是一部虚构的情感影视剧，但在娱乐之中，有一点是值得我们深思的，就是乾隆帝对于这几个青春、热情、叛逆的孩子的"人情味"，乾隆帝在权力的威严下致使心爱的子女出逃，在发自内心的"人情味儿"之策下赢得了"爱"的归家。将这样一种理念延伸进我们的企业管理，难道没有值得我们思考与借鉴之处吗？

那么为什么会说在企业的管理中人情味会有权力所达不到的深远效果呢？因为人情味管理在企业管理中具有不可或缺的重要作用。

第一，人情味管理具有激发作用。人情味管理可以激发员工的忠诚、激励员工的工作热情。人是企业重要组成要素，而人是有情感、有感觉、有喜怒哀乐、知恩善报、爱恨分明的高级动物。一个充满温情的环境会带给人无限的愉悦感，会激发人无限的创造力。这要求人需要在一个充满人情味的工作氛围中工作。

第二，人情味管理具有创造作用。人情味管理可以创造一个和谐的工作氛围，缓和企业内部矛盾、创造更高的工作效率。企业在运营过程中，难免会遇到人、事之间的各种冲突、矛盾，这会严重影响企业的工作效率，也会严重影响创二代领导人的领导力，而人情味是人与人之间情感纽带的润滑剂，如果我们创二代领导人善于运用人情味管理，企业内部的摩擦与矛盾就会迎刃而解，就会创造一个高效率的企业运营环境，当然这也就为我们创造了更高的利润空间。

第三，人情味具有培养力与开发力。一个良好的具有人情味的工作环境，

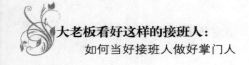

会具有较强的吸引力，会吸引优秀人才进入企业，也会更好地留住企业的栋梁之才。有利于企业培养高素质、高能力的优秀人才。作为创二代领导人，人才具有多大的意义与作用，是不可低估也不用言说的。

第四，人情味有利于打造公司形象，有利于公司发展。企业形象是指企业的内在素质与外在表现的综合在公众心目中的印象和评价。这个概念涵盖了内外两个方面的内容，在外是指企业在公众心目中的印象与评价，在内是指企业在公司内部员工心目中的印象与评价。在企业的对外管理中，人情味可以提高公司声誉，提升公司的外在表现，塑造良好的公司形象。在对内管理中，人情味可以激发员工的斗志、荣誉感与归属感，可以激励员工竭尽忠诚地为企业服务。

第五，人情味可以更好地缓解企业的一个重要问题，即劳资关系。在创二代所面临的创业与管理困境中，劳资关系这样一个古老的企业难题当然是一个大难点。这是市场经济下永恒不变的话题。在市场经济下，有才能、有抱负的人不会永远甘心居于"打工仔"行列，会在你的企业中"上进求学"，而后甩开你。而人的情感会使这种背离弱化，使创二代领导人更好地笼络人才，缓解劳资关系。

以上这些人性化管理所具备的效应是单单的权力管理所不能企及的，权力管理只会加剧以上所列的问题矛盾，而不能给予缓解和解决。

既然人性化管理在创二代的创业与守业中具有如此不可或缺的重要作用，那么创二代领导人要怎样做好企业的人性化管理呢？

第一，要求创二代领导人必须懂得情感化管理理念，坚持情感化管理。要多从员工及周围人的内心思考，学会换位思考。如美国企业家玛丽·凯·阿什所言："你们愿意别人怎样对待你们，你们也应该怎样去对待别人。"

第二，要尽可能地让员工参与公司事宜的决策。这样会使员工感受到企业对其的尊重与重视，可以使员工在心里以公司为家，会承担起一个"家庭成员"的责任与义务。

第三，要求创二代领导人做好人才管理的同时做好自我管理。自我管理不仅要求对自我的责任管理，更要求对自我的内心管理。要从内心信任员工、关爱员工。

另外，创二代领导人还要做好企业的文化管理，形成企业的核心文化，从而构建更强的企业凝聚力与感召力。同时，创二代企业领导人要有一颗感恩之心，善于交流，善于构建自己的人脉网络。

黄金法则 56：不会做人，
　　　就做不好生意

"要做生意，先做人"，这一句自古有之的商人座右铭，所涵盖的是怎样一种经商理念呢？我们创二代，经常被公众评议为"不懂行事、不懂为人、不懂人际的有热情无才情之辈"，公众对我们的能力质疑、对我们的诚信质疑，面对公众所给予的压力与质疑，我们又该如何做好"会做生意之人"？

"要做生意，先做人"，这是古训，作为大多为八零后的创二代，古训不可丢，总不能让人说我们这些靠着父辈江山衣食无忧二十几年的八零后，虽然家基殷实，但却是一辈不懂行事、不懂为人、不懂人际的有"热情"无"才情"之辈吧？更何况这古训之所以为古训，是确实有着其深远且深刻的哲理与不可低估的成事之力。

所谓"做生意先做人"其实质内涵就在于：做生意，首先要讲求诚信、

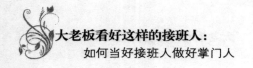
端正人品。要做好生意，首先要赢得别人的信任，任何人都愿意与人品好、讲诚信的人合作。因暂时的利益诱惑，一次欺诈、一次做人的失败导致的是更大的利润空间与更广阔的发展空间的丧失。

第一，做生意先做人，首先要树立自己的品牌诚信。当今社会，一直有一种强势谴责，即对诚信匮乏的声讨。在这种潜在责难中，有一种不可忽视的声音，是对八零后而发的，声声责难"诚信"在八零后青年身上的弱化，在社会一些人士眼中八零后是诚信缺失、任性而为甚至言行自私的群体，虽然这些责难有些言过其实，但我们也必须承认这样的评判并不是空穴来风。

更何况对于创二代，也是争论颇多，有支持的言论，也更有一些言论认为"创二代是在拿着老子的钱玩致富游戏"。对于以八零后为主体的创二代，社会给予了更多的关注，同时也心怀相当的质疑。而以八零后为主体的创二代，面对这些社会与公众的质疑，要实现自己的理想、实现自己的人生价值，必须赢得社会公众对自己的正面评判。诚信，是丢不起也不可丢的金字招牌。

陈建军最早在汕头做外贸，在一次陪外商选货的机会中来到义乌，发现了义乌的无限商机，于是将家和公司都搬到义乌。几年前，阿拉伯国家客商在义乌采购大量头巾，利润相当丰厚，当时许多衣服、鞋帽厂商都改做头巾，利润迅速摊薄。但是，一些厂家并未意识到此，仍然纷纷改产。陈建军在了解到头巾已出口数亿条的信息之后，立即通知他的客户和相关厂家马上停止头巾的生产。表面上看，陈建军损失了几笔生意，甚至他的库房还积压了一些头巾，但从此之后，这些客户和厂家都心存感激，以后有生意都一直关照陈建军。类似的事情陈建军一直以诚信为本，并认真对待解决国内及国际客户的许多烦琐的贸易问题，甚至与自己公司无关的贸易客户遇到问题也慕名来咨询陈建军。他最关注的就是经商的诚信问题。

做生意先做人，讲求诚信，其次要求创二代领导人采用合法的竞争手段，切忌造假、欺诈等不正当竞争与恶性竞争。诚信，即诚而信也。其致命之敌即为隐瞒、欺诈、作假。面对非正常竞争的打压与冲击，不可打击报复，导致恶性竞争循环，要理智地采取人性化和解方式或求助于法律。

第二，做生意先做人，要做一个胸怀坦荡、有气度、有胸襟的企业领导人。面对与客户、合作伙伴之间的矛盾要具体问题具体分析，切不可鼠目寸光、小肚鸡肠，更不可打击报复，或因利益冲突而恶意伤害对方。

何老板与李经理是生意上的合作伙伴。一天，何老板发现自己的电脑遭黑客攻击，并且本季度一个非常重要的商业项目"被盗"，经过调查，证据表明是合作伙伴李经理窃取的。当时，何老板愤怒之极，但冷静后的何老板经过仔细考虑，觉得李经理一向是一个讲求信誉的人，为何会有如此下策呢？于是何老板决定找李经理仔细谈谈。在咖啡厅中，李经理向何老板道出了真相，因为李经理的公司遇到困境，面临破产倒闭的危机，为了本公司的员工利益与本公司的生机，李经理只得铤而走险。得知真相，何老板在李经理的哀求下没有告发李经理，还在以后的合作中积极帮助照顾李经理，并且在李经理生日时及时送上卡片与祝福。在何老板的诚意之下，李经理与何老板成为最密切的合作伙伴，并且在日后的生意场上给何老板的公司创造了丰厚的利润。何老板之所以会以德报怨，就是因为他冷静地分析了当时的具体情况，并以自己平日里对李经理的了解为基础，用博大的胸襟给了李经理一次起死回生的生机，也给了自己一个更好的商业契机。

第三，做生意先做人，一方面要严于律己、端正人品；另一方面要人性化地对待事与人，这便又涉及上一法则中所谈及的人情味。总之，要做一个讲求诚信、胸襟坦荡、心怀感恩之人，要懂得付出、懂得回报、懂得理解与宽容。

不会做人，创二代自然会自毁生机，自然无法在竞争激烈的生意场上立足、生存，自然就成为社会评判中的负面例证，何谈发展与成功？

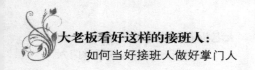

黄金法则 57：做一个善于识千里马的伯乐

　　人才是企业发展的资本与命脉，这个作用与道理是不言而喻的。而古话言："千里马常有，而伯乐不常有也"，在古代故事与现代案例中，我们都曾见过人才的怀才不遇，与管理者的人才错失。而在我们的企业经营管理中，我们要不要做一个善于识千里马的伯乐呢？答案自然是肯定的，而关键在于，我们要如何去做好这样一个善于识别千里马、能够发掘、留住人才的伯乐。

　　企业发展的源动力是什么？其中最重要的自然是知识、智慧、才干。创二代在当今商业场中谋求生存与发展，人才，是最为关键的必要因素，是企业的栋梁与支撑，是企业的命脉所在。在当今社会的市场经济竞争中，企业的竞争归根到底是人才的竞争。

　　因此，发掘人才、笼络人才、留住人才，是创二代企业生存与发展的命脉。

　　说到人才，首先必须明白人才这一概念，必须对人才这一概念有一个准确的理解与把握。什么是人才呢？人才是指有利于企业发展，能够为企业创造利润，自身贡献率已远远超出本身待遇的人，这类人被认为是企业的优良资产。那么人才又是从哪里来的呢？这不外乎有两条路线，一条路线是"拿来主义"，即去挖去抢去筑巢引凤；另一条路线就是伯乐巧识千里马，在芸芸众生中挖掘和培养人才。对创二代而言，如何做好独具慧眼的伯乐尤为重要。

第一，做好一个能识千里马的伯乐，要把握住识别人才的特点。也就是说识别人才如同识别千里马一样，要通过现象看到本质，要准确地认识何为人才。这便要求选择人才时一定要事必躬亲，亲自通过人才的言行、谈吐，在与其接触中了解人才是"秀外慧中"还是"败絮其中"。

网络论坛上天山明月的《我的人才理念》一文中曾谈到，人才的特点为非智力因素，并将其归纳为"三个意识"和"三个能力"，即求新、求异、求变的意识；自学能力、自我设计能力、自我实践与超越的能力。任何一个智力发育健全的人，具备了这样的"三个意识"与"三个能力"，都可以成为杰出的人才。人才最显而易见的特点就是：自信、有主见、能从事创造性的劳动。

第二，做一个识得千里马的合格的伯乐，必须能做到不拘一格求人才。在当今社会，对于人才的选择仍然无法摆脱"格"的限制，比如一味地追求高学历、高文凭，再如年龄与性别的限制，资历与升迁的束约。创二代，要在茫茫人海中发掘真正的人才，就必须要突破这些"格"的限制，用人才特点识别人才，识别人才之后，必须要知人善用。一个好的伯乐必须放宽眼界，了解人、善用人。

第三，做一个好的伯乐，在"识"的同时，更重在善用、培养。首先要建立健全人才考察组织机构，而后要在流动机制中培养人才的创造性，这包括人才的技能培训与潜在的创新能力的发掘与培养，善用人才，并建立人才激励制度。

美国组合国际电脑公司创立于1976年，目前已发展成为世界领先的商用计算机软件供应商，1994年财务年度营业收入为21亿美元。组合国际通过收购别的企业发展壮大自己，其方式是：拆除原公司臃肿的上层机构，对中层管理人员进行整编，要求排出三五个甚至100个拔尖人物，其余人员全部解雇。结果，最有成就的通常是在原公司郁郁不得志的人，他们进入组合国

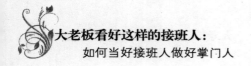

际便如鱼得水。组合国际把员工分成不同的等级：他是该组的尖子，他名列第二，他是老三，如此类推。这样做的关键是发现最有价值的"业务明星。"组合国际没有工资薪级表，而是根据员工的价值发工资。一个初入道的程序师 1 年之内工资可翻一番，一个 20 多岁的工程师也可能得到 20 万美元的年薪。公司首席行政总监王嘉廉说："组合国际要创造一种气氛，使人能发挥创造力并获得很好的报酬，使人乐于在这里工作。"

第四，一个好的伯乐要懂得保护人才，尤其要保护有争议的人才，不能让自己辛苦挖掘的人才在没能避免的困境与挫折道路中"夭亡"。这一点，无须多言，有才华的人，大多是有争议的，在旁人或嫉妒或居心叵测的诽谤与是非乃至离间中，作为一个懂得赏识人才的伯乐，就该拿出曹操一样"唯人才是用"的精神，做好人才的保护人，这样一位保护人的利益是显而易见的，你对一个人才的合适保护，带来的是你的企业的蓬勃生机与丰厚利润。

总之，创二代，要成为成功的创业者，成为成功的企业领导人，必须做一个能够识千里马、用千里马的好伯乐。这也要求创二代对于自身素质进行提高与修炼。这首先要求创二代企业领导首先要具备敏锐的洞察力与观察力，能够识别人才的特点；其次，要求创二代企业领导要有很高的综合能力，要有开阔的眼光与预见性，更要能够站在前一辈的肩膀上向前看，借鉴前一辈的识人、用人经验；最后，要成为一个好的伯乐，还要具备正直善良的品性与较好的亲和力。这是一个人综合素质的表现，能够得到别人的信任、能够亲近他人，才能更好地了解他人，更好地笼络人才、留住人才。

黄金法则 58：让下属在快乐的
环境中工作

从心理学上讲，在很多情况下都要提及一个重要的词"心境"，在当今市场经济竞争机制下，员工面对的是强大的工作业绩压力、纷繁复杂的社会人际关系、单位领导与各部门间的协调平衡与工作阻力、家庭与事业顾此失彼的心理重负，很多情况下，快乐心境确实已是不容忽略的问题。作为企业管理者，我们如何让员工在快乐的环境中工作呢？

米卢曾在几年前提倡快乐足球，让国人顿悟原来足球也可以让人快乐，之后，很多管理人员也提倡快乐工作、愉快工作，那么为什么要让下属在快乐的环境中工作呢？

从心理学上讲，在很多情况下都要提及一个重要的词"心境"，所谓心境是一种深入的、比较微弱而又持久的情绪状态。比如焦躁、烦闷、忧虑等，快乐自然也是一种心境。心境的好坏对于一个人的学习、工作、生活都具有不可忽视的影响。积极、乐观、愉快的良好心境有助于人的主观能动性的发挥，不仅有益于身心健康，而且有助于激发人的创造性，提高人的活动、工作效率，也能够增强人们克服困难的信心、毅力与勇气。因此，快乐是使人积极而高效地从事本职工作的必不可少的动力之一，只有用快乐的心境去劳动，才会创造出更多的生产力与财富价值。

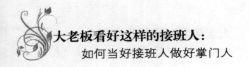
在当今市场经济竞争机制下，员工面对的是强大的工作业绩压力、纷繁复杂的社会人际关系、单位领导与各部门间的协调平衡与工作阻力、家庭与事业顾此失彼的心理重负，很多情况下，快乐心境确实已是不容忽略的问题。心境不好，工作效果自然也会受到影响，员工也会因此更为倦怠，长而久之，便会陷入一种恶性循环的工作状态之中。因此，创建一个快乐的工作环境成为企业领导必需思考的问题，创二代，不可忽视对于一个快乐的工作环境的创建。

如何让员工在快乐的环境中工作呢？

第一，创二代管理者要从人性角度出发，必需做到以下几点的和谐发展，即：企业与员工个性的和谐发展，以员工的情感需要、人格需要、发展需要为出发点，激发员工的工作积极性；员工与员工关系的和谐发展，避免企业员工间的内部矛盾，适时协调员工关系；管理者与员工关系的和谐发展，管理者要与员工积极进行"情感交流"，增进彼此间的理解与信任，减少彼此间的摩擦，使上下级之间有一个相互信任的和谐关系；员工与环境的和谐发展，这主要是指企业的工作环境即物理环境和制度环境，企业要尽量布置舒适和谐的办公环境、制定具有激励性的人性化的轻松与效率并行的管理制度；员工价值观与企业价值观的和谐发展，这二者是辨证统一的哲学关系，相互依存，相辅相成，必须将二者统一在共同的目标基础上，管理者在实现企业价值的同时必须要考虑并实现员工价值。此和谐法则简单地讲，即为企业、管理者、员工间的和谐相处与发展，尽量以"情感投资"创造一个和谐愉快的工作环境。

天津某钢材销售公司创建者郭强，大学毕业后，于 2006 年注册了属于自己的钢材贸易公司。业务员由最初的三四个人扩展到今天的近二十个人，并建立了中层管理机制。郭强的公司业绩一直飙升，回顾创业的艰辛与成绩，他坦然说，作为创二代，父亲教给他的员工管理与环境的塑造发挥了相当的作用。在这几年中，郭强公司无论是业务经理还是销售员工在公司事宜中，都能畅所欲言，积极献计献策。工作中郭强引导大家相互协调合作、积极配合，并亲力亲为地体恤员工生活，有时员工在业务上出现一些差错，郭强都及时加以指导并耐心沟通，而不是责难与惩罚。他公司的工作人员在一种亲和的愉悦的工作氛围中，高效率地创造效益是一般同等规模公司所不能企及的。郭强正是遵照了以上的和谐原则，鼓励员工自由发挥思想，促进员工间的团结与合作，增强企业与管理者和员工间的沟通与信任，创建了一个快乐的工作环境，取得了创业的成功。

第二，创建一个良好的快乐的工作环境，创二代企业管理者要建立合理的薪酬福利待遇，加强企业对员工的生活关怀。所谓合理的薪资福利体系，不是说工资待遇越高越好，而是指尽量使支付的薪资福利与员工的努力和贡献相一致，与区域的消费水平与生活质量保持一致，在同行业的竞争中保持一定的竞争力即可。否则不计成本地加薪会造成负面的经济负担。至于企业的人文关怀，仍然是从人性化的角度出发，让员工感觉到企业对其的关爱与尊重，使员工心境愉悦。

比如，现在很多公司都将员工的生日记录在案，在员工生日的当天送上贺卡、鲜花或者一份精美的礼物以表示公司对员工的关爱与祝福；或者在一些节日时除发放企业的福利物品之外，还组织允许员工家属参与的娱乐活动。这些细节是需要企业领导者用自己的责任与真诚去用心设想的，相信一个好的管理者一定会最大程度地体贴到员工的内心。

第三，要员工看到企业的发展与未来，在企业文化中找到归属感。员工看到企业的未来在哪里，才会有奋斗的信心，工作才会更有动力；员工在企业中实现自身价值，找到共鸣感和归属感，才会有快乐的心境，工作才会更有激情。创二代管理者必须要以此为基础为员工提供一个宽松而利于员工全面发展的工作环境。这要求创二代企业管理者必须做好企业文化的宣扬工作，并且要让员工了解企业的业绩升降与发展规划。要员工将企业当成一个快乐和谐的大家庭，首先企业要将员工认同为企业的家庭成员、企业的重要

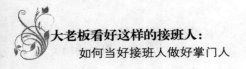
组成因素。

让员工在快乐的工作环境中工作，让员工在快乐中激发灵感与创造力，热情而积极地投入工作，企业的目标自然会高效率地实现，这便是企业与员工的"共赢机制"。

黄金法则 59：知人善用，用人不疑

古人言："上君尽人之知，中君尽人之力，下君尽己之能。"其强调的就是君主（管理者）必须要知人善用的人才运用理念。在当今激烈的市场经济竞争环境下，企业的竞争其本质已成为人才的竞争，那么我们创二代作为企业管理者，要如何做到知人善用，如何使人才发挥其最大的竞争优势，无疑已成为企业管理战略中的一项重要战略部署。

古代打仗，贵在用兵遣将，当今市场经济下，企业的竞争已是人才的竞争，而这竞争胜败的决定性因素之一便是对人才的使用。尤其创二代一方面面临着已成规模的大企业的威胁，一方面又要抗衡同规模兴起的小企业的竞争，如何用人，如何使自己辛苦挖掘的人才各尽其能，使劳动力的知识、智慧在最大的边际效益内发挥作用，这是尤为重要的。在企业管理的现实中，人才流失的主要原因不外乎三点：一是人才找到了更高标准的薪酬福利单位，二是企业管理者知人不善用，三是企业管理者心怀猜忌、不信任人才，甚至相信流言飞语，造成人才在企业的怀才不遇之困，而导致人才流失。因此，要善用人才，留住人才，最为关键的用人规则便可归结为：知人善用，用人不疑。

首先，用人，必须要做到知人善用。古人言："上君尽人之知，中君尽人之力，下君尽己之能。"唐太宗李世民在平定天下之时、与登基为帝之后能够成就帝王之业、开创大唐盛世的最为关键之处就在于其知人善用。唐太宗对二品以上的高官每个人有什么优点缺点，都了如指掌，唐太宗深知人无完人，要做到知人善用首先在于知人，用其长，避其短。所以他不仅对高级官吏在实践中进行考察，对各县的县令也常进行考察。他说，县令官虽小，但非常重要。用一个好县令就会把一个县治好，用一个坏县令就会把一个县搞坏。他寝宫内的屏风上记载着每一县令的优缺点。就像马周这样一介布衣之士，唐太宗发现之后，也立即委以重任。

要做到知人善用，当然首先在于知人，而善用者，则为"扬其长，而避其短"。作为创二代企业管理者必须明白人无全能、物无全用的道理，必须用伯乐相马的真心耐心，发掘身边的人才，了解人才的优点与缺点，了解人才的超人之处，做到扬长避短，使人尽其才。

其次，用人，在知人善用的同时，必须做到用人不疑。创二代企业管理者在经过了解、考察、考验等多方面人才选拔后，对于得到的这来之不易的人才必须要珍惜，企业用人最为关键的则重在信任。所谓"用人不疑，疑人不用"，企业管理者既然选择了人才，就该信任他，而不是怀疑，如果你怀疑他，那么就不要用他。因为，信任才可使人充分发挥自己的聪明才智。企业管理者在选择人才时，已经对其进行过多方面的考核，在用人的过程中应给予人才足够的发展空间，而怀疑则是自由发展、才智与财富创造的障碍。当然这个用人不疑的信任是有限度的，而不是无基础、无把握的盲目信任。

一家企业的老总感觉到财务管理对于企业非常重要，而公司原先的财务总监水平明显不够，于是从外面空降过来一位高水准的CFO。老板对该CFO充分信任，给人、给权、给资源。该CFO不仅自己来了，还带过来几位铁杆，上任伊始就开始煞有介事地推行先进的、精细化的财务管理，并且开始

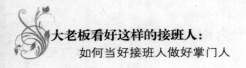

搞财务信息化。一段时间之后，CFO 带着这几位铁杆突然离职了，一查公司的账才发现，公司被这几个人搞走了很大的一笔钱。老总为此异常恼火，后来虽然想方设法追回了一些钱，但从此以后老总的性情大变，除少数亲信（大多是亲戚）外不再信任手下的任何人。这种不信任首先体现在组织结构的设置上。对采购不信任，公司就成立了一个价格复核部，采购价格都需要该部门复核后才能确定；对工程部门不信任，就建立了一个审核部，于是公司多出很多检查性的部门，而且往往其检查不只一层，往往是 A 检查 B、B 检查 C、C 检查 D。再有，这种不信任还体现在工作方式上，一件事老板往往会交给两个部门同时干，只有结果一样才可信，因为老板对任何一个部门都不信任，如果只交给其中的一个，老板就会觉得其结果是在糊弄他。最后，这种不信任还体现在老板对待下属的眼神、语气等方面，令下属非常难受。在这样的一种不信任氛围下，虽然公司不再出现被人骗钱的事情，但离职率却明显增高。很显然，老板原来的过分信任和后来的不信任都有问题。

创二代企业管理者的信任要靠自己敏锐的判断力把握好一个限度。首先对自己的判断不要绝对化、对他人的认识要兼容并蓄；而后要保持敏锐的头脑与对具体情况的分析力。

黄金法则 60：宽容下属的过错
更能得到尊重

　　宽容，是人生中最大的美德。"有过能改，善莫大焉"，一个成功的企业管理者，必须具备的最为重要的优点就是博大的胸怀。对于下属的过错给予宽容、善待，才会拓展企业发展空间，才会成为受人尊重、钦佩、赞叹的成功的领导人。那么我们创二代要怎样成为受人尊重的成功企业领导人呢？

　　宽容是人最大的美德，所谓海纳百川，有容乃大。对于创二代，管理者的胸襟气度在一定程度上决定了这个企业的发展规模。在企业管理中，下属犯错是无可避免的，谁可有过，无论是多么优秀、多么有才干的人都会有犯错的可能性，而面对下属的错误，作为管理者，应该善待，要有允许下属犯错、宽容下属犯错的胸襟与气度，给下属一个改正错误的机会，实质是给企业一个人才创造的机会。作为管理者，也会因自身这宽容的美德而得到下属的尊重与钦佩，从而使下属更为忠诚、更为热情地为企业服务。

　　通用电气公司的前董事长杰克·韦尔奇曾经历过一次最为恐怖的爆炸事件。那是 1963 年春天，韦尔奇正坐在匹兹菲尔德的办公室里办公，对面实验工厂一声巨大的爆炸声响几乎震裂他的心脏，当时爆炸所产生的巨大气流掀开了屋顶，震碎了办公楼所有的玻璃。韦尔奇跑到三楼，看到事态的严重，不禁心惊胆战。事故是这样发生的，当时大家都在进行化学实验，在一个大

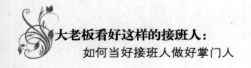

水槽里，他们将氧气灌入一个高挥发性的溶剂中，而就在此时，一个无法解释的火花引发了这次恶性爆炸。值得庆幸的是当时有效的保护措施起到了一定保护作用，爆炸火花直接冲向天花板，没有造成人员伤亡。对于此次事故，负责人韦尔奇有着无可推卸的责任。

第二天，韦尔奇做好了最坏的被处罚的准备，来到上司查理·里德的办公室。而当韦尔奇将爆炸事故的实情如实汇报，并表明自己的心态之后，上司查理非常镇静，以充满理解的口吻对韦尔奇说："我所关注的是你在这次爆炸事件中学到的东西，你是否应该修改反应器的程序？你们是否应该继续进行这个项目？"查理的表现通情达理，他的表情里没有一丝责怪、愤怒，他告诉韦尔奇现在应该做的是对现在所面对的这个问题有一个彻底的了解和解决，而不是等到企业规模扩大以后。上司查理的态度给了韦尔奇极大的鼓励，使韦尔奇树立起更为坚定的信心，最终妥善处理了试验中存在的问题，并在通用电气公司日后的发展中做出了很大的贡献。在韦尔奇自己做了管理者之后，也一直不忘宽容的重要性，一直对下属的过错宽容善待，并因此而成为受人敬仰的成功的领导者。

"有过能改，善莫大焉"，创二代企业管理者，面对下属出现的错误，不应是一味地指责、批评、处罚，而应是针对当时的情况，极大限度地帮助下属弥补、改正错误。

一个成功的企业管理者，必须具备的最为重要的优点就是博大的胸怀。宽容不仅对一个人的个人生活有着无法估量的意义与作用，在企业管理中，更能有助于推进一个人的领导生涯。通过对以上这个案例的解读与思考，对于下属的错误，创二代管理者应该有怎样的宽容善待，在这个案例中不难得出以下几点启示：

首先，当下属出现错误，管理者必须保持冷静的头脑，对错误出现的原因与情况进行具体分析，而不是暴躁发怒，先将犯错的下属批评处罚。

其次，在下属出现错误之后，作为管理者，要引导下属认识、分析情况，帮助下属找到错误根源，找到弥补过失、解决问题的方法，尽可能地挽回损失。

再次，对于出现过失的下属，要给下属一个改正错误的机会，戴罪立功，将功补过，不可因一个错误而否定下属以往的业绩，不可用一个错误给下属一个永久性的定性评判。

最后，作为创二代企业管理者，因你宽容了下属的错误，下属由此而心生感激，也会从内心肯定你的领导风范，从而更为忠诚地为企业效力。而企业则是最终的受益者。

辽宁大连有一家装修材料销售公司，创业者是 2004 年毕业的一对大学生情侣，当然现在二人已结婚四年多。当公司的业务不断增多之后，这对小夫妻雇佣的员工自然也在增多，2006 年他们雇佣了一位刚走出校门的会计专业的毕业生负责公司部分财务工作，主要是负责销售会计工作。因为这是个刚出校门的毕业生，理论虽然懂得很多，但实际业务操作并不很熟练，在做会计工作时曾将科目入账混淆，做表、报表的效率也不高，在财务报表的细节中也曾出现错误。面对这样的情况，这对小夫妻并没有辞退这位财务新人，他们看到了这位新员工平日里对于工作的那份难得的认真、谨慎，以及这位新员工稳重、朴实、真诚的个人性格，这些都是一个财务人员所需要的优秀品质。因此，这对小夫妻耐心地找这个新员工谈心，给他鼓励，并用自己的实践经验指导这位新员工。很快，这位新员工便对自己的工作做得得心应手，不再出现刚开始时的那些错误，而且工作效率也迅速提高。这位新员工一直对这对小夫妻心存感激，工作一丝不苟，成为这对小夫妻的得力而可靠的助手。这对小夫妻也成为这位新员工心中所敬重、效仿的榜样。

对于创二代企业管理者而言，人才是企业的砥柱与命脉，留住人才就是留住企业日后的发展生机。一个企业管理人，对于下属的过错给予宽容、善待，才会拓展企业发展空间，才会成为受人尊重、钦佩、赞叹的成功的领导人。

第十一章　客户至上

永不变的金科玉律

　　我们常说："客户是上帝。"而客户为什么就是"上帝"呢？这自然是由客户对于企业发展与利益实现的重要作用与重要意义而言的。我们都知道，企业的最终目的是要实现企业利润增长、实现企业利益，而企业利益的实现是通过企业产品（包括企业实物产品、虚拟产品、服务产品）销售完成的。而企业产品销售的终端是谁？答案是无须多言的——当然是客户。有了终端营销客户的认可，企业产品会成为企业实现财富积累的价值创造物品。由此可见，拥有客户，企业才拥有发展。因此，当我们这群八零后成为自主创业的企业领军人，就必须清楚地意识到，在我们的职责与义务中多了一个与我们的人生梦想、人生价值实现息息相关的重要群体——客户。从此之后，我们的身份不再只是优越家庭中的"上帝"，而已成为懂得服务于客户这一"上帝"群体的企业人。那么，从现在起，我们必须谨记"客户至上"的金科定律，并一起探讨我们要如何运用这"金科定律"。

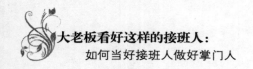
黄金法则 61：知道客户的需求才能满足客户的要求

通常情况下，我们要使自己的"给予"符合对方的要求，就必须先知道对方的要求是什么，即"投其所好"。企业产品销售，自然也是必须要符合这一"给予与要求"的规律的，因此，我们要使产品有路可销，就必须满足客户的要求，而我们要满足客户的要求，首先必须知道客户的要求是什么。而客户的要求是隐匿于客户心里的，我们要如何挖掘、如何满足呢？这便是我们所要探讨的重要问题——定义客户需求。

通俗地讲，企业的最终目的是盈利，赚取利润，实现企业利益，而企业产品最终是通过销售来实现企业利润的。企业产品要销售到哪里？销售给谁？自然是客户。而客户是否会接受、认同你的东西，也就是你的产品最终是否会为一定的消费群体所接受，是否能够保证你想要的销售量，为你的企业带来利润与利益，这最终取决于你的产品是否满足了客户需求。最简单地讲，任何一个消费者不会花一毛钱买一件自己不需要的东西，也不会因为一百块的昂贵放弃购买一件自己需要的东西。只有满足客户要求的产品（无论是虚拟产品、实物产品还是服务产品）才可有好的销路，而只有知道客户的需求才能满足客户的要求。创二代管理者在企业产品研究、定位、开发时，必须要充分了解客户需求，做到知己知彼。

这里我们先来了解一个概念，即市场容量，市场容量是指不考虑产品价格和供应商的策略的前提下，市场在一定时期内能够吸纳某种产品和劳务的单位数目，所以市场容量也就相当于市场需求量。这个市场需求量直接关联的就是我们企业某种产品和劳务的销售量，而客观地讲，这个市场需求量是由客户需求所决定的。产品销售成功的概率取决于产品与客户需求紧密结合的程度，这要求创二代企业管理者必须能够准确定义客户需求。

首先，了解客户需求要做到准确定义客户需求。定义客户需求就是指通过买卖双方的长期沟通，对客户购买产品的价格、用途、功能、款式进行逐步发掘，将客户心里模糊的认识以精确的方式描述并展示出来的过程。客户群体是多方面、多层次的，他们对自己所要购买的消费品有着自己的要求、标准与描述，对于企业的产品有一个认知、印证的过程。在这个过程中，企业如何做好定义客户需求是至关重要的。

第一，了解并定义客户需求，需要调查分析。即掌握充足的资料与较为准确的数据分析，对客户倾向与需求量有一个初步了解。

第二，了解并定义客户需求，需要沟通交流。以谈判、倾听、对话等一切可运用的交流方式与客户进行沟通，在沟通的过程中试探、描摹、确定顾客的心理需求。

第三，了解并定义客户需求，需要展示描述。即在了解客户心理需求的基础上如实并按照客户所需求的定义描述自己的产品。

天津新飞空调股份有限公司便是了解客户需求、满足客户需求的典范企业。该公司不仅在产品研发上以客户需求为基准，而且还注重客户需求调研服务，并将售后服务热线作为了解客户需求的重要渠道。该公司虚心听取意见，诚恳接受批评，采纳合理化建议，做好回访记录。对客户的询问、意见，如不能当即答复，就告知预约回复时间。回访后对客人再次提出的意见、要求、建议、投诉，及时逐条整理综合、研究，与相关部门进行沟通，协商解决问题的办法，由相关部门经理反馈客户处理结果并在回访单上签字，防止

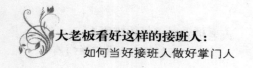
出现类似的事件发生。公司产品研发以客户心理需求为基准，研发了一批极具人性化的产品，产品外观、性能与价格密切贴近顾客需求，企业利润逐年递增。

其次，了解客户需求，不仅要准确定义客户需求，还要积极挖掘客户需求。挖掘客户需求包含两方面的内涵，一方面是了解并满足客户的表象需求，即上面所说的定义客户需求，按照客户现有的内心需要满足其需求；另一方面则是激发并满足客户内心的潜在需求，即为了解客户应当会需要但仍还没有自我意识到的需求。这潜在的客户需求可以说比已定义的客户表象需求更为重要，因为潜在需求能为企业带来创造性的再生力。

何为客户的潜在心理需求，举一个简单的例子，比如牛奶，对于消费者的满足感是充饥、止渴、补充营养，这是消费者对于牛奶的表象心理需求，你根据消费者的需求便可生产、销售牛奶。而其潜在心理需求是什么呢？一个大的企业将牛奶做成不同特色品牌，如将简单的牛奶按照不同营养的主要补给需要做成不同种类，或按照顾客对其不同口味的喜好需要进行分类，由此便是洞察并满足了客户的潜在心理需求，拓宽了销路。再比如校园里的小超市，在销售牛奶时想到，学生会希望在寒冷的天气里喝一袋热牛奶，便在销售牛奶时按照学生的意愿将牛奶用微波炉加热，这样便满足了学生要喝热牛奶的潜在心理需求，自然就增加了销量。

对于创二代，所面临的一个现实而不可低估的困境就是市场的难以突破性，在当今商业竞技场上，面对已成规模的大企业的挤压，表象需求基本已覆盖整个经济市场，而潜在需求对于创二代的初级创业阶段则是极为有利的突破口。

在金融危机的影响下，整个经济市场充满了不确定性。因为经济危机，民众对经济缺乏信心，消费者宁愿将钱揣在口袋里。在前所未有的环境中，营销领域的创新成为势在必行的突破。中国企业界在继承和融会贯通的基础上，结合环境变迁，新兴营销规模不断涌现。其营销模式更加注重营销效率，更加灵活周全，以客户为中心，以客户的潜在需求为出发点，在特殊的环境里为客户创造了价值，也为企业重建生机。可见，向客户的内心挖掘，激发客户的潜在需求是多么的重要。

黄金法则 62：绝对不要得罪你的客户

客户是什么？客户是保障企业发展、实现企业利益的一条"大动脉"，得罪了客户，折断了这样一条保障企业生命的"大动脉"，我们的企业还想要生存和发展吗？既然我们口里高声喊着"客户是上帝"，就必须清楚，这上帝是用来服务的，是千万不可以得罪的。那么我们要如何与客户建立和谐的合作关系，如何避免、处理与客户之间的摩擦与矛盾呢？

客户是上帝，这是浅显易懂的道理，有了客户企业产品才会有销路，企业才会生存和发展，实现企业利益。客户对于企业的重要性无须多言，决定着企业的生死存亡，因此我们说客户是企业的上帝，得罪了上帝，那么后果可想而之，损失的永远是企业。

客户不能得罪，创二代企业管理人要如何建立、维护企业与客户的良好合作关系，是企业创业、管理的必修课之一。在当今市场经济下，客户关系管理已经成为企业间竞争的重要手段之一。我们先来看一个比尔·盖茨激励客户、管理客户关系的案例。

美国微软集团创办人兼主席比尔·盖茨曾经向客户发出过一封公开信。信中盖茨说微软被美国政府控告触犯垄断法一案中，他深信微软最终会取得

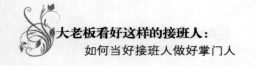

胜利，不过业内人士仍然为微软的前途担心。针对联邦法官杰克逊的"事实认定"微软垄断市场、打击竞争对手的初步裁决，盖茨说，"这只不过是持续不断的法律程序中的其中一步，将来还有很多步骤，微软甚至有权向较高级的法庭提出上诉。"他指出，微软愿意以公平和负责任的态度处理此事，并确保消费者权利与创作人员的意念受到保障。同时支持相信美国政府最终会给出一个公平的裁决。在业内人士及以往客户对微软纷纷质疑的情况下，盖茨的公开信，无疑起到了稳定人心的作用，没有因此危机而导致客户的怨恨与流失。

首先，协调客户关系，要明确并会运用客户管理八大原则，即一不为难客户、二替客户着想、三尊重客户、四信守原则、五对于销售之外的事情也要尽可能地帮助客户、六以信用赢得老客户向新客户的推荐、七让每笔生意都画一个漂亮的收尾、八在交流及一些细节上以让步的方式来换取客户的认同。一个良好的客户关系，一定要让企业赢得客户的信任，另一方面要让客户感受到企业对其的重视。这要求创二代企业管理者必须坚守以上客户管理的八个原则，并灵活运用，从客户的心理与立场出发，适当运用情感沟通，以一个诚信、人性化的企业形象赢取客户对于企业的信赖。

张新在北京注册了一家电子产品销售公司，主营电脑、手机、MP3 及数码相机、摄像机的销售业务。一次一位客户前来咨询一款电脑的报价、性能及组装部件质量等问题，因为这个顾客当时询问得非常烦琐，尤其在一些细节问题上过于纠缠，而张新当时正因一批进货的洽谈问题心烦，没有耐心解释，而且言辞有失礼貌。这位顾客当即离开，之后，张新得知这位客户是为公司购选一批办公电脑，大概需要 10 台左右，本已看好张新这里的一款电脑，准备仔细咨询一下后向公司老板汇报然后划款购买，但因张新的态度而选择在另外一家电子销售中心购买了电脑。经过这件事情之后，张新真正明白了善待客户的重要性，在以后的经营中本着以客户为上帝的原则，积极热情真诚地为客户服务，获取了很可观的收益。

其次，和谐客户关系，要管理好与问题客户的关系。人的性情与处事方式是多种多样的，在业务洽谈与销售中难免会遇到不讲道理、性情刁钻古怪、不易沟通的问题客户。

例如，在购买商品或签约下单时一些客户犹豫不绝、借口托辞颇多；一些客户爽快干脆，在洽谈时态度明确，而到了真正签约的实质阶段便开始后悔、改变主意，时时拖延签单时间；一些客户则若即若离，不表明心态，使得销售工作得不到任何进展。面对种种类似问题客户，要解决实际问题当然不是对其"开火"，而是要针对实际情况，摸清客户心理，运用智慧使问题得到解决。比如，针对第一种客户，找到其犹豫不绝的原因，试探其真实想法，然后将自己的产品在同行业中的竞争优势向客户说明，解决客户的后顾之忧；针对第二种客户，一定要跟紧他们，不给他们太多思考时间，并制定简单明了的计划表，将时机与利益的关系向客户陈述清楚；针对第三种客户，一定要让拍板人把问题说出，让其明白只有把问题说出来才可得到解决，一定要用具有针对性、实质性的方式帮其分析问题，使客户没有回避问题的机会。

最后，如果一旦因为特殊原因与客户产生摩擦，一定要根据情况找到最为恰当的沟通方式，找出出现问题的根源，尽可能与客户缓解、弱化、消除矛盾，切不可与客户较劲，使矛盾加剧。面对与客户之间的问题、矛盾、纠葛，企业必须要做到三点：一、换位思考，站在客户的立场上将心比心；二、多些理解、体谅，想方设法消除客户的不满与怨气；三、掌握时效，正确及时地解决客户问题。一旦遭遇客户投诉，一定要善待投诉，冷静分析。客户选择了投诉，从某种角度上讲说明客户对你的产品曾抱有信心而且很有可能还抱有信心，如果问题得到合理的解决，他们会比没有投诉你的客户得到更多的心理满足，会更有可能成为那些产品的忠诚信徒。

小陈曾在一家淘宝网店购买过一套情侣装，当时店铺掌柜确保衣服图片和说明与实物相符，而且无质量问题。结果当小陈收到衣服后，发现尺码的

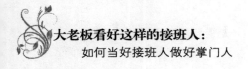

误差很大，与图片说明中的尺寸完全不符，小了许多，根本无法穿。于是小陈心里非常不悦，立即上网向掌柜要求换货，可是由于厂家原因，换货拖延了很久都没有收到退还的衣服。小陈一再催促掌柜，而且态度已很不礼貌，而此家淘宝掌柜耐心地向陈说明了厂家订货排产需要一段时间，自己只是网络代销无法掌控厂家的换货程序，但会尽力为其沟通，并对于厂家贴错尺码标签一事向陈致歉，而且表明因为厂家换货程序的时间给陈带来不便，愿退还给陈一半的货款。小陈被这家淘宝掌柜的真诚打动，在收到满意的衣服之后和这位掌柜成为了朋友，而且经常光顾这家店。

黄金法则 63：有服务精神

客户至上，现已成为各企业、商家的竞争王牌，创二代，更不能忽略对于我们的上帝——客户的服务。把微笑留给客户，把困难留给自己，这是很多企业的服务信念。既然，在企业销售中了解并解决客户问题是企业服务精神的一个重要体现，那么怎样创建我们企业的优秀服务精神，怎样使我们企业的服务精神得以发扬和传承，势必成为我们创二代在企业经营管理、营销管理中必须思考和解决的课题。

服务精神是指为某种事业、集体、他人工作的思想意识和心理状态。具有服务精神的企业能帮助或服务客户的愿望以满足他们的要求，即专注于如何发现并满足客户的需求。简单地说，其判断标准即是否设身处地为顾客着想、行事。

客户至上，现已成为各企业、商家的竞争王牌，创二代，更不能忽略对于我们的上帝——客户的服务。把微笑留给客户，把困难留给自己，这是很多企业的服务信念。美国汽车大王福特说过这样一句话，"假如有什么成功秘诀的话，就是设身处地地为别人着想"。IBM 公司的副总裁曾经说过这样一句话，"我们不是卖硬件，我们卖的是解决问题的方法。"

服务客户，首先，也是尤为重要的就是了解客户所存在的问题，并要切合实际地解决客户的问题。要知道，问题是销售的动力而不是阻力，有问题才会有销售，销售在本质上讲就是为了解决客户的问题，包括客户在购买产品的过程中对于产品的性能需求以及在消费之后对于售后服务的需求。企业销售的重点在于关注、了解、解决客户所存在的问题，而不是盲目地推介自己的产品。只有解决客户的问题、更好地为客户服务，客户才会信任企业、接受企业、喜爱这个企业的产品。

有一位汽车销售员，在最初卖车时，老板给了他一个月的试用期，但二十九天过去了，这位汽车销售员仍旧一辆车都没有卖出去。在试用期的最后一天，他一大早便出去卖车，到下班时仍旧一辆也没有卖出。于是，老板收回他的车钥匙，告诉他第二天不要来公司上班了。这位销售员不肯放弃并坚持说要坚持到晚上十二点，十二点之前他还有机会。他一直等到午夜，来了一个卖锅者，是一个被饥饿和寒冷折磨得不成样子的人。销售员见此人如此落魄，就让他来到自己的车里取暖，并给予食物。两个人就在车里聊天，销售员问卖锅者如果我买了你的锅，你会怎么做？卖锅者说，继续卖锅。销售员问，之后呢，你的锅如果越卖越多、越卖越远怎么办？卖锅者说那就要考虑买部车，只是现在买不起。两个人继续聊下去，天亮时，卖锅者订了一部车，提货时间是五个月后，定金是一口锅的价钱。因为这张订单，销售员被老板留下。之后，他一边卖车，一边帮卖锅者寻找市场，卖锅者的生意越做越好，三个月后便提走了这部车。

这位汽车销售员能够取得成功，就在于他通过与客户的沟通，了解到了

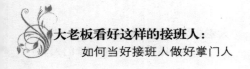

客户所存在的问题和需求，并合理地解决了客户的问题，在他帮助客户的同时，实现了客户的利益，也使自己的利益最大化。

在企业销售中了解并解决客户问题是企业服务精神的一个重要体现，那么企业要如何做好这一客户服务呢？

第一，企业要高度重视客户。拥有忠实的客户群是一个企业成功的重要因素，对于任何一个客户，企业都必须给予足够的重视，不管他是否已真正成为企业的客户，企业都必须给予重视，让客户感受到满意的服务，这样才会在留住原有客户的同时发展潜在客户，而不至于在激烈的竞争中流失客户。

第二，对客户要保持友好的态度和高度的热情。客户服务的关键在于与客户良好的沟通和与客户建立良好的相互信任关系。真诚、热情、耐心地与客户交流，为客户服务，即便客户情绪不好，我们也要保持用冷静、耐心、热情的服务态度为客户服务。

第三，企业服务精神要求企业端正服务态度、真正做到以服务为目的，即要求企业提倡诚信与人性化服务。

服务客户，其次，至关重要的是要做好客户服务工作，上面所论述的主要是企业在销售前与销售过程中所涉及的解决客户问题的服务精神，这里所要讲述的客户服务工作则主要是指销售过程完结之后的售后服务与销售之外的客户服务。

售后服务，无须做过多阐释，在如今激烈的商业竞争中，完善而体贴入微的售后服务可以为企业留住数量可观的客户群体，也可使企业树立起自己的诚信品牌，塑造良好的、优质的企业公众形象。现在很多公司都已专门开通自己的售后客服热线，并在条件允许的情况下实行售后跟踪、回访制度，对于所出现的产品售后问题给予正确合理的解决，在极大程度上保证了客户与消费者的利益。

销售之外的客户服务，是指企业对于客户的"情感维护"服务。比如，一些公司在各种节日与客户生日时所致以的温馨祝福和赠送的小礼物；再比如客户在遇到销售之外的问题时，企业及时给予帮助与关心，例如对客户的乘车、住行、语言交流等不便之处的帮助与关照。总之，销售之外的客户服务，就是要让客户感受到企业的温暖，感受到自己被企业所重视、所关心，而不仅是企业赚取利润的棋子，不是在企业赚取利润之后被企业所遗忘的群体。优质的销售之外的客户服务，会有效地笼络住原有客户并有效地发展潜在客户，同样是创二代企业服务精神的重要组成部分。

黄金法则 64：始终把客户放在首位

如果说企业是船，则客户为水。水能载舟，亦能覆舟。一个企业如果将客户利益置于不顾，那么，其结果无疑就是企业失去客户这一承载企业命运的载体，最终走向覆灭。尤其对于创二代而言，在最初的创业阶段固定的客户群体比较少，要尽可能留住原有客户、发掘新的潜在客户群体，自然将客户放在首位至关重要。企业与客户间是船水相依的关系，那么当客户利益与企业利益发生冲突时，我们又该如何去做？

企业与客户的关系的最佳状态，从本质上讲即为共赢。只有较好地实现了客户利益，才能更好地实现企业利益，这一点是毋庸置疑的。所以我们才会讲"客户至上"、"客户是上帝"。在这样一条追求企业与客户共赢的道路上，企业要坚持的无疑是"始终把客户放在首位"。尤其对于创二代而言，在最初的创业阶段固定的客户群体比较少，要尽可能地留住原有客户、发掘新

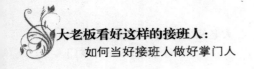
的潜在客户群体，自然将客户放在首位至关重要。

相信很多人都知道梅赛德斯-奔驰，梅赛德斯-奔驰一直秉承将客户放在首位的宗旨，创造了自己的辉煌业绩。梅赛德斯-奔驰是一家历经百年岁月变迁的企业，自成立以来始终以丰富的产品线和细致入微的服务质量闻名于世，保证来到梅赛德斯-奔驰经销商网点的每一位客户都可以享受最满意的服务。自从梅赛德斯-奔驰在全世界范围开展"客户满意度第一"的项目以来，采取了多项行之有效的推广行动，以保证为客户提供最优质的服务。根据世界权威汽车行业调查机构 J.D.Power 发布的中国售后服务满意度调研 (CSI) 结果显示，梅赛德斯-奔驰 2008、2009 已经连续两年名列前三，无疑成为售后服务方面的行业新标杆，也充分证明了梅赛德斯-奔驰在售后服务领域的出色表现。梅赛德斯-奔驰（中国）汽车销售有限公司总裁兼首席执行官麦尔斯先生表示："能够获此成就是因为我们的方法明确：倾听客户的声音并从客户处学习。当我们的客户来到梅赛德斯-奔驰，他们明白所获得的不仅仅是梅赛德斯-奔驰的产品或服务，更重要的是和我们也因此建立了长久的伙伴关系。"深谙售后服务不断提升客户满意度、服务细节处处尽显社会责任、无一时不将客户置于首位，使得梅赛德斯-奔驰成为社会公众与客户内心高度认可、高度信赖的品牌企业。

首先，将客户放在首位，要求企业始终从客户心理出发，站在客户的立场上考虑问题、解决问题。想客户之所想、急客户之所需，使自己的产品与服务密切贴合客户心理需求。这便要求企业必须坚持百分百的客户价值导向。现在，在激烈的竞争下企业越来越懂得把握客户心理的重要性，放低企业姿态，研究客户需求，根据客户的需要来规划和研发产品，从而取得了事半功倍的效果。

已连续多年位列国内男士西裤销售前茅的九牧王，在 2009 年三月开始推广男裤个性化制定业务。九牧王根据调查了解，发现中国男性肥胖率上升了 1.7%，而这些男士很难在标准化产品中找到合身的产品。于是九牧王敏锐地抓住了消费者的这一特别需求，将当下市场中昂贵的定制服务平民化，而且不另外收取加工费和运费。九牧王将从客户心理出发，以客户价值为导向，通过这样一个更为贴心的服务和大众化价格，实现了客户价值，同时给企业创造了丰厚的利润。

其次，将客户放在首位，同时要求企业建立完善的客户服务体系。客户服务体系是以客户为对象的整个服务过程的组织构成和制度构成。有效的客户服务体系可以使客户需求达到最大程度的满足，它是保证客户满意的必要条件。良好的客户服务体系会提升客户的满意度和忠诚度，提高企业信誉，可以更好地留住已有客户群、发展潜在客户群。

将客户放在首位，就必须将服务精神放在首位，这是毋庸置疑的，创二代必须要明白这个道理，企业必须竭尽忠诚地为客户服务。这点已在上一个黄金法则"有服务精神"中详细说明。

最后，将客户放在首位，就要求企业在企业利益与客户利益发生冲突时，一定要以客户利益为先，尽可能实现客户利益。这样做，从眼前利益看，企业利益似乎在或大或小的程度上受到了一定损失，但从长远的利益来看，企业所获得的是长久而更为稳固的长远利益。在冲突面前，企业维护并实现了客户利益，会在客户心里树立起其对企业的信赖与好感，同时会通过宣传树立起企业的良好口碑，这样，不但使原有客户更为忠诚地信赖企业产品，而且会通过企业信誉吸引大批新客户。当然这个选择要根据具体情况进行具体分析，我们要保证的是客户的正当权益与利益，而不是无条件地服从客户的不合理请求与不正当要求。

将客户放在首位，保证客户权益与利益，这无条件地要求企业必须恪守诚信，不可造假、销售伪劣产品，更不可销售不合格甚至带有危害性的产品，不能为实现企业利益而牺牲客户利益，不可以侵害客户健康，以隐瞒、欺骗等不正当方式诈骗客户财产。

作为创二代，必须懂得一个道理，如果说企业是船，则客户为水。水能

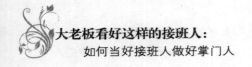

载舟，亦能覆舟。一个企业如果将客户利益置于不顾，为眼前利益而泯灭良知，那么，这个企业最终将是自掘坟墓、声名扫地；一个企业如果真正做到将客户放在首位，一切从客户需求、客户利益出发，积极地实现客户价值，那么，这个企业一定会生机无限，一定会打造出自己的品牌、树立起自己的口碑。

黄金法则 65：追求质量，而非金钱

质量是什么？质量是一个企业的信誉载体，是一个企业形象的重要代言，产品质量是赢得客户认同、信赖、赞誉的法宝。追溯本质，企业产品质量是保障企业实现企业利益的最优资本。在当今物欲横流、拜金主义屡现的商场上，创二代，我们能否坚守商业道德、社会公德，追求质量而非金钱，将成为对我们能否成为成功、优秀的企业家的巨大考验。

创二代以强大的自信与开拓进取的精神扛住来自社会与公众的质疑所带来的压力，同时抗衡着自己内心由于各方面因素所造成的心理压力，坚持创业，创二代有着父辈经济基础做创业基石。这虽是一个极为重要的优越条件，但在创业与守业过程中，所面临的挑战和所需要克服的困难也是不可忽视的。创二代，要取得创业的成功，要使自己的公司、企业在当今激烈的竞争环境中生存并得以长久而蓬勃地发展，那么，一个至为重要的问题就是产品质量问题。

追求质量，而非金钱。从一方面讲，产品质量对于企业的重要性，是不言而喻的，一个企业如果在产品质量上出现问题，将直接导致企业信誉的损失、企业公众形象的损毁、客户对于企业的信任消失，企业将陷入举步维艰的困境，再重新树立企业形象、赢得客户信赖的机会微乎其微。简而言之，企业不能把住产品质量关，为了短期利润与利益、为了压缩成本而忽视产品质量，结果就是自掘坟墓，质量问题终将会把企业自身推进无以突破的困境与僵局，甚至导致破产与倒闭。

2010 年央视 3.15 晚会曝光的惠普 DV2000、DV3000 笔记本电脑无法正常开机问题，引起了社会与媒体的关注。一个消费者向央视展示的维修单显示，其问题惠普电脑修理次数达 9 次之多，更有消费者在保修期内更换 5 次主板。消费者对于惠普 DV3000 的投诉已经引起了国家工商总局消费者权益保护局的重视。对于笔记本电脑主板的质量问题，惠普公司的回避与不积极配合的服务态度使这一事件引起了更为广泛的轰动效应，在社会谴责与压力下、在正当消费者权益保护法的压力下，惠普公司在一定程度上陷入困境，才不得不重新审视、正视这一严重的质量问题。而惠普事件，留给企业人的思考是持久的。

大家一定都还记得"三鹿奶粉"系列事件。当时几个品牌的奶粉因掺入对人体极为有害的三聚氰胺补充蛋白质指标，极为严重地危害了大量奶粉食用者的健康，而且一部分食用儿童因此死亡。最终，三鹿系列奶粉事件被定性为刑事案件，分别在河北省石家庄市中级人民法院和无极县人民法院等 4 个基层法院一审宣判。田文华被判生产、销售伪劣产品罪，判处无期徒刑，剥夺政治权利终身，并处罚金人民币 2468.7411 万元。

追求质量，而非金钱，从另一方面讲，创二代，要做创业者、做企业人，必须明白一个道理，就是企业人首先是社会人，一个成功的企业人必须具有社会责任感与社会道德感，具有社会良心。产品质量问题直接危害的就是客户、消费者的合法权益，甚至危害客户、消费者的健康与生命、财产安全，作为一个企业领导人为追求企业利润、实现企业利益，而忽视产品质量，侵

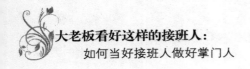

害消费者权益、危害消费者的健康与生命，抛却企业今后的长期发展与长期利益不谈，作为社会人的企业人如何面对良心的谴责？创二代要艰辛创业，根本上讲就是要实现自己的人生价值，而泯灭社会责任与社会道德，一个失败的社会人，又何谈自己的人生价值呢？

近年来，因产品质量问题而给消费者带来的财产、健康、生命危害，留给社会的是血的教训。"苏丹红"事件、"黑心棉"事件、"毒大米"事件、"地沟油"事件以及手机充电器爆炸事件等一系列质量问题产品给消费者造成的生命健康危害谈起来都令人心有余悸。创二代，要做成功的创业者、成功的企业领导者，必须承担起社会责任、坚守社会道德，把好产品质量关，不能因为金钱利益而丧失良心。

要保证产品质量，必须要明确理解产品质量内涵，产品质量除了含有实物产品之外，还含有无形产品质量，即服务产品质量。

保证产品质量：第一，对于实物产品，要保证企业产品符合国家相关机构检测标准，对于器材、机械等留有危害性与可能引发危害性的隐患，不可在食品、服装等产品中添加危害食用人健康、生命的禁止人体食用或接触的有害化学物质；第二，对于无形虚拟产品和服务产品，要保证企业符合国家相关法律的规定、客户需求，保证消费者权益，尤其是服务性产品要具备"服务精神"。第三，保证产品质量，要保证企业产品密切贴合客户需求，给客户、消费者带来心理满足感，尤其是虚拟产品与服务性产品，消费者的心理满足感是衡量这一产品质量的重要因素。

追求质量，而非金钱，无论是从企业长远利益与企业发展而言，还是从创二代作为社会人的社会责任、社会道德角度出发，保证企业产品质量才是谋求企业发展、实现企业人人身价值之道。质量，才是保证企业永恒发展的法宝。

黄金法则 66：寻找真空地带，
填补空白

中国最大经济型连锁酒店品牌如家的创建者季琦曾如此比喻市场机会，他说："一个堆满大石块的玻璃瓶，看起来已经没有空间，实际上大石块的缝隙之间，还可以容纳一堆小石子；随后，在小石子的空隙里，你还能继续填满细沙。"真空地带是企业创业的契机与切入点，我们要如何以敏锐的头脑发现这石块、石子、沙子之间的真空地带，开创我们的成功呢？

前面我们也曾讲述过，创二代一个必须克服的困难因素便是已成规模、已成品牌的大企业的排挤，一些项目与产品或已成品牌或已市场饱和，创二代进军这些领域，显然竞争力不足，明显不具备挑战优势。而市场空白的真空地带，则存在着相当可观的客户、消费群体，而且因为是真空地带，不存在同行业间激烈的竞争，或者竞争较弱，创二代一旦在这样的真空地带打开领域，无限商机是显而易见的。因此，寻找真空地带，填补空白，是创二代取得成功的一个关键所在。

真空地带是企业创业的契机与切入点。美国成功企业家邓娜·约翰逊创建的 seasona 就是一家典型的缝隙企业。邓娜公司的使命是这样描述的："为那些具有经期前综合征、准更年期综合征和更年期综合征的妇女提供高质量的产品和信息，以便帮助她们疗养。"邓娜公司的旌旗产品就是一种平

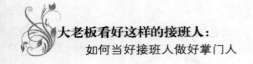
衡激素的奶油产品，而且这种商品能够快速地从公司在线商店中购买。邓娜的缝隙企业就是建立在妇女在特殊生理阶段对药品和化妆品的特殊需要的这一基础之上。妇女的药品和化妆品是一个广泛的领域，各类大小品牌广占商业市场的各个角落，从广泛的角度上讲，女性虽是一个极为庞大的消费群体，然而这看似商机无限的女性药品和化妆品项目却未必会使一个初创业人士取得创业的成功，因为这类产品的销售遍布市场，众多女性也早已有了心中垂青的品牌，在激烈的竞争与信誉的初建阶段，经销这样的广泛性、市场饱和性产品是很难取得胜利的。而邓娜的成功在于，她在这样一个看似饱和的销售项目中以敏锐的眼光与锐利的才智发现了这个行业中的间隙空白，即处于特殊生理期的妇女对药品和化妆品的需求，而这正是很多商家所没有照顾到的商业角落。邓娜凭借这一缝隙商业角落，剑走偏锋、独辟蹊径，为处于特殊生理期的妇女提供了贴心的产品与服务，自然取得了创业的成功。

　　由此分析，第一，寻找真空地带，需要对商业、市场环境做充分的调研分析，市场是不断变化的，而正是这些变化给企业带来了商机。所以创二代要能够通过对市场环境的正确分析，发掘市场机会。

　　徐杰便是一个在市场真空地带取得创业成功的代表人。徐杰所经营的是一家老年人服饰、鞋帽、保健器材销售中心。徐杰在毕业后回到家乡锦州，父母是从事建材贸易的大经销商，一直想让读商业管理的徐杰毕业后帮助他们一起打理生意，但徐杰却有着自己的理想，喜欢服装贸易的他想要在自己喜欢的领域创建自己的事业。而徐杰也深知服装行业的竞争力与起步的艰难，在经过许多详细的市场调查和资料分析后，发现现在童装和年轻化的服装品种繁杂、琳琅满目，而老年人服装及用品则款式单调，而且只分布在一些小贩摊位，即便一些大商场有但价格非常高，不是一般老年人所能承受的。由于生活质量的提高，老年人服装、用品的需求已不单单局限在几年前的基本需求基础上，他们需要品味性、文化性，需要养生保健。徐杰还发现现在在一些大城市这样的老年人用品中心发展与效益非常好，也非常受到消费群体的欢迎。于是徐杰便在自己的家乡创建了这样一家老年人用品中心，成为老年人与子女为父母选购服饰、用品的首选商家。

第二，寻找真空地带，要有敏锐的洞察力与敏锐的分析力，这需要睿智的分析与智慧的选择。在市场机会的商机发掘中，创二代必须动用自己的聪明才智与敏锐思维。

酒店业市场长期以来存在着不合理结构，其服务主要集中在高端和低端两个部分，而干净、便宜、舒适的中小型酒店极度匮乏。而这样的中小型酒店拥有着普通游客、商业客人、白领等庞大的消费群体的空白市场。如家创始人季琦，正是发现了这样一个真空的市场空白，从夹缝中寻觅到了商机，才成功地创建了如家这个中国发展最快、开业酒店数目最多的连锁酒店品牌。

第三，填补空白地带，要在发现空白并通过分析明确可行性之后，迅速实践。填补空白市场，切忌不可在理论研究阶段停留过久，要瞄准时机，迅速出手。创二代要谨记，果断决策、雷厉风行是一个成功领导人的风范。

所谓时不待人，机会有时只在一瞬间，你看准机会的同时，也会有别的眼睛在窥视同一个机会，在面对抉择时，你犹豫不决、迟疑不定，抢先一步得到机会的便会是别人。一方面，犹豫不决，你丧失的很可能会是一个"行业领头羊"的机会。别人捷足先登，他的企业会先于你赢得客户群体的青睐，会更容易拓展发展空间，而你会失去一个最佳发展时机；另一方面，迟疑不定，你面临的将会是更多的竞争，先行者会给你带来更大的压力，会增加你的竞争对手，而创业的初级阶段，后起者的竞争力是弱于先行者的。在真空地带寻找商机，填补市场空白，初衷就是避开竞争，发掘新的消费群体，开拓自己的企业领域，而贻误时机，空白填补也就失去了意义。

第十二章　谈判技巧
成为谈判桌上的高人

"讲话犹如演奏竖琴：既需要拔弄琴弦奏出音乐，也需要用手按住琴弦不让其出声。"这是一句关于谈判沟通的名言，其指出的就是沟通技巧的重要性。在企业的营销管理中，我们会经常与客户、合作商打交道，商务谈判是经常发生的。那么，我们要如何成为在任何情况下都游刃有余的"老到商家"，成为谈判桌上的高人呢？尤其是我们创二代，在外界眼中似乎还是不懂经营管理的"乳臭未干"的"毛孩子"，我们又如何推翻外界对我们的轻视，成为才智机敏、灵活应变、处变不惊的谈判高手呢？这便需要我们掌握一些非常重要的谈判技巧，并在具体情形下灵活运用这些谈判技巧，在谈判桌上以技周旋，以谋取胜。已经进入备战状态的创二代，一定非常急切地想要知道，这些能使我们成为谈判桌上的高人谈判技巧都有些什么了吧，现在，我们就一起来打开关于谈判技巧的这个"潘多拉魔盒"，看看其中可以获取谈判胜利的"秘密法器"都有什么。

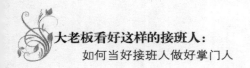
黄金法则 67：讨价还价的艺术

讨价还价，是商务谈判中一个重要的环节，直接决定了我们企业所能够获得的利益。一个好的谈判者，必须灵活运用讨价还价的技巧促成谈判的成功。即要控制谈判的基本原则和方法，掌握讨价还价的艺术，熟练运用讨价还价的技巧与策略，以保证并促进谈判的成功。那么，讨价还价的艺术魅力又在何处呢？

讨价还价是商业谈判中一个非常重要的步骤。讨价还价是指在企业贸易谈判中一方报出开盘价后，另一方就要对价格作出反应。具体地说，谈判当中对方的报价连同主要的合同条款向己方提出之后，己方就对其全部内容仔细分析，并透过对方的报价来判断对方的意图，使交易能既对己方有利，又能满足对方的某些要求。因此，在商业谈判中，如何通过谈判试探对方报价，并通过对对方报价的分析，伺机向对方讨价是尤为重要的。

创二代要知道，一个好的谈判者，必须灵活运用讨价还价的技巧促成谈判的成功。即要控制谈判的基本原则和方法，掌握讨价还价的艺术，熟练运用讨价还价的技巧与策略，以保证并促进谈判的成功。

成功的讨价还价的前提是，必须了解两个谈判过程中的重要要素：一是不同的信息；二是不同的估价标准。在任何的谈判中都必须通过沟通与迅速而睿智的分析，把握谈判过程中的这两个重要因素，以取得讨价还价的成功。

第一，不同的信息。有一句话说"谈判的成功在于你获得对方信息的多少，而不是你说服对方的能力"。一般在谈判过程中，双方间都存在着一个"模糊区域"，因为双方间最初对彼此的信息都了解甚少，而因此极为可能依照自己内心的标准和评判低估对方，对己方的过于自信是谈判中一个极易出现但也极为忌讳的问题。

第二，不同的估价标准。估价标准分为私人估价标准和普通价值评估标准。私人估价标准是以主观评估为基础，通常取决于个人的偏好，而商品的价值则取决于评估人的主观想法；普通价值评估标准是以客观的商品的真正价值为基础，是商品价值的客观事实。在讨价还价的过程中，因为商品的实际价值有时很难有直观的明确性，私人的主观估价具有很大的影响作用，而且不同的人对于价格的评估也有着不同的想法和标准。因此，成功的讨价还价，要懂得权衡私人估价标准与普通价值评估标准，抓住对方心理，明确阐述商品实际价值所在。

在了解了谈判中的两个重要前提因素之后，就要运用谈判技巧艺术性的讨价还价。商业谈判中的讨价还价策略可大概可归结为以下几点。

第一，在了解价格因素的基础上，正确合理的报价。商业谈判，报价是一个不可逾越的阶段，只有在报价的基础上，才可进行讨价还价，才可进行整个谈判程序。市场经济下，影响商品价格的因素除了客观已定的商品自身价值与市场供求关系以外，谈判人必须要知道在讨价还价的过程中还有一个极为重要的影响价格因素，即对方对于商品的需求欲望与主观评价，简而言之就是对方对你的商品的主观感情色彩。在价格谈判中，对方的主观感情色彩与心理需求有时甚至比影响价格的客观因素更为重要。

第二，尽可能通过沟通掌握对方信息，尤其是对方的内心动态。在谈判中尽可能了解对方情况、争取主动权。在谈判过程中要尽可能通过对话与心理观察揣摩出对方的真实意图，通过打探、投石问路等策略试探对方的价格底线或所能接受的价格标准，试探对方对于价格有没有回旋余地、回旋空间

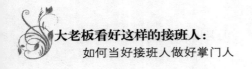

会有多大。只有尽可能的了解对方心理状态和心理底线，才可有根据、有的放矢地自如谈判，掌握讨价还价的主动权。

第三，在恰当的时机、必要形势下灵活运用价格让步策略。在价格谈判中，让价是必不可少的环节，而让价的幅度直接关系到谈判双方的利益与谈判的成败。最理想的方式就是每次做到递减式的让步，不乱章法的、成功的遏制对方杀价心理。这样做的直接效果是，从一个角度上表现了你诚意，使得对方心理有了一定的满足感，从而有利于谈判的下一步进行；从另一个角度讲，你的逐步递减式价格让步会使对方感受你让价的艰难，认同你是在竭尽全力地满足对方的请求，对于彼此间的合作态度极为真诚；而且，这样做，也给了对方一定的心理压力，你的逐步让价等于是在给对方发警告，暗示对方不要得寸进尺，尽快签约。

第四，瞄准时机、把握好最后出价的时间。在谈判时切忌在双方谈判因互不相让而进入对峙状态时给出最后报价，这样就等于给对方下达了最后通牒，在气氛本已不愉悦的情况下很容易使谈判进入僵局，不利于谈判的顺利进行。最后报价，要掌握好时机，再已充分了解对方底线和已逐步让价的基础上，在一个有利于使谈判顺利完成的氛围中给出。

第五，要较好地运用心理战术，也要有一个良好的心理备战状态。谈判时，局面的有利方向总是倾向于心理坚强、有耐力、有判断力的一方。价格谈判，去掉客观的不可忽略的事实因素外，其本质在一定程度上讲就是在玩心理战术。谈判者，要较好地了解对方心理，同时，在任何情况下都要稳住自己的情绪，不可显现自己的内心波澜，你的情绪外泄给对方的是你的无法掌控的劣势开端。

黄金法则 68：控制情绪，避免争论

在商业谈判过程中，情绪的控制极为重要，争论更是极大的避讳。争论一方面会影响双方的情绪，另一方面会破坏谈判融洽愉悦的氛围，影响整个谈判结果。我们知道，一个人的情绪经常会成为影响事态发展的重要因素，那么在谈判过程中，谈判者的情绪对于整个谈判过程与结果的影响又如何，谈判者又该如何控制自己的谈判情绪？

情绪，往往是影响事态发展的关键因素。谈判者的情绪是指谈判的需求在谈判过程中对谈判者所产生的客观的谈判体验。谈判是一个通过沟通交流而促进双方间确立合作关系的过程，只有在一个愉悦的氛围中才有利于双方交流的顺利进行，有利于推动双方谈判取得进展，达成协议。而争论与不良情绪会将谈判带进僵持对峙局面。

焦虑、气愤、恐惧、悲哀通常会是谈判者在谈判过程中因为不符合心理需求而极易产生的几种情绪，这种情绪一旦产生，如果没有得到控制便会使自己丧失信心与敏锐的思考力，当对方感知到情绪时，谈判会进入对你极为不利的局面，尤其是你的愤怒与不满情绪外泄后将会使谈判进入冷淡和僵局对峙局面，最终会延缓谈判进程或导致谈判失败。创二代，在商业谈判中，一定要使自己在商业谈判中保持快乐、轻松的情绪，尤其当对方有意刺激你、给你施加心理压力时，更要镇静，掌控谈判氛围，不可在谈判出现不利局面

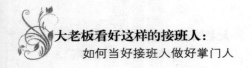

时丧失信心。积极、热情的谈判情绪会使你的谈判取得意想不到的效果，任何一个人面对他人的积极、热情与真诚时，内心都会被感染，首先你的情绪已缩小了你与对方的心里距离，消除了对方对你的排斥心理，从而有利于你们的成功合作。

纽约迪巴诺面包公司的创始人迪巴诺，以积极的谈判态度赢得合作商机的故事很多人都知晓。迪巴诺面包公司，所生产的面包畅销各地，但附近却没有一家大饭店购买过迪巴诺的面包。创始人迪巴诺与公司经理非常想打开这个局面，可是他们坚持了四年，拜访各家饭店经理，也没有取得进展。迪巴诺即便以客人的身份住进饭店，积极参加各个饭店的活动，推销面包的谈判最终也都以失败告终。几经思考之后，迪巴诺意识到要促使谈判成功，关键要找到实现谈判目的的技巧。于是，他改变了以往的方式，关注于饭店经理本人，调查饭店经理的爱好与热衷的事物，当他知道饭店经理热衷于美国饭店协会事业，是协会的会长，便积极参加协会会议与活动。在去拜访饭店经理时，不是说面包，而是谈协会的近期活动主题，而且神采飞扬地与饭店经理阐述自己的想法。饭店经理被迪巴诺的热情、真诚与执著感动，也被迪巴诺的热情感染，在这次关于协会会议内容的谈话结束之后，没过几天，迪巴诺就接到了饭店采购部门的电话，要求迪巴诺公司将面包样本送去。迪巴诺在打开与这家饭店合作的局面之后，在宣传作用下，迪巴诺公司陆续与几家饭店确立了合作关系。通过这次谈判合作的成功，迪巴诺深刻地意识到在谈判过程中情绪的影响有多么重大。

在这个故事中，迪巴诺在谈判过程中通过自己的热情勾起了饭店经理的热情，这种热情加之长时间的宣传与推销，使他与饭店经理之间达到了沟通的目的，最终取得了谈判的胜利。如果迪巴诺因为谈判的不顺利而气馁、沮丧，放弃积极的沟通策略，如果迪巴诺在与饭店老板和经理谈判时，表露自己合作不成的失望、忧虑，用哀求般的消极情绪与饭店经理洽谈合作事宜，那么结果不用言说，肯定无法取得这位饭店经理内心的认同，无法促成合作的成功。迪巴诺，如果以这样的方式与饭店经理谈判，饭店经理都不会给他继续交谈下去的机会。可见，良好的谈判情绪对于谈判进程与结果的影响是多么的重大。

在商业谈判过程中，情绪的控制极为重要，争论更是极大的避讳。争论一方面会影响双方的情绪，另一方面会破坏谈判融洽愉悦的氛围，影响整个谈判结果。因此，在谈判过程中，要尽量避免争论的引发，使谈判在一个融洽和谐的氛围中进行。一旦双方产生意见分歧，要防止感情用事，保持冷静。避免争论，控制局面，应该注意以下事项。

第一，在谈判过程中要做好倾听，冷静而客观地倾听对方的意见，在讨论的过程中，心平气和地与对方沟通、阐述自己的观点，切忌在对方讲述的过程中打断对方的话语，横插自己的观点，即便对方讲述的观点与你的想法相悖或你很反感，也要耐心倾听，让对方完整地把自己的想法表述清楚。

第二，当意见不一致，谈判者不认同对方的观点时，要委婉地向对方表述自己的观点，切忌直截了当地提出反驳。否则会使对方在心理上产生抵触情绪，引起争论和对抗。比较委婉的解决方式，便是在认同的基础上阐述自己的观点，在阐述自己观点的过程中否定对方观点。比如，你可以这样说："您的意见有一定的道理和合理性，我想在此基础上做一些补充"，或者"您的观点很有见解，会……但我认为，如果……，或许会……"

第三，当意见发生分歧，进入对峙状态时，要立即停止谈判。当双方意见发生无法使谈判继续进行的分歧时，应当立即休会，再坚持下去只会是无休止的争论和陷入谈判的僵局，使谈判无法取得进展。在这种状态下，应该及时休会，在双方情绪恢复冷静、思路得以调节之后再继续进行谈判。

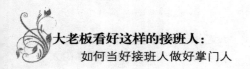

黄金法则 69：冷静对待出现的问题

在商业谈判中，由于谈判协议内容而造成的分歧、矛盾，以及谈判协议内容之外的其他因素所造成的谈判困难（例如谈判人员的素质、信息沟通的障碍、自然条件原因等因素给谈判所制造的障碍），通常会引发一些预料之外的问题出现，面对这些问题，正确的做法是必须保持冷静的头脑、冷静的分析，对问题给予冷静而科学的处理。

在商业谈判过程中，由于各种因素，问题的出现是不可避免的。当问题出现时，需要的是一个冷静、积极的处理解决问题的态度，缓和分歧、矛盾，冷静地分析问题出现的原因，找到合理的解决问题、使双方达成共识的途径。当问题出现时，回避问题或情绪化地对待问题对于问题的解决是无济于事的，反而只会给谈判带来负面影响，问题得不到解决，谈判也不会取得进展。

谈判，归根到底从本质讲，其作用在于谈判双方需要通过谈判这样一种方式，达成双方利益共赢的合作关系。对于问题的出现，是谈判双方都不愿看到的情况，双方对于各种可能出现的问题都有一种"不希冀其发生"的回避心理，一旦问题出现，在双方心理上带来不悦、不满、甚至气愤是肯定的。在这种情况下，如果无法冷静、理智地控制好心理情绪，不能妥善处理出现的问题，损害到的是双方的利益。因此，这种不希冀发生的情况一旦真的发生，冷静地对待、积极地解决，才可能实现一个双方共赢的结果。

有这样一个故事，一个美国公司的代表被派驻德国谈判，第一次谈判因为价格问题而使谈判陷入僵局。美方对于德方的报价大幅度压价，德方为保证自己的正常利益，无法按照美方的要求让价，而且当时在谈判的合作细节问题上也有一些争议，由于这些原因，双方无法达成共识，只得暂时休会。当时，美国代表允许的在德国谈判时间为两个星期，第一次谈判之后，美方代表还有十天时间留在德国。德方了解这一情况，在之后的十天中没有急于约美方进行第二次谈判，而是花了近一个星期的时间陪美方代表在国内旅游，每天晚上还安排宴会。在美方代表即将离开德国的前三天开始与美方代表重新进行谈判，但每次谈判时间都不会过长，一些问题在平和的谈判氛围中得到解决，涉及暂时仍无法按照双方的意愿解决的问题时，德方立即以其他理由提出休会或者转移主题。这样双方间一直保持了一种友好、和谐的谈判氛围，一些曾无法深入的谈判内容渐渐成为平和议论的主题。美方看到德方的诚意和友好，最终给出了合理的成交价格。在美方要离开的德国的最后一天，双方签署了达成了共赢的合作协议。

在这个案例中，德方面对谈判中出现的棘手问题，冷静思考，采取了很高明的谈判手段，即谈判战术中通常所说的拖延谈判时间，在问题出现后，德方没有急于再次将主要存在问题的议题放到桌面上洽谈，而是首先以缓兵之计稳住了已心有不满的对方，并且以陪同美方谈判代表旅游、宴会的方式表现了极度的友好、真诚、热情，使对方逐渐消除了不满心理，并开始对德方产生好感。在美方的排斥心理消除之后，德方逐渐将谈判引入主要议题，在整个谈判过程中避重就轻，将次要的问题一一解决之后，逐渐引入主要的分歧话题。在次要问题的解决与让步的过程中，使美方代表心理上逐渐产生一个满足感和缓和化心理，在这样的心理作用下曾经尖锐的价格问题也就显得不那么尖锐了，从而最终达成了共识。如果当时德方在问题出现后，急于立即解决，只会将矛盾深化。在整个谈判的过程中，从问题的出现到之后的解决，德方冷静地分析了客观实际情况，成功地运用了心理战术，软化了对

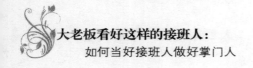

方的排斥心态与矛盾症结，成功地保证了自己的企业利益。

在商业谈判中，造成谈判出现问题的原因有两个方面，一方面是就谈判协议内容而造成的分歧、矛盾，例如，由于立场观点的不同、合理要求的差距等原因而对协议条款所产生的争执。另一方面是谈判协议内容之外的其他因素所造成的谈判困难，例如，谈判人员的素质、信息沟通的障碍、自然条件原因等因素给谈判所制造的障碍。

面对第一类问题，谈判者要冷静分析引发问题的具体原因，明白症结所在，给予合理、客观的分析，揣摩了解对方心理的同时，还要充分理解对方，解决问题时要考虑双方的共赢利益，寻找一条既保证自己的合理利益、又能给对方带来心理满足感的解决问题的途径。

面对第二类问题，谈判者要给予对方充分的理解与包容，并为对方提供适当的帮助。如果真的遇到素质不高或者性格怪异的谈判者，要学会用语言和情绪去软化对方的"强硬态度"，用包容和真诚去带动对方愿意与自己交流的情绪，这一点，了解对方的性格、喜好，投其所好极为重要。

总之，面对谈判中所出现的各种问题，要具体情况具体分析，不可"情感用事"。有时，一个问题的正确解决，会带来意想不到的效果，当你合理地解决了双方间的矛盾、问题之后，带来的不仅是这一次合作成功的利益，而是日后更多的合作机会。因为在你冷静、合理的解决问题的过程中，对方会看到你的魅力与能力，会感受到你做为企业人的真诚，以后有机会会更愿意与你合作，同时没有与你合作过的商家也会因为你的一件成功的"轶事"而了解你，倾向于与你合作。问题如果被正确处理、解决，那么问题将会成为你的"财富"。

黄金法则 70：知己知彼，
方可百战不殆

以八零后为主体的创二代，在很多人眼里存在着桀骜不驯、自以为是的缺点，不善于考虑对方、了解对方。但是，既然我们选择了自主创业，就必须隐藏自己过分自信的锋芒，永远记住一句话："知己知彼，百战不殆"。如何成为能够做到"知己知彼"的"常胜将军"，这显然是我们创二代在企业营销管理与营销战略部署中必须做好的一项功课。

《孙子兵法·谋攻篇》中说："知己知彼，百战不殆"，既了解敌人，又了解自己，百战都不会有危险；不了解敌人而只了解自己，胜败的可能性各半；既不了解敌人，又不了解自己，那只有每战都有危险。

在商业谈判中，要做到胸有成竹、有的放矢，就必须充分掌握并了解对方的信息。这信息包括具体可搜集分析的客观信息，也包括谈判对方的心理信息，即对方的主观意愿、心理需求、防线与底线，要清楚可以给对方带来满足感的是什么。同时也包含了谈判对方的背景信息，这包括谈判多方面的文化背景及历史背景信息与谈判代表的个人特征信息，即谈判者对于谈判代表的个人喜好（喜欢什么样的交流方式、喜欢什么样的居所安排、有何娱乐爱好等）、修养素质、性情等都必须了如指掌。这样充分地了解掌握了对方的信息，才会在谈判中游刃有余，取得最终胜利。

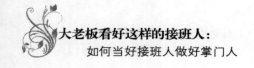
　　以八零后为主体的创二代，在很多人眼里存在着桀骜不驯、自以为是的缺点，不善于考虑对方、了解对方。然而，既然这样一批八零后选择了自主创业，就必须隐藏自己过分自信的锋芒，永远记住一句话："在战术上轻视敌人，在心理上重视敌人"，要成为谈判桌上的高人，就必须知己知彼，有备而战。

　　在史上最权威商业谈判案例中，有这样一个案例。

　　我国某冶金公司要向美国购买一套先进的组合炉，派遣一位高级工程师与美商谈判。在美商来谈判之前，这位工程师出于高度的责任心，对此次谈判做了充分的准备工作。他花费很大精力查找了大量关于冶炼组合炉的资料，并且将中美两国的市场进行分析对比，对这家美国公司的情况的现状与历史、经营状况等进行了充分了解。在谈判过程中，美国报价 150 万美元，中国工程师列举了各国的冶炼组合炉的成交价格，使美商万分惊叹，最终以 80 万美元达成协议。

　　在谈到购买自动设备时，美国的最初报价是 230 万美元，经过讨价还价压到 130 万美元，中方拒绝接受，出价 100 万美元，但面对这样的压价，美方表示没有意愿继续谈下去了，将合同扔到中方面前，表示中方没有诚意，他们准备回国。中国工程师对此并不惊慌，笑着对美商做了一个优雅的"请"的动作。美商离开后，中国冶金公司有些沉不住气了，埋怨工程师咬得太紧了。可是这位中国工程师胸有成竹地说美商一定会回来的，因为同样的设备，去年他们仅以 95 万美元的价格卖给了美国，100 万美元是国际市场的正常价格。果然，一个星期后，美商回来继续谈判，工程师向美商点出了他们去年与法国的成交价，并分析了每年物价上涨指数最高不会超过 6%。美商在事实面前无以狡辩，最终以 101 万美元的价格成交。

　　在这个案例中，中方成功地做到了"知己知彼，百战不殆"，其成功的最关键因素就是中国工程师充分收集整理了对方信息，以大量的客观数据与客观事实给美商施加压力，事实使得美商无可狡辩，只得最终按照中方的意愿达成协议。

既然知己知彼，百战不殆，创二代企业谈判中就必须要掌握知己知彼的方法，真正做到知己知彼。

第一，有目标性地收集资料。收集资料，要根据谈判对象、谈判内容、谈判目标有针对性地收罗有可用性、具有攻势价值的资料，尽量在烦琐的资料收集工作中淘汰不相关、或无用性的资料，这样才会便于资料的整理、节省准备时间、有效率地做好谈判准备工作。简而言之，收集资料，要根据谈判做"对症下药"的资料收集。

第二，掌握收集资料的有效方法。收集资料，可采用直接获取方式与间接获取方式两种。直接获取方式是包括检索调查法与直接调查法：检索调查法，是指谈判人员对现有资料进行整理和分析，现有资料包括一切存储、书籍、网络等方式可以获取的相关资料；直接调查法是指谈判者通过与谈判对方的直接接触而获得的、整理的相关资料。间接获取方式主要是指通过咨询来获取谈判者自身所需要的相关资料，比如谈判者可向相关专利单位、情报信息单位、咨询他人等方式获取价值资料。

第三，在充分掌握与谈判内容、议题、条款相关的客观事实资料的基础上，同时充分了解谈判对方的背景信息。前面已经讲述了这方面信息所涵盖的内容，将两者信息综合分析运用才可做到真正的知己知彼。谈判取得成功的关键不在于你滔滔不绝的演讲，而在于你的话语能够抓住重点，只有你足够地了解对方，掌握充分的信息，才可举重若轻，掌控谈判的主动权。

第四，注重综合能力的培养及提高。在整个"知己知彼"的准备工作及整个谈判过程中，对于信息的了解和掌握运用，不仅仅局限于谈判前的收集整理，同时在于谈判者平日对相关知识、时势、文化及历史背景的了解，一个阅历丰富、综合知识水平较高的谈判者，更能做好谈判准备工作，更能较好地掌控对方心理，尤其在了解对方心理信息时，谈判者的综合能力更能发挥优势。综合知识包括相关专业知识、市场行情知识、心理学知识以及历史

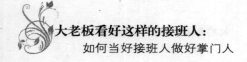
文化知识等。

总之，"谈"为讲论，彼此对话之意，判为"评判"之意，只有充分了解对方信息，做到知己知彼，才可谈而有据，判而无偏，才可在谈判中取得最终的胜利。

黄金法则 71：有效控制谈判氛围

在谈判桌上，如何营造愉悦、融洽、良好、有助于促成合作成功的谈判氛围；如何控制转换压抑、尴尬、僵持不下的不利于沟通进展的谈判局面；如何在谈判中掌控对己方有利的主动权，这些无疑是我们在谈判技巧运用中所必须注意和掌控的问题，那么我们又如何才能做到有效地控制谈判氛围呢？

在商业谈判过程中，氛围对于谈判效果的影响是不可忽视的，友好的氛围会在一定程度上促使、推进谈判顺利进行，而凝重、压抑等不愉悦的谈判氛围会对谈判的顺利进行造成负面影响。创二代必须明了，一个好的谈判者要具备有效控制谈判氛围的能力，要成为谈判桌上的高手，必须可以有效地营造愉悦、友好且有利于己方的谈判氛围。

在国际谈判案例中，有这样一个关于谈判氛围掌控的典型案例。

一家日本著名汽车公司进驻美国，在进驻美国的伊始，因为这家日本汽车公司对于美国市场了解不足，所以需要找一个美国代理商来为其推销产品。在这家日本汽车公司与一家美国公司进行谈判时，日方谈判代表因为堵车而迟到，美国谈判代表便对此事件抓住不放，目的是想以此作为压力手段而获取更多的优惠条件。日方代表没有办法，便站起来说："我们十分抱歉耽误了您的时间，但是这绝非我们的本意，我们对美国的交通状况了解不足，导致了这个不愉快的结果，我希望我们不要因为这个无所谓的问题耽误宝贵的时间了，如果因为这件事怀疑我们的合作诚意，那么我们只好结束这次谈判，我认为，我们所提出的优惠条件是不会在美国找不到合作伙伴的。"美方代表在听了日方代表的这番话后无话可说，毕竟这家美国公司也不愿失去这样一次商业机会，于是双方的谈判顺利进行下去。

在整个谈判过程中，美方代表最初想以日方代表迟到为由给予谴责，目的是想使日方代表造成愧疚心理、施加心理压力，使其处于被动状态，美方代表的初衷是想营造一种有利于己方的氛围，而谈判开始，这样的氛围对于日方是着实不利的。但在这样的开局氛围面前，日方代表不卑不亢，礼貌而不示弱地表明了自己的立场与观点，其礼貌而理性的回辩有效地扭转了谈判氛围，使得整个谈判朝着对己方有利的方向发展下去。

既然，在商业谈判中，有效控制谈判氛围有着举足轻重的作用，那么，创二代在谈判中如何有效地控制谈判氛围呢？

首先，要尽量在谈判中营造愉悦、融洽的良好的谈判氛围。

第一，要有"知己知彼"的基础作为谈判开局控制谈判氛围的前提基础。谈判氛围在谈判开始的较短时间内便开始形成，而且一般情况下，既定的氛围很容易成为整个谈判的主导氛围。通常，在谈判之前，谈判双方会有预先接触，这个接触所奠定的基础和谈判者对于对方的了解会对谈判氛围的形成产生积极的影响作用。

第二，在谈判中要以友善的态度和形象创造一个良好的谈判环境。一方面，态度能向对方表露的是一个人内心的动机与意向，友善的态度也表现了一个人对对方的尊敬与礼貌，在谈判过程中，谈判者要尽量以谦和、坦诚、

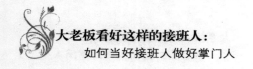

淡定的友好态度与对方进行沟通对话，会形成一种有利于软化对方心理与潜在矛盾的良好氛围；形象，则包括一个人的姿势、表情、目光、仪表等，形象往往会决定一个人在对方心中的印象与评价，一个好的形象会使对方心里感到愉悦，自然会有助于良好谈判氛围的形成。

第三，敏锐抓住有利于形成良好谈判氛围的时机。最利于营造氛围的时机便是谈判一开始的开场白阶段和一个即将引入另一个入题的转换阶段，同时包括谈判过程任何可以出现转折或转换的洽谈内容。

最后，也是最为重要的，掌控谈判氛围，要掌握谈判主动权。

有这样一个故事，一个美国商人要在一个印度画商手中买三幅画。当时这三幅画实际价格每幅约在 10 美元到 100 美元之间，而印度商人出价是 225 美元。美国商人自然不会同意，要求降价。印度商人并不理会，抓起其中一张就点燃将画烧毁，然后仍坚持 225 美元出售。美国商人是个非常热衷于艺术收藏的人，看到第一张画被烧毁，心痛不已，但仍就没有答应印度画商的出价。印度画商知道美国商人对于艺术收藏的热衷，也看到了画被烧毁后美国商人的心痛，于是又抓起第二幅画烧毁，坚持第三幅出售 225 美元。美国商人见画被烧毁，倍感心痛与后悔，立即用 225 美元买下了第三张画。而印度画商这一幅画的售价仍高过了三幅画的实际价格之和。

印度画商通过对美国商人的了解，凭借自己睿智的头脑、敏锐的分析力，对谈判预期效果作出了准确的判断，有效地掌控了谈判主权，制造了利于己方的谈判氛围。通常，掌握谈判主权可从以下几点因素进行分析。

第一，掌握主动权的最主要因素分为信息因素和时间因素，信息因素即为知己知彼，时间因素是指谈判者要尽量高效率地进行谈判准备工作，在时间优势的创造上要使己方有更多可自由支配的充足时间，而同时在谈判的具体时间与截止时间等方面使对方感到紧迫、压力。

第二，除信息与时间这两个主要因素之外，掌握主动权的另外一个优势就是权利优势条件，比如你方所拥有的实际权利、竞争优势、谈判有利条件优势以及对于综合知识的掌握优势及谈判经验所造就的专业优势等，但必须注意的是，权利优势在掌控氛围中只可起到辅助作用，切忌不可以"权"压人，引起对方的反感而改变态度与行为，例如前面所讲到的美日双方谈判氛围的转变。

第三，掌握主动权，要有敏锐的洞察力与分析力。要能综合分析并运用已获取的对方信息，并以睿智在无形中给对方施加压力感，要在信息基础与精确分析的基础上创造权利优势。

最后，对于不利于谈判顺利进行的谈判氛围要有效地控制和转换。例如休会、适当转变谈判态度，在氛围严肃、压抑时尽量以亲切、带有商量余地的口吻弱化压抑感等。不良谈判氛围会直接影响谈判双方的情绪、心理，不及时予以调整，会直接影响整个谈判的进展与成败。

黄金法则 72：抱着双赢的心态

抱着双赢的心态，是商业发展的大势所趋，在当今市场经济下，在激烈的竞争中，企业所谋求的都是自身的发展和利益，选择合作伙伴，没有任何一家会在自己利益得不到满足情况下与对方合作。抱着双赢的心态进行谈判，这里便涉及一个"双赢谈判"的概念，那么什么叫做"双赢谈判"，又如何做到"双赢谈判"呢？

在商业谈判中，要想取得谈判的成功，创二代，必须要明白谈判的真实内涵与本质目的。谈判，由两个字组成，谈是指双方或多方间的交流，判是

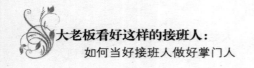
指决定一件事情。谈判，其真实内涵也就是指双方或多方间通过交流来决定一件双方或多方间达成共识的事情。只有最终所要决定的事情达成共识，谈判才是成功的，而"共识"，是需要给双方间的心理都带来满足感，能以最佳方式满足双方的要求与利益。由此，谈判的本质目的，就是要通过谈判这样一种方式，建立一种可以同时实现双方利益的途径。因此，谈判的最终结果是实现"双赢"，一方利益得不到满足，谈判便会以失败而告终。理解了这样一个概念，创二代，在谈判桌上，就务必要抱着双赢的心态与对方洽谈，坚持双赢谈判。

双赢谈判，是指把谈判过程当做一个合作过程，和对手像伙伴一样，共同去找到满足双方需要的方案，使费用更合理，风险更小。双赢谈判所强调的，是通过谈判，找到最好的方法满足双方的需要，同时要解决责任和权利的分配，包括利润、成本、风险的分配等。其结果就是在合作关系中，尽可能地使双方利益最大化，成本、风险分配合理化。

抱着双赢的心态，坚持双赢谈判，是商业发展的大势所趋，在当今市场经济下，在激烈的竞争中，企业所谋求的都是自身的发展和利益，选择合作伙伴，其本质就是在寻找一条拓展商机、更有效地实现企业利益的途径，如果对方不能满足自己的需要便不可能确立合作关系。没有任何一家会在自己利益得不到满足情况下与对方合作，因此经济环境要求创二代必须坚持双赢谈判。另一方面，抱着双赢的心态，坚持双赢谈判，会更好地提高谈判效率，取得预期效果。

举一个最简单的例子，比如你与对方都想要一个苹果，但是事实是你们面前只有一个苹果，那么这个苹果该归属于谁呢？在你与对方商量之后，觉得最好的方式就是将这个苹果分开，一人一半。在这个分割的过程中，为了保证公平，你们决定一个人切，一个人选。公平地分好苹果之后，在谈及各自对于这个苹果的用途时，一个人决定用它来榨苹果汁，一个人决定用它来做苹果派。在这个分苹果的谈判中，你与对方都是赢家，都获取了自己想要的东西，实现了自己想达到的目的。如果你与对方当时都想独吞这一整个苹果、或者不合理地分配这个苹果，结果就是僵持不下，谁也无法得到这个苹果，最终还有可能因为恼羞成怒而在激愤之下毁掉这个苹果。在这个平分苹果的过程中，你与对方一个人切、一个人选的方式非常恰当地平分了分割苹果不均的风险，保证了双方利益的实现。

如果一份合作协议所产生的全部利益就是这个苹果，那么谈判的过程就是你们分取这个苹果的过程，聪明的谈判者一定会知道，任何一方都不可能独占这个苹果或占有这个苹果的大半个部分，任何一方都不会允许对方对这个苹果自行切割、自行选择。因此，要确保己方利益的实现、达成双方的共识，就必须尽可能的公平分配这份合作协议的利益与风险。

无疑，双赢谈判给企业带来的是巨大的发展空间，在商业谈判中，创二代以双赢心态对待谈判尤为重要。

首先，在谈判中保持双赢心态，必须要克服实现双赢谈判的最大阻碍，即"主观障碍"。主观障碍，就是一个人的主观占有欲与主观控制欲。任何一个自然人，其心里都是充满贪欲的，都存在着利益独占欲与权力操控欲，一个自然人作为一个企业人自认心底的本性需求就是尽可能确保自己的利益，控制对方。而一个成功的企业人、一个成功的谈判者之可贵之处就在于谈判过程中可以成功地克服人的主观障碍，切合实际地从客观事实出发，构建实现双方利益共赢的渠道。在双赢谈判中，必须克服利益独占、操控对方的心理。

第二，保持双赢态度，要在谈判中将对方视为朋友，为对方着想。在谈判过程中，创二代要明确认识到，谈判对方是你的合作伙伴，是极为可能给你的企业带来利益的契机，而不是你的竞争对手或敌人。因此，在确保企业自身利益的同时，要真正地考虑对方的利益与风险，考虑对方的困难与需要。一些问题你先为对方想到了，而不是等对方提出要求时你仍在回避、拒绝，那么，你赢得的是对方对你的赞赏和信任，是一个极具优

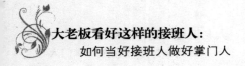
势的合作基础。

第三，在谈判过程中，要表现一种真诚、友好的合作态度。要实现双赢谈判，不可强权压人，要让对方看到你的诚意，取得对方的信任。以一个良好的双赢心态控制谈判局面。

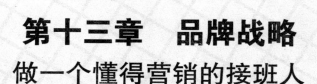

第十三章　品牌战略
做一个懂得营销的接班人

在现代市场经济浪潮中，品牌竞争，已成为一种主流的、重要的竞争手段。品牌是目标消费者及公众对于某一特定事物心理的、生理的、综合性的肯定性感受和评价的结晶物。我们市场营销中所讲述的品牌概念，就是指商业性品牌，即公众对于某一特定商业人物，包括产品、商标、企业家、企业四大类型商业人物的综合感受和评价的结晶物。一个企业要铸造自己在激烈的市场经济竞争中获取胜利、谋求生存和发展的利器，就必须部署好自己的品牌战略。尤其对创二代而言，成功地构建自己的品牌优势，将是力保获取创业成功的一个必备的先决条件。品牌战略部署，是我们在企业营销管理中必须攻克的一个重要课题。创二代，我们是否要成为一个懂得营销的合格接班人？如果想要做懂得营销的合格接班人，做成功创业领军人，我们就必须打好市场中品牌竞争这一张牌，学会科学有效地制定自己的企业品牌战略。

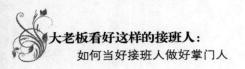

黄金法则 73：制定营销战略

市场营销战略的目的是确定并维持客户，其长远目标是构筑企业竞争力，在日后的长远发展中可以在激烈的竞争中屹立、发展，最终实现企业利益。创二代，在企业运营与产品研发、销售中，要深刻理解市场营销战略的重要性，一个好的计划才可确保一个长远目标的较好实现。那么我们要如何理解营销战略，又如何制定营销战略呢？

市场营销战略（Marketing Strategy）是指企业在市场营销观念下，为实现其经营目标，对一定时期内市场营销发展的总体设想和规划。

市场营销是指企业为满足消费者或用户的需求而提供商品或劳务的整体营销活动。战略是指企业长远发展目标，及支持实现长远目标的策略和途径。战略确定的目标，必须与企业的宗旨和使命相吻合。战略是一种思想与思维方式的综合体现，同时也是一种分析工具与一种长远的、整体的计划规划。创二代在企业运营与产品研发、销售中，要深刻理解市场营销战略的重要性，一个好的计划才可确保一个长远目标的较好实现。

首先，要制定营销战略，必须要了解营销战略的特点。市场营销战略是基于企业的既定目标，通过调研、分析、研究、考察，根据市场需求与客户需求，寻找市场机会、确立客户消费群体。在这个过程中，企业人必须综合各种市场因素、环境因素、团队素质因素、自身允许条件因素、潜在问题因素等进行综合分析，最终确定出战略向市场转化的方向和准则。市场营销战略的目的是确定并维持客户，其长远目标是构筑企业竞争力，在日后的长远发展中可以在激烈的竞争中屹立、发展，最终实现企业利益。

其次，了解市场营销战略的内涵与特征之后，制定市场营销战略，要做好对于各个方面、各个因素的充分调研、分析。

第一，市场机会分析。市场机会，即为消费者现实的和潜在的需求。在当今市场经济竞争激烈的处境下，利润丰厚的营销机会并不多见，市场结构、消费者需求及潜在消费者群体、竞争者状况及行为等这些现实因素，企业必须对其进行仔细而科学的判断与评估，要通过调查、研究，识别、评估、选择市场机会。

河南一家销售公司，为新产品上市进行营销推广策划。在拟定营销策略之前和市场攻略方案之前，在河南、河北、北京、广州做了1000多份的问卷调查、访谈、资料收集等工作。通过对这些资料详细而科学地分析，收集了此类产品在市场上竞争品牌的状况、消费者的购买心理和购买行为、消费者对产品、价格的标准要求、以及消费群体与潜在消费群体的状况。这样，该家销售公司很快便分析确立了企业目标市场、消费群体。以此营销战略作为引导，迅速拓展了产品市场，有效节约了时间成本与人力成本。

第二，经济环境分析。经济环境包括宏观环境与微观环境，内部环境与外部环境。

宏观环境，即围绕企业和市场的大环境，包括国家经济政策、政治、法律、社会、文化、经济、技术等；

微观环境，即对企业服务其顾客的能力构成影响的各种力量，包括企业本身及其市场营销中介、市场、竞争和各种公众；

内部环境，即为企业自身的经济、人力资源、科学技术、竞争能力、生产条件等多种内在的自身因素；

外部环境，即外在的行业动向、竞争等影响因素。

这里，宏观环境与微观环境是相对而言的概念，内部环境与外部环境是

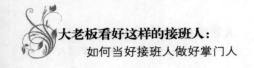
相对而言的概念，这两组概念间有着相互交叠的内涵。

创二代企业人，必须明白，环境的变化对企业是机遇与挑战的并存，能否抓住这种机遇、使挑战和威胁转变为机遇是至关重要的。

我们大家都知道，环境保护是世界各国都极为重视的世界性课题，日本松下公司为了适应这一环境的需要，建立了消除浪费、废物利用的产品体系，使生产电子零部件的原材料百分之百得到利用，并用废物制造成其他产品，取得了重大成果，给企业创造了丰厚的利润。再例如，人口结构变化，表现为独生子女多和老年化，而我国企业在玩具市场上注重抓住儿童市场，却忽略了老年人市场，但美国和日本对于老年人用品的生产已是热门话题，儿童与老年人市场同步开发。

再次，制定营销战略，最为关键的一步，选定目标市场，确定营销方案。选定目标市场、确立消费群体、确定营销方案，是整个营销战略最后的决定性的一步。

选定目标市场、确立消费群体、确定营销方案，就是指在经过前面所讲的调研、分析的基础上，整合分析数据分析决定企业要进入的市场、决定企业要发掘的消费群体与潜在消费群体、确立最终执行营销战略的实施方案。在这个过程中，企业必须要准确定位你的市场目标、产品销售对象以及如何进入市场、向消费者诉求你的产品的具体措施。营销战略的实施过程中，企业切忌"贪念"，即不可贪大，想要一口吞下整个市场；不可贪多，想要让所有的消费者都接受你的产品；不可贪利，对产品夸大其词，骗取消费者钱财。

概括而言，在营销战略的拟定和实施过程中，企业要做到明确目标市场、明确消费群体、明确实施步骤。

最后，要有一个保障营销战略顺利实施的管理体系，和挫折中扭转战机的求胜心态。

无论是一个多么完美的营销战略，在其实施的过程中都需要有一个有力的后盾支撑，这个支撑包括人力、物力、财力、智力、及科学有效的管理等多方面因素。同时，一个营销战略的实施不会是一帆风顺的，会在具体实施过程中遇到这样或那样的困难，此时，面对挫折与困难，企业要有坚定的信心、决心与毅力，积极克服困难，面对预计之外的问题，要及时补救、解决，切记半途而废。

黄金法则 74：清晰洞察市场变化，随时调整

在多种因素的作用下，市场会不时地发生变化，甚至瞬息万变，企业要确保品牌销售、营销成功，就必须洞察市场变化。而且，在当今市场经济环境中，市场不是缺乏，而是缺乏发现，市场中的商机不是不存在，而是缺乏发现商机的眼力。由此可见，提升发现市场的眼力，培养市场洞察力，是创二代创业成功的一个关键因素。

创二代，要做好懂得营销的接班人，就要懂得营销的秘诀所在。营销的对象是消费者，而存在消费者与商机的地方即为市场，市场是营销行为具体发生的场所，由此可见，市场的变化，对于营销和企业产品品牌的确立，有着至关重要的影响。

市场通常被描述为商品交换关系的总和，是体现供给与需求间矛盾的统一体。而营销学中，是站在企业这样一个微观的角度来认识市场的，创二代，必须从营销学出发，从企业的角度去分析市场，这是从参与市场交换的过程

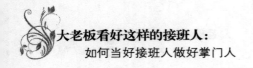

中来认知的。在多种因素的作用下，市场会不时地发生变化，甚至瞬息万变，企业要确保品牌销售、营销成功，就必须洞察市场变化，针对市场变化随时调整营销战略、与企业管理战略，以保证营销的有效性。

美国通用汽车公司的土星计划，就是顺应市场变化、调整营销战略的典型营销范例。在第一次能源危机后，日本汽车就开始大批进入美国市场，在号称"汽车王国"的美国大展雄风，并以省油、耐用、廉价、售后服务好的优势横扫北美市场。当时，全世界规模最大、市场占有率最高的美国通用汽车，销售量大幅度下降。通用公司董事长罗杰·史密斯迅速针对这一市场情况进行分析研究，实行了一项官僚组织与劳资结合计划，也就是土星计划。史密斯认为，针对现在的情况，要击倒日本，就必须加入到他们的行列。他认为要走出自己狭窄的圈子，要知道别人是怎么做的。因此，史密斯排除众议，加入了日本本田。接下来，史密斯破除官僚化无效率的层级组织，改变工序控制，实行生产设备在科技上的高度整合。最后，史密斯进行劳资结合重整，要求劳资双方一起工作，共同决策，共赢共损，资方不得任意遣散劳工，劳工不得动辄罢工。史密斯通过这些调整改变，美国通用汽车公司脱胎换骨，力挽狂澜，扭转乾坤。

可见，一个成功的企业领导人，必须具备敏锐的洞察力，当市场情形发生变化时，预测并面对冲突发生的可能，分析其潜在的根本原因，将预测、分析、解决相结合，及时调整，使可能发生的损失或已经发生的损失降低到最低程度。

成功企业领导人薛贵曾经说："从市场中成长起来的人，更具有危机感，也更具有前瞻性。"薛贵讲这句话的时候，既有感慨，也有思索。薛贵的这种市场化意识，是创二代企业领导人必须深思，并必须坚守的。

洞察力，也就是一个人观察事物的能力。这个能力的培养与提高是需要一个长期的积累过程的，这是领导人本身的睿智分析能力、知识综合能力、判断力等领导才干的综合体现。

　　首先洞察市场，就要了解影响市场变化的因素，敏锐的预测、分析所有可能发生的变化和已经发生的变化，在此基础上，预测市场变化将会给企业造成怎样的结果，并针对已经造成的结果和预测结果对企业决策作出积极调整。影响市场变化的因素包括国家相关政策、市场供求关系、国内国际环境、同行业与相关行业的发展变化、消费水平等等，总之可以引起市场变化的因素与原因是多种多样的，这需要企业领导者敏锐的观察，睿智而理想的判断。

　　其次，洞察市场变化，要有发现市场的能力。洞察市场变化，要对市场变化有一个明确的认识态度。对于企业而言，市场变化给企业带来的，是危机与机遇的并存，而且，在市场表象下会潜伏着更大的可以挖掘的商机。

　　关于市场营销，有这样一个非常经典的故事。一家美国制鞋企业派了一位推销员到非洲一个国家推销产品，这个推销员在到非洲不久后发回一份电报，说当地人都不穿鞋，没有销售市场。后来这家美国制鞋公司又派了一个推销员到该地，这位推销员则是兴高采烈地向公司报告：这里不生产鞋，有广阔的市场。同样是推销鞋，从没有市场到市场广阔，一切都没有改变，唯一不同的就是这两位推销员的市场眼力的高低。

　　在当今市场经济时代，市场不是缺乏，而是缺乏发现，市场中的商机不是不存在，而是缺乏发现商机的眼力。由此可见，提升发现市场的眼力，培养市场洞察力，是创二代创业成功的一个关键因素。

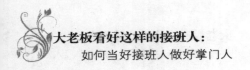

黄金法则 75：塑造企业形象

企业形象是企业的一种无形资产，企业形象对于企业发展的影响极为重大。企业形象的塑造可以形象到企业的发展方向、企业产品的竞争力、企业的内部凝聚力以及企业公众信誉与公关效应。早在 50 年代，欧美便提出了企业形象（CI／Corporate Identity）的概念，而企业形象的概念究竟是什么呢？一个良好的、优秀的企业形象又该如何塑造呢？

企业形象，是指人们通过企业的各种标志（产品特点、行销策略、人员风格等）而建立起来的对企业的总体印象，是企业文化建设的核心。企业形象是社会公众通过视觉、触觉、听觉所感受到的企业印象，包括社会公众和内部员工对企业的整体印象和总体评价。企业形象，是企业精神文化的一种外在表现形式，是社会公众与企业接触交往过程中所感受到的总体印象。著名学者沙尔托夫曾在《形象论》中这样论述："形象是作用而非事物，或者在某种情况下的意识、感觉和知觉，并不是脑海中简单投影出来的东西，它必须存在附属意识。"

企业形象是企业的一种无形资产，企业形象对于企业发展的影响极为重大。企业形象的塑造可以影响到企业的发展方向、企业产品的竞争力、企业的内部凝聚力以及企业公众信誉与公关效应。

早在 20 世纪 50 年代，欧美便提出了企业形象（CI／Corporate Identity）的概念，60 年代企业形象的概念进入日本并在日本得到丰富和发展，70 年代到80年代企业形象这一概念逐步形成世界潮流。自80年代开始，企业形象的概念开始在中国企业界实践并运行。自60年代开始，美国许多工商企业发现自己已经成为日益扩大的消费者运动的目标。由于消费者教育程度的提高，产品变得更加复杂更具有危险性，人们开始意识到消费者应该有安全、选择和申诉等权利，由此，人们就开始了保护消费者基本权益的运动，我们将其统称为消费者主义。随后美国许多私人消费者组织纷纷成立，并通过了若干消费者立法，许多州也成立了消费者事务办公室，消费者主义一时蔓延至其他各国，成为一种国际化的运动。针对这样的形势，行销学家纷纷发出"良好的企业形象是企业发展的重要资源"的口号。

由此可见，成功塑造企业形象，对于创二代而言，这是一项多么重要的无形资产。

要成功地塑造企业形象，首先，创二代要充分地理解企业形象这一概念的识别。企业形象（CI）由三大要素构成，即理念识别（MI）、行为识别（BI）、视觉识别（VI）。

第一，理念识别，是指企业经营的指导思想，包括企业的经营哲学、企业理念、企业价值观、企业信仰、企业的行为准则与企业的特性风格。理念识别是企业形象的核心基础。

第二，行为识别，是指一种动态的视觉识别，是通过动态行为活动传播企业理念的信息系统。是企业的经营管理、产品营销、公关交往、服务工作的具体综合体现。

第三，视觉识别，是指通过静态的视觉形象来传递企业信息的系统。例如企业的名称、商标、广告、徽章、办公环境、包装等。

因此，依据企业的识别理念，企业形象可分为企业理念形象、企业行为形象、企业视觉形象。同时，企业形象还可依据表达手段的不同划分为物质形象、人品形象、管理形象、礼仪礼节形象、社会公益形象。

在了解了企业形象的概念、重要性与企业形象的识别之后，我们的实战

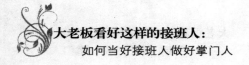
就是，塑造良好的企业形象。

一个司机在负责给一位小姐送货时因路上堵车迟到了 10 分钟，他急忙对这位小姐说："对不起，刚才遇上堵车。"小姐当时看了他一眼，并没有说什么。但当他赶回公司时，老板说："你被解雇了，你可以回家了。"这个司机感到十分困惑，老板此时提醒他，应该对客户说："对不起，这全是我的错——请您相信，不会再有第二次了。"原因就这么简单，公司雇员的处罚也就这么残酷无情，可以看出，雇员在为客户服务时的一举一动，一言一行对公司形象都极为重要。

第一，塑造良好的企业形象要培养企业的内在精神。内在精神指的是企业的精神风貌，是企业文化的一种综合表现。企业内在精神的历练，要求企业在树立良好的企业理念的同时，更为重要的是打造产品质量、讲求诚信。在此基础上，利用好传播及宣传渠道，做好企业形象的宣传。

例如，在前些年的抗洪救灾斗争中，众多企业以对社会高度负责的精神，踊跃捐款捐物，组织人员和设备帮助灾区重建家园，仅中央电视台第一次赈灾晚会就收到捐款 6 亿多元人民币。这些企业通过大众新闻媒体树立了自己的光辉形象。

第二，塑造良好的企业形象，要做好企业的外观形象建设。企业的外观形象包括企业名称、企业商标、企业徽章、企业环境设施。这要求在企业形象的设计时，要充分考虑到各种因素。

总之，塑造良好的企业形象，一方面可以形成企业内部的向心力、凝聚力，可以激发员工的工作热情，形成企业的自身竞争优势；另一方面，有利于打造自己的企业品牌、公众信誉、建立良好的公关关系、得到客户与消费群体的信赖。

黄金法则 76：突出竞争优势

　　田忌赛马的故事是我们耳熟能详的，其取得胜利的关键因素就在于成功运用了博弈关系学中的"优势竞争"理念，即以己之长攻彼之短。由此可见，突出自身的竞争优势，以优势抗衡博取获胜希望，是多么的至关重要。创二代，在当今的经济环境与社会环境中所面对竞争会更为激烈，比之于一些大企业，创二代在创业阶段其竞争实力肯定存在着弱势，因此，如何凸显自己的竞争优势，显得更为重要。

　　竞争，自然是企业营销与生存所不能回避的问题，从一个角度上讲，正是彼此间激烈的竞争构成了企业自身革新、打造品牌、不断发展前进的动力。面对竞争，创二代企业人要具有一个良好的心理素质，同时要具备在竞争中迎头而上的勇气与信心。但要在激烈的竞争中获取胜利，光有勇气、信心与毅力是远远不够的，必须要具备竞争的实力，而企业竞争的实力关键在于什么？其中，最为关键的莫过于优势竞争，你可以战胜别人的地方，是你的优势所在。在你的优势面前，对手就会处于劣势，用自己的长处与对手的短处相竞争，获胜几率自然是最高的。创二代，在当今的经济环境与社会环境中所面对的竞争会更为激烈，比之一些大企业，创二代在创业阶段其竞争实力肯定存在着弱势，因此，如何凸显自己的竞争优势，显得至关重要。

　　有这样一个盲人钢琴调音师的故事。这个盲人钢琴调音师是一个年轻的

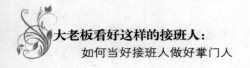

盲女孩，自幼失明，利用自己敏锐的听觉能力、克服了诸多困难，学习了钢琴调音的技术，而且由于她比一般人的听力更敏感，所以她的调音技术非常精湛。但是最初，因为眼盲障碍，很多人都不信任她，不愿请她去给自己心爱的钢琴调音。直到有一天一个客人因为好奇，便找到这个女孩，试问她眼睛看不见，是否真的可以做好钢琴调音。这个女孩说："我的眼睛虽然看不见，但我的听力是好的，而且我的听觉要比任何正常人的听觉都敏感，会比别人更能分辨音色与音差，如果您相信我，恳请您让我试一试，如果做不好，我不会收您钱的。"听了女孩的话，这个客人出于好奇也好，出于同情也好，最终决定带这个女孩回家试试。结果，女孩调音的效果让客人大为震惊，那钢琴的琴音在被女孩调试后美妙得不可言说。从此，女孩的事迹传开，很多个人与娱乐单位都找女孩去给钢琴调音。这个盲人钢琴调音师的成功，就在于她成功的利用并展示了自己的独特优势，实现了自己的人生价值。

竞争优势是一个企业在某些方面比其他的企业更能带来利润和效益的优势，包含技术、管理、品牌、劳动力成本、企业综合实力等多方面因素。

田忌赛马的故事，是我们大家都耳熟能详的。田忌赛马取得胜利的关键，除了以牺牲局部利益保全整体利益之外，其更为重要的就在于利用自己的竞争优势，打击对手的竞争劣势。在商业竞技场上，谁能最大地发掘、发挥自己的竞争优势，谁就将会是最终的胜利者。

雅戈尔就是以突出自己的品牌竞争优势而在服装领域取得优势发展的最佳案例。2001 年，在国内服装行业初尝"虚拟企业"战略，只保留品牌运作和研发设计时，雅戈尔利用自己的优势资源走上了产业链的发展道路。雅戈尔根据自己的地理优势、资源优势、技术优势以及自身积极开创的各种有利条件，逐步建立了自己庞大的产业链结构。当时，李宁、凡客诚品、美特斯邦威等都在专注于国内市场的服装业发展，而且发展得如火如荼，雅戈尔在对自己的优势资源进行综合分析后，逐步建立自己的产业链。雅戈尔从上游的棉花种植开始，到纺纱、织造、成衣生产，下游的营销渠道建立，聚焦消费者现实需求，以产品向最终消费品转化。经过多年努力，雅戈尔的产业链优势已具规模，并逐步建立起自己的棉花公司、水洗厂、纺织印染厂、辅料工业城、毛纺织染公司。将产业链结构拓宽、完善、整体化，巩固了原有的竞争优势的基础上，创造了新的竞争优势。雅戈尔依靠自己地理、自然、资源、技术等优势实力成功地构建了自己的产业链优势，使雅戈尔创造出不可估量的企业价值与企业利益。

首先，突出自己的竞争优势，一方面要对自身所拥有的综合资源进行有效分析，另一方面要对外部环境与竞争对手的情况进行准确地调查分析，将自身与外部进行综合对比，正确判断出自己的优势与劣势，对方的优势与劣势，在权衡比较间明确自身的竞争优势。即，审视内部与外部，权衡自身与对手，综观环境，确定自身的优势所在。如上面所讲述的雅戈尔案例中对于产业链竞争优势的确立。

同时，突出自己的竞争优势，要在已有的竞争优势基础上，发掘、创造新的竞争优势，以获取持久竞争优势。在当今的国际国内经济环境下，市场是变化的、环境是变化的、消费需求是变化的、竞争对手是变化的，要有稳固持久的竞争优势，就必须在原有的优势基础上继续改进，并创造出新的竞争优势，否则，你今天的优势，明天，也许就会被超越，你的一成不变在竞争对手的与时俱进中被市场淘汰。例如雅戈尔在后期对于产业链的巩固与创新对于自身优势的持久保证。在凸显自己的竞争优势时，保持持久的竞争优势比发现自身优势更值得重视。

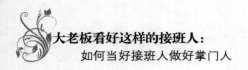

黄金法则 77：把信誉放在第一位

企业信誉，是企业取得长久发展、获取长期利益的绝密武器。具有良好的企业信誉，在竞争中，往往可以取到事半功倍的效果。尤其在当今这一个讲求诚信的社会中，信誉已是衡量一个人、一个企业的重要因素，无论是从一个自然人的角度出发，还是从一个企业人的角度出发，我们创二代都必须坚守将信誉放在第一位，信誉的丧失，导致的是人格与企业利益的双重丧失。

在前面的法则中，我们讲述过企业形象是企业的无形资产，这里，企业另一个至关重要的无形资产便是企业的信誉。企业信誉是企业在生产经营活动中所获得的社会公认的信用和名声。良好的企业信誉可以使企业在激烈的市场竞争中立足市场求得发展、获得竞争优势。创二代，在创业发展的过程中必须明白，塑造良好的企业信誉，是必须注重和着重解决的问题，在任何情况下，都要把信誉放在第一位。

1996 年，斯特恩商学院的名誉教授查尔斯·丰布兰对于企业信誉给出了明确定义：企业信誉是一个企业过去一切行为及结果的合成表现，这些行为及结果描述了企业向各类利益相关者提供有价值的产出能力。企业信誉包括企业的身份、守法情况、经营情况、产品质量、服务情况和银行信用情况等各种企业评判因素，企业信誉在企业运营与行销过程中具有极大的影响力。

企业信誉可以提高消费群体对于企业产品的信任度、促进产品销售、提高市场占有率；企业信誉可以提升公众对企业的信赖度、增强企业的融资能力；企业信誉可以赢得合作方的信任、降低交易成本；企业信誉可以提升企业有形资产的价值。总之，企业信誉，是企业取得长久发展、获取长期利益的绝密武器。具有良好的企业信誉，在竞争中，往往可以取到事半功倍的效果。

尤其，在当今这一个讲求诚信的社会中，信誉已是衡量一个人、一个企业的重要因素，无论是从一个自然人的角度出发，还是从一个企业人的角度出发，创二代，都必须坚守将信誉放在第一位，信誉的丧失，导致的是人格与企业利益的双重丧失。

央视的一个公益广告，相信大家都有印象。这个广告内容是这样的，一个小伙子在一个自行车存放处存了一辆自行车，然后离开去办事，直至很晚才回来。当时，时间很晚，而且天气很糟糕，刮着很大的风，一片寒冷、萧瑟的景象，这个时候，其他存车处的看守人都已回家。当这个小伙子紧裹外套，在寒冷中急急的赶来取车时，这个存车处的大部分自行车都已被取走了，而这个看守自行车的老太太依然在寒冷的大风中，畏缩地坐在栏杆下，等候这个取车的小伙子。这个小伙子当时误会看守的老太太是为了向其索要停车费，便很鄙夷地、不屑地扔过去五角钱，而此时，这个老太太却伸出冻得瑟瑟发抖的手，将这个小伙子遗忘的车钥匙交给了小伙子，小伙子顿时羞愧难当。因为诚信，这个自行车存车处看守人老太太足足在寒风中等候了小伙子数个小时，这样一件小事留给企业人的教育与思考是无限的。

我们来看一下世界 500 强的多家"百年企业"，它们无不在长期的过程中形成了良好的信誉，良好的信誉是它们持续发展的强大支撑平台。这些"百年企业"塑造的良好的企业信誉，促使它们做大、做强，使企业做得更为持久，形成了信誉与企业效益的良性循环。在这些"百年企业"发展过程中，信誉这样一个无形资产起到了至关重要的作用。在信誉这样一种无形资产变

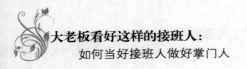

得越来越重要、越来越有影响力的环境、大背景下，企业必须将信誉放在第一位，才可促成企业的良性循环发展。

创二代，坚持将信誉放在第一位，必须要坚持做好以下几个方面。

第一，保证企业产品质量，塑造企业产品信誉。塑造企业产品信誉，首先是产品质量的保证，产品质量是企业生存的命脉，是企业人社会责任和社会道德的体现，产品质量问题有时不仅会危及自身企业，甚至会带来整个行业的危机。例如光明牛奶事件，引发了消费群体对于牛奶品牌的恐慌，对整个牛奶行业都造成不利。其次，产品信誉还表现为产品价格信誉，企业要以合理的标价满足消费群体的心理满足，不可乱标价。

第二，坚守企业服务精神，塑造企业服务信誉。服务信誉是指一个企业的服务精神的具体体现，表现为一个企业的服务质量，包括服务方式、服务态度、服务的及时性、服务的忠诚度等。

第三，不使用不正当竞争，塑造企业竞争信誉。企业在竞争中，要使用正当的竞争手段，杜绝一切诋毁、制造谣言、恶意伤害、恶性降价等不正当竞争手段，保证企业竞争信誉良好。

第四，讲求企业商业诚信，塑造企业商业信誉。商业信誉主要表现为企业与合作供应商之间的合作信誉，例如货款的结算问题等。在商业合作中，不可使用任何欺诈、隐瞒等手段来获取企业利益，尤其在货到付款问题上，无比坚守商业诚信，按照合同协议认真执行。

第五，塑造好其他企业信誉，包括财务信誉、银行信誉、遵纪守法的信誉以及缴纳税务的信誉等。

第六，当企业利益与信誉发生冲突时，要以保证信誉为先，要使企业利益服从于企业信誉。当企业利益与企业信誉矛盾时，牺牲暂时的企业利益，换来的是更为长远的企业发展和企业利益。

黄金法则 78：专注一心，收获硕果

中国著名企业家、阿里巴巴的创始人之一马云曾在一次演讲中说："昨天很残酷，今天更惨，明天很美好，而大部分死在昨天晚上。"我们常说，笑到最后的人才笑得最美；度过黑暗，才可看见朝阳，可见坚持、专注的无穷力量，心具杂念、半途而废的人，是永远也不会看见朝阳的，留给他们的将永远是黑暗。创二代，聪明的我们，会选择做"死在昨天晚上"的人吗？

曾国藩《家训·喻纪泽》中说："尔之短处，在言语欠钝讷，举止欠端重，看书不能深入，而作文不能峥嵘。若能从此三事上下一番苦功，进之以猛，持之以恒，不过一二年，自尔精进而不觉。"意思就是说你现在在语言、行为、知识等方面所欠缺的，只要你持之以恒地修进，很快，在不经意间你（曾经的欠缺之处）便可以取得极好的进步。这简短几句话所要告诉人们的道理就是，面对自身的缺点，面对所处的困境，不要气馁，持之以恒，专注一心，你便会取得进步，取得突破，取得成功。

创二代，在创业过程中，尤其在创业的初始阶段，由于自身管理经验不足、社会经验不足、知识局限性、阅历局限性、分析判断力较弱等自身的这种缺陷因素，由于外界竞争压力过大、公众质疑的存在、父母亲人的关注压力、一些破坏性的不正当竞争行为的发生等外界影响因素，在初始创业阶段，创二代在企业经营与市场营销中难免会遇到多种多样的困难，同时也会

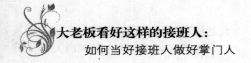

遇到各种影响判断力与既定发展目标的争议、诱惑，在这种情况下，切忌哀叹抱怨，半途而废，更不可轻易改变奋斗目标。既然选定了目标，就要持之以恒，专注一心，这样才能收获硕果。朝立夕改、心怀杂念是取得成功的大忌。

从古至今，成功的秘诀在于什么？成功的因素可能是多种的，但所有成功人士都具有一个共同的特性，就是专注，都有一种坚持不懈、不实现目的不回头的韧性，正是他们的这种优秀素质创造了让他们成功的机会。

大科学家牛顿，有一次请朋友吃饭，可是朋友来了之后，牛顿一直在实验室里专注一个试验，没有出来。过了很久，朋友见牛顿还是没有从实验室里出来，又不想进实验室去打扰牛顿，于是就自己将锅里煮好的鸡吃了。等朋友走后，又过了很久，牛顿从实验室里出来，准备吃饭，忽然看见了碗里的鸡骨头，于是笑着说："哦，原来我已经吃过了啊。"还有牛顿在做试验时，错把手表当作鸡蛋煮掉。牛顿，就是这样专注一心地试验，才使得他在科学领域建树了丰硕的成果。

张燕与王娟是在同一所大学毕业的同班同学，两个人也比较要好，毕业后，她们都不愿做既辛苦又唯老板之命是从的上班族，于是两个人都决定自己创业。张燕家里条件非常优越，父母都是生意人，于是张燕踌躇满志地要实现自己的"创二代"梦想，在父母的帮助下，张燕顺利地盘下了一家店面，经营鲜花、礼品。可是，开业初期，因为宣传还没有较好地发挥效力，生意就不很好，这时张燕心里就开始犯嘀咕，怀疑是不是项目选的有问题，而一些朋友也对她说，现在啊，鲜花礼品这种小店不好做，没有什么利润可赚，而且咱们这也不缺这样的小店啊。于是张燕内心就动摇了，低价甩掉部分存货后，开始改做奶茶、冰激凌、冷饮，虽然这样招揽了比之前更多的顾客，但因为这类生意要自己动手制作，张燕开始感觉厌烦了，认为这样琐碎繁杂的事情不适合自己做，这与辛苦上班、打工没有什么分别。于是张燕将店面盘了出去，重新选了一个店面做服装销售，因为开业初期顾客稀少，渐渐的张燕就对店铺经营失去了兴趣，只是坐在店里打发时间。这样几经折腾后，张燕的店铺一无进展，她的创业梦想依然遥遥无期。

而王娟因为资金有限，便自己在家里用电脑在淘宝注册了一家店铺，经营情侣装、亲情装系列。知道她做淘宝，朋友和家人也都给了她很多建议，有人说做服装，有人说做家居用品，有人说反正淘宝店不用实际空间，就门类齐全，什么都放。尤其在看到王娟开店初期，没有什么客流量，成交量也很小的情况下，有的朋友就开始劝王娟转行，说亲情装系列面对的消费群体小，不好做。可是王娟认为自己前期的调查和分析是正确的，自己就是要剑走偏锋，做亲情装。于是，王娟坚持了自己的决定，没有改变销售项目，并且每天专心在各个网站、论坛宣传，三个月后，她的淘宝店客流量与成交量大增，现在已经是钻级店铺了。

在张燕与王娟的对比中，我们很容易看到，她们成败的关键就在于是否做到了专注一心，持之以恒。

要做到专注一心，一、要具备持之以恒的毅力与战胜困难的信念；二、要坚定信念，不可左右动摇、三心二意；三、选择、确定目标之后，就要投入全部精力，排除万难，调动、发挥自身全部资源和力量尽全力做到最好。总之，你专注一心的付出、努力，一定会得到丰厚的回报，收获累累硕果。

第十四章　面对困境
做一个敢于面对困难的强者

　　莎士比亚说："在命运的颠沛中，最容易看出一个人的气节。"休谟说："顺境使我们的精力闲散无用，使我们感觉不到自己的力量，但是障碍却唤醒这种力量而加以运用。"困境，是所有人都不希冀出现的，而困境在一些情况下却是无以避免的。创二代，在面对困境时，我们能够尽显我们的执著本色、不屈不挠的气节吗？我们能够运用困境发掘我们的坚强、信念而后破除障碍吗？我希望我们大家都能够大声做出肯定的回答，并能够真正成为于困境中勇敢抬头、坚强拼搏的强者。我们的创业梦想很美好，我们的理想抱负很远大，我们的意念、信心、勇气要更加坚强、更加执著。创业路上不会一帆风顺，不会永远晴空万里，既然我们选择了，就要承担起这选择背后的一切可能，就要为梦想、为理想执著奋斗、勇往直前！创二代，用我们的实际行动，告诉对我们质疑的公众——在困难与挫折面前，我们是敢于面对困难的强者。我们能做到吗？

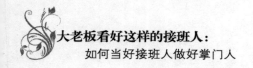
黄金法则 79：敢于承认失败，勇往直前

巴尔扎克说："世界上的事情永远不是绝对的，结果因人而异，苦难对于天才是一块垫脚石，对能干的人是一笔财富，对于弱者是一个万丈深渊。"人生的道路上充满风雨波折，创业的过程中也充满着风云变数，任何情况下，都没有一帆风顺的坦途，创二代，要成为成功的创业者，就要做敢于承认失败、勇往直前的强者。

爱迪生曾说："很多生活中的失败，是因为人们没有认识到，当他们放弃努力时，距离成功是多么近。"失败与成功的距离有多远呢？只是你勇往直前地向前迈进一步的距离。在失败面前，放弃这勇敢的一步的跨越，放弃的，就是走向成功的通道。

在生活中，在创业中，在各种情形下，困难是无处不在的，失败也是有可能会随时出现的。创二代，这以八零后为主体的青年，选择创业，你们做好面对失败、承认失败、踩着失败继续前进的准备了吗？这里，大家要听到的回答是肯定的，是你们能够大声的说："我们，做好了一切准备，包括承认失败的准备。"创二代，多数由于优越的家庭环境在成长过程中经历的挫折较少，因此对于失败的心理承受力会较弱，但当你们选择了创业，选择了成长与自我价值的实现，你们就要敢于接受任何结果，就要有将失败踩在脚下，大踏步前进的勇气与毅力。更何况，从另一方面讲，生活，同样要求每一个人都要在困境中坚强。敢于承认失败，勇往直前，是生活与创业对创二代的共同要求，生活与创业同时要求创二代要成为敢于面对困难、面对失败的强者。

首先，在失败面前，要敢于承认失败，正确认识失败。承认失败，寻找失败的根源，才会有重新取得成功的机会；回避失败，理想、目标、未来预期的美好都将成为这一次失败的殉葬品。

有这样一位中学数学教师，一次实习老师听课，在讲课时，教室里有三位同学趴在桌子上睡觉，对老师的的讲课根本没有在意。而这位数学老师也丝毫没有在意这三位同学的行为，没有立即叫醒他们或训斥、指责他们，而是若无其事地继续讲课。下课后，听课的实习老师非常困惑地问这位数学老师，说："学生在课上睡觉是违反课堂纪律的行为，为什么您没有在课堂上叫醒他们，反而若无其事？"这位数学老师回答是，学生之所以会在课堂上睡觉，一是因为学生已经会了，不需要再听了；二是说明自己的讲课失败，没有吸引学生继续停下去的兴趣。实习老师对于这位数学老师的话感悟颇深，后来，这位数学老师和实习老师都成为了本市的优秀教师。

在这个故事里，这位数学教师就及时地认识到自己的失败，而且勇敢地承认了自己的失败。的确，教师的讲课目标就是将自己掌握的知识转化为学生理解的过程，因为讲课方式的乏味等缺陷导致学生在课堂上睡觉，那么，讲解就是失败的。但是，有多少老师会面对这种情况的时候，意识到并承认这是自己教学失败的结果呢？这位数学老师意识到了，承认了，之后仔细、认真地分析了自己教学所存在的缺陷，改进了讲课方法与技巧，取得了教学事业的成功。

在面对失败时，要接受失败，勇往直前。聂荣臻说过："一个人在世界上真正办成一两件事情，不经过失败，不经过挫折，不花费较大的工夫是不可能成功的。"

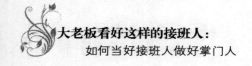
　　失败带给人的感觉总是痛苦的，任何人都不会真正从内心喜欢失败，但在失败面前，需要的不是眼泪，而是奋起的力量与勇气。一蹶不振之后陷入失败所带来的痛苦的深渊，陷入最终的真正的失败，勇往直前，才可继续攀登成功的峰顶。

　　同时，承认失败，勇往直前，要以良好心理素质、积极的人生态度对待失败，将失败当作人生的宝贵财富。

　　两个在沙漠中迷失的游人，当他们的行囊里只剩下了一口水，一个人说："天啊，我的只有这一口水了！"另一个人却说："上帝，我还有一口水呢！"结果是，第一个人在沮丧中死在了沙漠中；第二个人在希望中走出了沙漠。当他们同样处于失败的人生环境中时，他们所拥有的客观条件都是相同的，唯一不同的就是他们在逆境中的主观态度，就是这样不同的心理素质与不同的人生态度产生了生与死的截然不同的结果。巴尔扎克说："世界上的事情永远不是绝对的，结果因人而异，苦难对于天才是一块垫脚石，对能干的人是一笔财富，对于弱者是一个万丈深渊。"

　　失败，在你正确面对它，准确分析它的时候，它告诉你的是你现状的缺陷与不足，带给你的是丰富的经验与新生的机会，当你勇敢的走过失败，你收获的是梦想与成功。

　　人生的道路上充满着风雨波折，创业的过程中也充满着风云变数，任何情况下，都没有一帆风顺的坦途，创二代，要成为成功的创业者，就要做敢于承认失败、勇往直前的强者。

黄金法则 80：跌倒后迅速爬起来

　　"在哪里跌倒，就在哪里站起来"，这是一句我们大家都经常挂在口头的话。创二代，当我们在创业之路的坎坷中跌倒之后，必须要迅速地爬起来，因为我们是创业者，创业者是创造路的人。路是怎样来的？路是走出来的，是创造路的先锋人在无数次跌倒中摸索、创造出来的，我们就是这创业大军中的创路人、领路人，我们在为自己的理想创造路，也在为与我们有着同样理想的"创业梦想者"引领路，那么我们要如何做好这造路人呢？

　　鲁迅先生曾说："这世上本没有路，走的人多了也就成了路。"相信许多创二代，在选择创业的时候，家庭的有利经济条件支撑和对创业成功人士的羡慕，激发了自己强烈创业的欲望，萌生了走自主创业之路，实现人生价值的梦想。但是，有利的经济基础，并不是创业成功的唯一保证，在创业路上，很多条件与因素都会导致困难与挫折的出现，你所看到的成功创业人、成功企业人光芒四射的成功背后，也不是一帆风顺的，他们也是历尽千辛，经过无数坎坷波折才最终取得成功的。创业之路，不是一帆风顺，更不是平步青云，是靠双脚走过浅滩与荆棘，走过荒芜，走出一条阳光大道。

　　创二代，当你在创业之路的坎坷中跌倒之后，要做的是迅速爬起来。"在哪里跌倒，就在哪里站起来"，这是一句我们大家都经常挂在口头的话，创二代要成为成功的创业者，就必须将这句话作为自己的"座右铭"，在跌倒之后，迅速爬起来，看看致使自己跌倒的原因，扫除前进障碍，继续勇往直前。

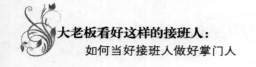

在大学生创业网有这样一个平凡而感人的创业故事，故事的主人公是一位叫做周严俊的残疾人。周严俊凭借 70 元起家，十年间拥有 200 万元资产，而天有不测风云，周严俊的 200 万元资产 4 天内在深圳股市化为乌有，之后，周严俊再次走上创业之路。

周严俊，在一岁半的时候患上了小儿麻痹症，从此便失去了自由行走的能力，后来他就靠着拐杖行走。他父亲是个篾匠，经常外出揽活，周严俊经常被寄放在邻里家中吃"百家饭"，他从小喜爱画画，经常一个人在院子里或者在废纸上画画，而且画得饶有兴致。十岁时，周严俊拄着拐杖开始了独立生活。父亲想让周严俊学点手艺以谋生路，便买了一台缝纫机给他，可是周严俊却痴迷画画，他画的东西惟妙惟肖，还经常给同学描摹小人书、给班级出板报。十八岁的时候，周严俊双脚动了两次大手术，而因此休学。从此，周严俊就双手拄着拐杖，背起画架，到处给人画画，一张画只卖两元至两元五角。二十岁时，周严俊退学，并萌生了创业的想法。这时，周严俊手中只有父亲给的 70 元钱。周严俊知道当地有个风俗，就是办喜事时盛行赠送画匾，于是周严俊决定依靠自己的特长做画匾生意。

到了县城之后，第一个月，周严俊因为没有足够的钱交房租，被房东扫地出门。而后，周严俊的遭遇与忠厚打动了第二个房东，低价租给他一间房子，还答应到年底再结算房租。就这样，周严俊扣除生活费，用剩余的钱买了玻璃、颜料、画框，有了自己的第一个小店。周严俊由低档次做到高档次、由小利润做到大利润，生意越来越好。三个月后，周严俊攒了些钱，便想扩大经营规模，借钱没有借到，失望的他远走广西。在广西柳州，周严俊发现了大商机，他敏锐地发现一种用通草做成的其貌不扬的立体匾额，是可以改进的新产品。于是将其进行研究、改进，改进后的立体匾额很快占领了湖南市场、广西市场，订货商络绎不绝。周严俊抓住机会扩大规模、收购厂房、雇用工人开始规模化生产。在此之后，周严俊以滚雪球般的方式一再扩大生产规模，形成 200 万元的资产。

三十岁时，周严俊在同学的鼓动下带着 200 万元到深圳炒股，由于当时对股市的一无所知，200 万元于四天内化为乌有。在血的教训下，周严俊没有沮丧、轻生、一蹶不振，他开始在深圳摆起地摊，一如当年一样以画画、做匾为生，同时利用空闲时间学习股票与股市知识。在他的不懈努力下，终于攒够了 10 万元。此时，周严俊重返股市，在曾经的沉痛教训下，这次周严俊对股市做了深刻研究，小有赢利。2001 年，周严俊成立工作室，帮人做股票投资理财，逐渐小有名气。2008 年 6 月，周严俊投资近 50 万元创办了一家艺术品厂。如今的周严俊，是成功的企业家，是小有名气的股票投资专家。

在这里，我们看看，周严俊他拥有什么？在幼年，他丧失了与正常人同等行走能力，在人生的一开始便跌倒在了起跑线上；在创业的过程中，他一再遭遇艰辛、坎坷，在创业初成的阶段却经历了一次血本无归的惨痛失败。周严俊没有快乐的童年，没有靓丽的青春，没有健康的身体，没有充实的经济基础，而就是这样的周严俊不到 20 岁独自办厂，24 岁开厂房，27 岁自创工艺美术绘画获国家专利，30 岁拥有百万资产。他成功的一个最为重要的因素就是面对挫折时敢于勇往直前的人生理念，在跌倒后，能够正视挫折，突破障碍，在跌倒的地方站起来，继续开拓。

与之相比，创二代，拥有了更多优越的条件，那么，创二代，更没有理由在挫折面前气馁，在跌倒的地方徘徊。

创二代，你们是创业者，创业者是创造路的人，你们不仅是在为自己的人生理想而奋斗，你们还承担着社会责任、家庭责任，在创业路上、在人生路上，要实现人生价值、承担社会责任，就要勇于挑战挫折。要永远记住，路是走出来的，是创造路的先锋人在无数次跌倒中摸索、创造出来的。

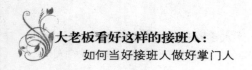

黄金法则 81：不屈不挠，
以错误为师

泰戈尔说："如果把所有的错误都关在门外的话，真理也要被关在门外了。"朗费罗说："我们有时从错误中学到的东西，可能比从美德中学到的还要多。"李斯特说："一时的失误不会毁掉一个性格坚强的人。"成功的企业创业者、领导人，无一不是在经历过数不胜数的错误之后，以错误为师，一步步走向成功的。因此，创二代，我们要在面对困难与失败时，以不屈不挠、勇往直前的精神，来面对错误，以错误为师，日益精进，向成功突破。

不屈不挠，即为在困难与压力面前不屈服，表现十分顽强。以错误为师，即为正确地认识错误，在错误中分析、寻找缺陷，吸取经验，让错误成为指导你走向成功的老师。

不屈不挠，以错误为师，是成功的创业者、企业人所必备的优秀品质。越是开拓创新、越是成功的人，所犯的错误越是比因循守旧、故步自封的人多许多，因为做事，就不可避免地会犯错误，不做事的人自然会没有多少可以犯错误的机会。正是在一步一步尝试中的这些错误，使得我们认识到自身与条件所存在的不足，使得我们思索、探索，使事情取得新一步的进展。成功的企业创业者、领导人，无一不是在经历过数不胜数的错误之后，以错误为师，一步步走向成功的。因此，创二代，要在面对困难与失败仍不屈不挠、勇往直前的同时，同样以不屈不挠的精神来面对错误，以错误为师，日益精进，向成功突破。

以错误为师，就是要求我们以正确的态度对待已经发生的错误，从错误中寻找导致错误发生的根本原因，从错误原因中吸取经验教训，即以错误为导向，总结、学习其所反射的正确理念与方式、方法，改进我们自身所存在的缺陷、完善我们自身知识结构与理念意识的不足，矫正其中所存在的错误因素。以错误为师，一方面要求我们把错误当做学习的机会，另一方面要求我们避免同样或类似错误的重复发生。

我们来看一个创业故事，故事的主人公李阳夫妻所经营的快餐小吃店就是在经历了最初的项目决策失误后，以错误为师，成功走出困境、走向成功的典型。

李阳在毕业后，与女朋友商议在市区的一条商业街上盘下了一家店面。对这个店，他曾多次进行过调查：原本夫妻店，经营面、米粉，主要产品为刀削面。生意不温不火，每天营业额400元左右。在经过调查后，李阳与女友花2.1万元接手小店（锅灶、桌椅、碗筷、瓢盆），另按每月1500元交了半年租金。倾其所有将自己3万多元积蓄全部投入，又请来两个亲戚打理。最初，李阳看好油茶，花500元让亲戚去学习。然后打出油茶的新店招牌。意想不到的是，不但油茶没有多少人吃，连原来吃刀削面的客人都走了。对于小店所陷入的困境，李阳与女友颇为焦急，他们意识到是自己当初决策失误，在选择小店主营项目上发生了错误，没有准确地定位消费者的心理需求。在他们二人意识到错误原因之后，重新进行了调研规划，依据这段营业期间的反映状况进行了仔细分析，在总结、分析的基础上重新进行了项目规划，增加了炒面、米粉、串串香等主营项目，而且特别增加了极受大众欢迎的小火锅。在项目调整后，不久，小店便客流量大增，生意红火，每天营业额平均可达500元左右。

在这个创业故事中，李阳与女友在经历了初期的项目选择错误后，没有

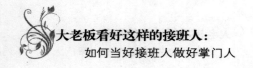

彼此抱怨，也没有因错误而导致的困境而失去信心，而是以积极的心态接受了错误，面对了错误，分析错误原因，寻求解决方法，最终在总结经验、吸取教训的基础上，制定了正确科学的项目选择方案，走出困境，赢得了成功。

哲学家说："错误是正确的先导。"错误总是令人不悦甚至懊悔的，可是对于聪明人而言，错误背后隐匿的总是正确走向成功秘诀。一方面，错误使人产生的懊悔，本身就是驱使人避免类似错误发生、小心提防的心理驱使力，这使人在日后的生活、工作中尽可能的避免了同类型的错误的发生，减少了正确引向成功的阻碍；另一方面，错误之所以发生，是因为某些不正确的因素的存在，善用分析的人总会在错误中找到自身、条件、方式等多方面因素所存在的缺陷与不足，并针对产生错误的原因有目标的改进，在错误中积累丰富的经验、获取丰富的知识，从而奠定了正确走向成功的基石。同时，一些错误的发生，对于善于思考的人来说，会带来意想不到的效果，产生意想不到的收获。IBM 创始人华特先生曾说过一句极端的话："成功的法则就是把犯错误的速度提高一倍。"可见，错误并不是可怕的东西，相反，对于渴望成功的人来说，错误是指导成功的老师，是保证成功的一笔宝贵财富。

创二代，要真正的做到在错误面前不屈不挠，以错误为师，一方面要以自身错误为师，在自己的错误中思考、总结、突破、创新；另一方面要以他人的错误为师，所谓"前车之鉴，后车之师"，对于他人的错误同样要多思考，在他人的错误中挖掘出自己可借鉴的因素。总之，在面对错误与失误时，一定要用睿智、聪明的头脑多思考，捕捉错误背后所隐匿的机会与财富。

泰戈尔说："如果把所有的错误都关在门外的话，真理也要被关在门外了。"

朗费罗说："我们有时从错误中学到的东西，可能比从美德中学到的还要多。"

李斯特说："一时的失误不会毁掉一个性格坚强的人。"

总之，创二代，在错误面前，要做一个内心坚强、善于思考的人。

黄金法则 82：只有不断进取，
才能立于不败

　　蜘蛛可以在两个屋檐间结出一张巨大的网，这是令观者瞠目结舌的壮举。蜘蛛不会飞翔，但蜘蛛可以把网结在空中，所依靠的是什么？无疑，蜘蛛能完成如此的壮举，所依靠的就是一种吃苦耐劳、勤奋不息的不断进取的奋斗精神。创二代，我们要在激烈的市场经济竞争中取得立足之地、谋求生存与发展，这样一种"蜘蛛结网"精神是必不可少的，我们能否使企业结出这样一张巨大的生存之网，我们如何去发扬这样一种"蜘蛛结网"精神？

　　《周易》中说："天行健，君子以自强不息。"意思就是说，作为君子，应该有坚强的意志，永不止息的奋斗精神，努力加强自我修养，完成并发展自己的学业或事业，能这样做才体现了天的意志，不辜负宇宙给予君子的职责和才能。创二代，是一代知识型人才，应该明白一个道理，做任何事都如逆水行舟，不进则退。在企业创业中，更为如此，只有不断进取，才能立于不败之地。

　　首先，不断进取，要求创二代不断创新，突破墨守成规与故步自封，不断调研市场、调研周边大环境、调研消费群体、调研竞争对手，不断研发新技术、新产品、新资源。以"新"于激烈的市场竞争中立足市场，谋求企业的长期发展。

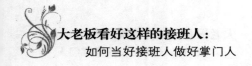
山东烟台制革有限公司，就是企业管理、经营不断创新的典范。山东烟台制革有限公司，是号称全国制革技术开发能力最强、高档花色品种最多的生产皮业。观看其不断进取的创新过程，带给我们无限思索。1998年，烟台制革公司所生产的仿绵羊服装革进行创新，比普通产品至少多了一平方尺，被世界认为是服装工艺的一次革命，这次成功的创新给烟台公司带来了颇为惊叹的新产品，打造了三大系列新品，生产出一系列舒适、可水洗、抗撕裂的高档皮革产品，这些革制品的特点是当时制革业的一个重大突破。之后的几年里，烟台制革公司又从生态制革入手，进行新的研发创新，同时进行制革工艺创新，在追求革制品的自身优质特性的同时，追求产品的工艺化、美观化、时尚化，并与生态发展相协调，取得了突破性的进展。其革制品广销国内、国外市场，出口率逐年提高，其极具质量、又极具个性化、人性化的产品颇受广大消费群体的喜爱。

山东烟台制革公司，快速而突破性的发展，关键就在于企业的破陈立新，不断进取，不断创新，紧密跟进市场环境、经济环境、人文环境、消费群体环境的变化与需求，实现突破创新，在激烈的市场竞争与行业竞争中创建了成功的企业神话。

另一方面，不断进取，要求创二代企业创业人不断完善自身，不断学习、钻研，用理论知识丰富自己的头脑，用实践经验提高自己的能力，不断武装自己，提高自身的综合素质与综合能力。这便要求创二代要具备一种"蜘蛛结网"的勤奋、刻苦精神。

蜘蛛善于结网。有人曾惊奇地发现一只蜘蛛在后院的两个屋檐间结了一个超大的网，中间有一丈之宽。这个人特别奇怪，不知道蜘蛛是怎样将这第一根线拉过去的，两个屋檐间如此宽的距离，蜘蛛又不会飞，它是如何做到的呢？后来，这个人发现，蜘蛛是走了许多弯路才实现目的的，它先是从屋檐的一个檐头开始，打结，顺墙而下，一步步向前爬，小心翼翼的翘起尾部，使丝不沾上地上的泥土与沙石，走过空地，再顺墙而上，爬上对面的檐头，

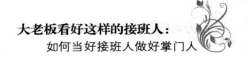

高度差不多了，再把丝收紧，蜘蛛就是这样反反复复地走过空地、爬过两面墙的高度，一根一根地拉丝结网。

蜘蛛不会飞翔，但蜘蛛可以把网结在空中，靠的就是一种吃苦耐劳、勤奋不息的不断进取的奋斗精神。一个获取最终胜利与成功的人，就是这样一只在空中结网的蜘蛛，不断进取是保证获取最终成功的必备因素。

同时，创二代要做到不断进取，就必须具备"铁杵成针"的坚定信念与耐力、毅力，要相信自己的意志。一个在生活与事业中取得巨大成功的人，一定具备超人的毅力与坚定的意志，这超人的毅力与坚定的意志是驱使一个人走向成功的巨大动力与无穷能源。无论任何情况下，要相信自己的意志。

古代有这样一个故事，春秋战国时，一位父亲和儿子带兵出征。父亲是将军，而儿子只是一个马前卒。当战鼓擂鸣、号角吹响，父亲拿出一个箭囊，箭囊里插着一支箭，父亲将其交给儿子，对儿子说："这是家袭宝贝，佩戴在身边力量无穷，但千万不可抽出来。"儿子得此精致而具有"无穷力量"的箭，兴奋不已。在战场上，儿子英姿飒爽，所向披靡，战绩斐然。后来，在有一次作战时，儿子依然英勇非凡，儿子一边作战一边揣测，这究竟是一支怎样的宝箭呢，可以具有如此无穷的力量？于是，在好奇心的驱使下，忘记了父亲的嘱托，从箭囊中抽出了这支箭，结果儿子惊奇的发现这是一支断箭。儿子以为是宝箭已断，自己没有了保护神与力量驱动力，瞬间万念俱灰，无法神勇起来，惨死在战场中。当父亲看到儿子因看见断箭而死，后悔不已，后悔自己不该用这支所谓的宝箭来鼓舞儿子的斗志。

聪明的我们都可明白，战场上前后判若两人的儿子，不是因为这支箭是否完整，而是儿子自己的毅力与意志，这支箭所赋予儿子的只是一种意念，而决定儿子胜负、生死的是他自己的意志。

人的生命是一个前进的过程，生活与创业，都需要人的目光向前看，人的行动向前跟进，只有不断进取、开拓创新，才可不被时代的洪流所淹没，才可立于不败之地，谋求长远发展。

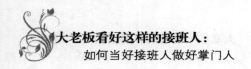
黄金法则 83：管理情绪，
变压力为动力

在现代社会的生存与发展中，青年一代所面临的社会压力已经是举不胜举，尤其创二代，要独自承担责任，开拓创业发展之路，这个过程中情感与心理所要承担的压力是不言而喻的，这是来自于社会、父母、自身积极客观环境条件、竞争、各种预测之外的情形等多方面因素产生的。而面对压力，我们又该何去何从呢？压力真的无以转变、无以消除、无以运用吗？

压力，就是身体对任何加诸其上的需求所带来的无固定形式的反应。压力包括心理方面的压力反应与生理方面的压力反应，会使人感到焦躁、不安、烦闷、沮丧等窒息感。无论是对人的身体健康还是对人的心理情绪都带来非常不利的负面影响，会影响到一个人的生活、工作、交际等很多个人活动。压力如果不能及时给予正确的调节，所造成的不良情绪如果不能及时有效地得到管理、转化，那么，压力很有可能成为冲击一个人生活与事业的隐匿杀手。

压力可以来自于多个方面，比如社会、家庭、期望、情感的落差、所处的困境、舆论与评判等各种社会与个人因素。在现代社会的生存与发展中，青年一代所面临的社会压力已经是举不胜举，尤其创二代，要独自承担责任，开拓创业发展之路，这个过程中情感与心理所要承担的压力是不言而喻的，这是来自于社会、父母、自身以及客观环境条件、竞争、各种预测之外的情形等多方面因素产生的。压力是无处、无时不在的，而压力虽然具有许多极为不利的负面影响，但压力的逼迫力有时会成为一个人的能量来源。如果一个人在压力中保持良好的心态，合理利用压力的逼迫力，将压力转换为动力，那么一个人就会获得无穷的力量，更为高效率地完成预期目标。因此，创二代就要学会在压力中，管理情绪，变压力为动力。

宋徽宗年间，有这样一个"高压成才"的小故事。宋朝皇帝宋徽宗，是一位特别喜欢书画而且对于书画还颇有造诣的一位皇帝，一天，宋徽宗问随从："天下何人画驴画的好啊？"随从一时答不出，退下去寻找善于画驴者的名字，慌乱与焦急中，得知一位叫做朱子明的人素有"驴画家"之称，便招朱子明来殿拜见宋徽宗。可是，朱子明并不是擅长画驴的画家，朱子明素来擅长描摹山水、花鸟，从未画过驴。所谓"驴画家"完全是同行玩笑间的戏称，并非因专长而起。朱子明得知皇帝要召见他进殿画驴，不禁万分着急，自己对于画驴一窍不通，但皇帝之命不可违，情急之下只可忍惊从静，镇静着苦练画驴技艺，先后画了数百张关于驴的画。结果，意料之外，朱子明所画的驴深得宋徽宗的赏识，于是朱子明成为真正的"驴画家"，成为天下第一画驴之人。

在这个故事中，朱子明在承受压力时，成功地管理了自己的情绪，将压力转化为动力，在压力的驱使下，成就了自己的事业。如何变压力为动力，至为重要。

首先，在遭遇压力时要有一个良好的心态与心理素质，不要使自己陷入压力所带来的不良情绪中，将不良情绪及时加以调节，按照自己的方式适当地放松、缓解情绪，比如听音乐、散步，不要一再去想压力所造就的负面结果，调转思维方向。通过对于情绪的管理，先使自己的神经系统、思维系统恢复松弛状态，而后，正确的处理压力、科学的解决压力所制造的问题，将压力转换为动力。当处于压力之中时，千万不可因为压力的存在而使思维混

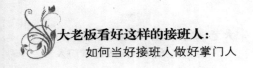
乱，要认清自己所面对的问题即压力所产生的根源。

压力，从某种角度上讲，可分为主观因素所制造的压力和客观因素所制造的压力。主观因素所制造的压力，主要是指自己的主观意识（例如顾虑、担心、失落感等情绪所引发的压力感），同时包括他人的主观意识（例如舆论、评判、期望等他人的主观想法给自己造成的压力感）；客观因素所制造的压力，是指自身与环境既定存在的客观事实，例如现实困难、条件限制、存在问题与缺陷等需要突破的障碍所导致的压力。创二代，在处于压力中时，要做到忽视主观压力，转换并解决客观压力。

压力即为动力，这一哲理，无论是从物理学的角度、还是从精神学的角度讲，都是极具科学意义的。处于压力之中，要破除万难，赢取胜利，就必须运用好"压力即为动力"的科学真理。

1920 年，美国一个 11 岁的男孩，在踢球时不小心将邻居家的玻璃窗户踢出一个洞，邻居索赔 12.5 美元。男孩自然没有钱赔付，便回到家中向父亲认错，向父亲借钱。父亲说："钱我可以先借给你，不过你要在一年后归还。"之后，男孩拿了父亲的钱赔付了邻居。这件事情之后，男孩就开始了艰苦的打工生涯。半年以后，男孩将 12.5 美元还给了父亲。在多年以后，这个男孩担任了美国总统，这个男孩就是赫赫有名的美国总统——里根。

管理情绪，变压力为动力，有一个很值得创二代学习的榜样就是杜拉拉。杜拉拉在职场与生活中的那样一种乐观、热情、有点"阿 Q"般的精神胜利法以及她在任何不利情形下都永远打不倒的"不倒翁"精神，是非常值得当今的创二代学习的。在竞争如此激烈的当今社会，各个方面、多种多样的压力是无可避免的，在创业中，创二代要承受的很可能是加倍的压力，在处于压力之中时，适当地运用一下"杜拉拉精神"，会对压力的转换有着意想不到的效果的。

黄金法则 84：坚定信心，永不放弃

高尔基说："只有满怀自信的人，才能在任何地方都怀有沉浸在生活中，并实现自己的意志"。信心，造就了"一切皆有可能"，坚守信心，挖掘信心所给你的无穷能量，放手去做，那么，我们首先便具备了成功的必要基础。坚持信心，永不放弃，我们要坚信"一切皆有可能"，因为信心就是我们心中指引光明、驱除黑暗的太阳。

信心（Faith）指的是一个人对自身信仰的坚定，可包括宗教与非宗教的信仰。信心是对于尚未见到的事物的信念和凭据，它包括相信和敢于将自己全付委托两个层面。在心理学上讲，信心是指对行为必定成功的信念。

苏格拉底说："一个人是否有成就只有看他是否具有自尊和自信两个条件。"足以见得，信心，对于一个人的人生发展有着多么至关重要的影响。信心在一个人成就事业的过程中具有无可估量的作用。

第一，信心，可以充分调动一个人的情绪。一个有信心的人，对任何事情都是心怀希望的，信心就像一个人心中的太阳，一个心中有太阳的人永远是会感觉到温暖与光明的，一个充满阳光的心境在任何时候都会乐观向上，都会有一个良好的情绪。

第二，信心，可以充分调动一个人的智力因素。一个有信心的人，在任何情况下都会相信自己的能力，更何况好的情绪会充分活跃人的思维能力，

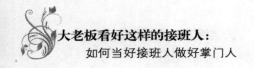

一个有信心的人，在很多场合中，智力因素都会得到较好地发挥。

第三，信心，可以激发人克服困难的心理。一个有信心的人，在面对任何困难、挫折的时候都会有可以战胜困难和挫折的信念，有信心的人对于理想目标在任何情况下都可以看到前景和光明，信心就是使一个人产生克服困难的勇气、毅力与信念的能动力。

总之，信心具有无穷的力量，他是一个人在任何情况下对于自身的一个能量加油站。创二代，要成为成功的接班人、企业人，信心是必不可少的，无论在任何情况、任何挫折与困难面前，都要坚定信心，永不放弃。信心的丧失，直接导致目标的放弃，最终导致的便是失败。甚至，信心的缺失，会使人无法正确估计形势与环境，做出错误的选择与决定，导致严重后果。

美国总统尼克松，在1972年竞选连任美国总统时，就是因为缺乏信心而导致了竞选的失败。由于尼克松任职美国总统期间，政绩斐然，所以当时大多数政治评论家的预测都是倾向尼克松的，都认为尼克松会以绝对的优势赢得竞选的胜利。但是，尼克松本人却对于这次竞选极度缺乏信心，他没有走出曾经几次失败的阴影，因此产生一种极度恐惧失败的心理。在这种缺乏信心、极度恐惧失败的心理的驱使下，尼克松干了一件极为愚蠢的事情，他派手下潜入竞选对手总部的水门饭店，在对手的办公室里安装了窃听器。这一恶性事件曝光后，尼克松连连阻止调查，推卸责任，在选举胜利不久后便因此而被迫辞职。

原本，尼克松的这次竞选是胜券稳操的，但就是因为尼克松极度缺乏当选的信心，而惨遭失败。

坚定信心，永不放弃，创二代就要坚信"一切皆有可能"。在任何不利形势面前，都要敢于挑战，勇往直前；在任何可能性机遇面前，都要及时出手，果敢、干练，不失时机。相信，做，即为成功的可能。

你能想象到一个严重口吃的患者最终成为世界销售冠军，成为著名的演讲大师吗？而吉拉德就造就了这样的奇迹。

汽车销售世界吉尼斯冠军乔·吉拉德，是世界上最伟大的销售员，连续12年荣登世界吉尼斯纪录大全世界销售第一的宝座。吉拉德，同时也是全球最受欢迎的演讲大师，曾为很多世界500强企业培训精英，传教自己营销的心得与宝贵经验。但是，在35岁以前，吉拉德却是一个名副其实的失败者，他患有口吃，而且相当严重，换过四十个工作，却一事无成，因生活所迫，吉拉德曾经做过小偷、开过赌场、背负一身债务。而吉拉德通过刻苦学习、积极训练，凭借超人的毅力与信念，仅用三年时间，就做到了世界第一，成为世界吉尼斯纪录所称颂的"世界上最伟大的营销员"。

高尔基说："只有满怀自信的人，才能在任何地方都怀有沉浸在生活中，并实现自己的意志。"信心，造就了"一切皆有可能"，坚守信心，挖掘信心所给你的无穷能量，放手去做，创二代，首先便具备了成功的必要基础。

信心的能量是无可估量的，但是，创二代坚守信心的同时，要特别注意：坚守信心，不是盲目自信。坚守信心，永不放弃，不是要盲目自信，不是自以为是。

所谓信心，要先使自己"心信"，即要找到可以使你相信自己的东西，要找到你的目标可以实现的基础，对于空中楼阁、海市蜃楼的虚体追求，无论你有怎样的信心也是难以实现的。坚守信心，永不放弃，需要对环境背景、自身条件等各方面因素进行综合分析，突破环境、突破自身，使不可能成为可能，也是同样需要现实基础的，比如吉拉德可以成为营销家、演讲家，虽然他是口吃但他不是哑巴。

同时，坚守信心，要懂得信心不是空谈，不是因为信心便认为有了结果，信心到结果的距离是个人的付出与实践所创造的路径，从无到有，从不可能到可能，不是因为信心与意念而"想"出来的，而是经过无数次的尝试、失败、再尝试而获得的。信心，需要用汗水的浇注才可开花结果。

总之，创二代，要做到坚守信心，永不言弃，但不能盲目自信、空谈自信，要以土壤、汗水的结合使信心这颗种子开花结果。

第十五章　认清风险
懂得机会与挑战共存

　　机会与挑战是一把并存的双刃剑。在现代市场经济环境中，商机无处不在，而与此同时，与商机并存的是与之同体而依的风险。而且，通常情况下，机会所潜在的利益与机会所依附的风险是正比关系存在的，就如同我们上树去摘取树上的一颗果子，那么我们在可能得到果子同时也面临着会从树上跌下来的风险，而一棵树的分枝越多、果子越多，我们在可能获取更多果子的同时，也因在各个分枝间攀爬所带来的更多从树上跌下来的风险。但是，我们不能因为有从树上跌下来的可能就不去摘取树上的果子，我们要做的是尽可能谨慎、小心避免从树上跌下来。同样，在企业面对机遇与挑战之时，我们不能因为风险的存在而不去争取、把握近在眼前的机会，企业要做的是通过有效分析来规避风险。那么，面对瞬息万变的经济市场，当机会与挑战如影随形时，我们要如何利用好机会与挑战并存的这样一把双刃剑，来为企业的发展道理劈荆斩棘？

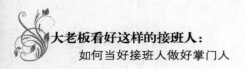

黄金法则 85：甘冒风险，接受变数

所谓天有不测风云，或成或败，风险与变数可能会随时发生。创二代，既然选择了创业之路，就要作好各方面的心理准备，包括甘冒风险、接受变数的心理准备。在任何情况下，都没有不存在任何风险的时机。一个成功的企业人，不会因为风险而放弃选择，面对机遇，应该做的是甘冒风险，迎接机遇。创二代，敢冒风险，接受变数，这是我们作为企业人所必备的心理素质与果敢风范，但如何做好风险与变数之间的权衡，则需要我们运用无穷的智慧。

生活，面对的情形是不确定的，所谓天有不测风云，或成或败，风险与变数可能会随时发生，无论做什么，都要作好各方面的心理准备，包括甘冒风险、接受变数的心理准备。

首先，甘冒风险。当机会与挑战共存时，要以清醒的头脑分析形势，把握时机，抓住机会。机会与挑战永远是相依而存的辩证关系，是一把双刃剑。创二代企业领导人，必须要充分认清机遇与风险相互依存的辩证关系，在任何情况下，都没有不存在任何风险的时机。任何一个时机与决策，对于企业来说都在实现预期利益的同时，具有相应的风险成本。一个成功的企业人，不会因为时机所存在的风险而放弃选择，面对机遇，应该做的是甘冒风险，迎接机遇，因风险而畏惧不前，终将一事无成。

　　有这样一个童话故事，传说在一个幽森茂密的森林深处，有一棵千年古树，长得十分奇异，这棵树上结有一颗千年红果，形似苹果，颜色鲜艳，吃到这颗果子的人可以青春永驻、长生不老。在结有这颗红果的树枝上栖居着一只金色百灵，身材灵巧，比麻雀还要娇小一点，全身羽毛都是金色，漂亮至极，光彩夺目，更为神奇的是它的叫声美妙至极，甚至能治百病。在距离森林很远的地方，有一个小王国，国王有三个女儿，国王和这三位公主以及整个王国的人知道有关这个森林的传说，也提及有人曾去探访过这个森林，但是通往森林深处的路险象环生，有猛兽，还有幽灵，谁都不曾到达过森林深处，更没有人找到这棵奇异的千年树。有一年，王后患了重病，在极度高烧中失去了视力与听觉，药石失灵。三个公主想到了这个传说，因为悲痛与对母亲的的爱的驱使，她们决定去森林寻找那只金色百灵。当她们经过长途跋涉，来到森林边缘时，一阵阴森恐怖的气息顿时袭来，二公主不禁退缩，说："这样森林太可怕了，那个传说会是真的吗？我可不想为了一个不知真假的传说去冒生命危险。"于是二公主转身走了，大公主与小公主继续前进。在渐渐进入森林深处时，幽灵的叫声与奇异的寒光开始在他们周围出现，而其夹杂着猛兽的叫声，面对这样的情形大公主也退缩了，转身走了。小公主为了医治母后，心想即使有一丝希望也要坚持下去。在进入森林深处的路口，这个森林的幽灵之神阻止了她，听她叙述了来因后，被小公主的孝心与毅力打动，便只给了她通往奇异之树的路径，并告诉她，不管听到任何声音都不要回头，一直向前走，便会安全到达。就这样，小公主成功地得到了千年红果和金色百灵，治好了母后，拥有了这颗千年红果。

　　在这个故事中，利益是巨大的，而所伴随的风险也是不可低估的。传说中的奇异之树或有或无是风险之一，森林的诡异对生命的威胁是风险之二，小公主的两个姐姐都因为害怕风险而选择了退避，只有小公主甘冒风险，最终得到了想要的东西。在创业中，机遇与风险的关系是与之同样的，而且

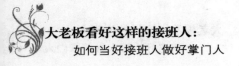

往往利益越大的机遇所要承担的风险越大，机遇利益与风险成本往往是成正比的关系。

面对机遇与风险，创二代要具有甘冒风险的精神，在风险面前不能畏惧，同时运用自己的聪明才智分析权衡利益与风险的关系，运用一切可用的手段、方式尽可能地规避风险或将风险成本降到最低。即要做到甘冒风险的同时，预测、降低风险。

再者，风险的发生有时是无可避免的，一旦风险真的发生，创业者要有接受变数的心理素质与勇气。甘冒风险，就要做好接受变数的心理准备，要对一切可能发生的情况都在心底"备案"，在任何情况下，都要有承受，接受任何结果的准备与素质。

某钢材公司，在一次市场开拓中，与合作对方签订了一项合作协议，其中有一项条款是对方提货时付款，对方当时因为情况特殊，说是因为暂时的资金周转无法按照20%的比例支付定金，只能按照10%的比例支付定金，并表示几天后会有货款到账，所以提货后一定尽快支付全额货款。当时这家钢材公司虽然估计到了提货后货款不能全额到账的风险，但为了拓展市场决定冒风险一试。结果，合作对方是一个诈骗团伙，在支付10%预付定金后，提货之后便杳无音信。这家钢材公司面对风险已成事实，没有在公司追究任何相关责任，而是以冷静的心态面对风险，一面报警，一面紧缩公司开支、调节规模，通过有效的方式控制了因大笔货款损失而给公司造成的危机。几个月后，这个诈骗团伙被警方抓获。

创二代在创业与经营的过程中，要清醒地意识到风险危机，要有甘冒风险的胆识，同时要具备接受变数的谋略。

黄金法则 86：时刻保持危机意识

我们知道对危机意识诠释得最充分的"青蛙法则"吗？创二代，我们在当今激烈的市场经济环境中，要清醒地理解，昨天和今天的成功与成绩不代表你永久的成功，在风云变幻莫测的市场经济环境下，危机四伏，变幻莫测，如果我们无法预知风险、无法警惕风云、无法做到未雨绸缪、防患于未然，就会成为"青蛙法则"中那只死于安乐的青蛙。

美国危机学家罗森塔尔说对危机的定义是：危机通常是指决策者的核心价值观念受到严重的威胁和挑战、有关信息很不充分、事态发展具有高度不确定性和需要迅捷决策等不利情境的汇聚。

孟子曰："生于忧患，死于安乐"，用今天的理念来理解这句古训，即为"危机意识"。创二代，在当今激烈的市场经济环境中，要清醒地理解，昨天和今天的成功与成绩不代表你永久的成功，在市场经济环境下，危机四伏，变幻莫测，只有时刻保持清醒的危机意识，才可谋求企业的长期的稳定发展，才可开拓企业更为辉煌的明天。居安思危，未雨绸缪，才可在面对任何变化与变数的情形下，化解危机，保证企业的发展。

对于危机意识诠释最为充分的青蛙法则是温水煮青蛙：把一只青蛙放在一个盛满凉水的容器里，然后慢慢地给容器加热，控制在每两天升温一度的状态。那么，即使水温到了 90℃——虽然这时青蛙几乎已经被煮熟了，它也不会主动从容器中跳出来。其实，这并不是因为青蛙本身的迟钝，事实上，

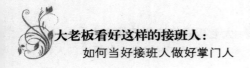
如果将一只青蛙突然扔进热水中，青蛙会马上一跃而起，逃离危险。青蛙对眼前的危险看得一清二楚，但对还没到来的危机却置之不理，无可避免地走向了死亡。

要保持危机意识，对危机提高警惕，首先，创二代要了解企业危机的大致类别，要从哪几个方面做好警惕、树立危机意识。

树立企业的前途危机意识。企业的发展有一个特定的成长过程，企业有自己的生命周期，在不同的成长阶段所面临着不同的考验与危机。企业成长可大概分为初建、发展、兴盛与衰亡这样几个阶段。在其中的每一个发展阶段都会有不同的起落程度，作为企业的管理人，要了解企业的现有发展状况、预测企业的未来发展状况，防止企业进入低谷状态，防止企业进入衰退周期。要及时根据外界环境的变化与企业自身的发展状况对企业管理战略进行相应调整，保证企业的长远利益的实现。

树立企业的产品危机意识。在竞争中，取胜的关键就在于营销的产品，尤其在同行业竞争中，同类产品的发展与创新都在日新月异的变化，创二代要使产品在行业竞争中处于有利的竞争地位，就必须时刻保持产品的危机意识，在产品的质量、价格、品牌方面不断根据市场情形、消费者需求以及同行业竞争标准做到及时有效的创新调整。今天，你的处于竞争优势的产品，明天就有可能被你的竞争对手赶超，要保证在激烈的竞争中取得优势，就要不断地进行企业产品的研发、改进，给企业品牌注入新的竞争血液。

第三，树立企业的市场危机意识。市场的供求关系、价值导向、产品需求、消费者需求都是无时无刻不在发生变化的，更何况，今天你所占领的市场明天就有可能为竞争对手所抢占，因此，创二代，在企业经营中必须做好市场危机防范。一方面巩固已有产品市场；另一方面，不断发掘、拓展新市场。这要求创二代，在营销战略的制定中以危机意识为导向，准确开发目标市场，在施行新的目标市场营销战略的同时，打好已有产品市场的保卫战。

第四，树立企业的人才危机意识。科技是第一生产力，人才是企业发展的血脉支撑。在当今市场经济下，企业的竞争已表现为人才的竞争，挖掘人才、培养人才、留住人才，才可保证企业的长期发展。一方面，在激烈的竞争中，你的人才流失，就是竞争对手的胜利，你对人才的不重视，使得人才外流，那么外流的人才对你的企业构成的就是潜在的威胁；另一方面，在防止人才外流的同时，要积极地挖掘人才、培养人才，做好员工的培训工作；同时，要以较好的企业形象、较好的企业信誉、较为合理的薪资待遇吸引人才。

第五，树立企业其他危机意识。这包括企业的财务危机、信誉危机、形象危机、人际关系危机等多方面一切影响企业发展的因素范畴。

保持危机意识，在树立企业危机意识的同时，要制定好企业危机管理方案。企业危机管理方案，即企业有效防范、化解企业危机的一系列综合有效管理措施与策略的系统部署。

对于一个企业来说，有效的公关危机管理可以防止危机的出现或改变危机发生的过程。实施公关危机管理时，应考虑以下几个方面的问题：检查所有可能造成公司与社会发生摩擦的问题和趋势；确定需要考虑的具体问题；估计这些问题对公司的生存与发展的潜在影响；确定公司对各种问题的应付态度；决定对一些需要解决的问题采取的行动方针；实施具体的解决方案和行动计划；不断监控行动结果；获取反馈信息，根据需要修正具体方案。

在美国阿拉斯加的一个自然保护区最初是鹿与狼共存的。为保护鹿不被狼吃掉，人们赶跑了所有的狼。不料，在和平安宁的环境中的鹿优哉游哉，不再快速奔跑，体质明显下降，不久，许多鹿便病死了。人们只得再把狼"请"回来。"请"狼回来以后，很快，鹿又生机焕发、充满活力了。

一个企业，要想永葆活力，谋求长远发展，实现长远利益，危机意识是必不可少的。

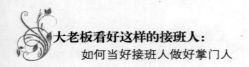
黄金法则 87：敢于冒险，而不是冒进

一位哲人在阐述冒险与冒进的区别时说："如果山上有一个洞，这个洞里有一箱珠宝，这个山洞里有一只狼，我们进去拿这箱珠宝就是在冒险；这个山洞里若是有一只虎，我们进去拿珠宝就是在冒进。而如果这个山洞里的不是一箱珠宝，而是一捆柴禾，那么即便这山洞里只有一只狗，我们进去也是在冒进。"那么在我们企业的经营管理、营销管理中，如何区分冒险与冒进，如何杜绝冒进行为呢？

冒险，是指不顾风险而从事某种活动，其理解侧重点在于承受风险、不顾危险。

冒进，是指超过客观情况的可能，作轻率地开始，急躁地进行，其理解侧重点在于不顾客观条件与具体情形、冒昧行进。

我们说，创二代在创业与经营管理的过程中，要甘冒风险，有冒险行进的勇气与信念，但绝非是指冒进而行。一位哲人在阐述冒险与冒进的区别时说："如果山上有一个洞，这个洞里有一箱珠宝，这个山洞里有一只狼，我们进去拿这箱珠宝就是在冒险；这个山洞里若是有一只虎，我们进去拿珠宝就是在冒进。而如果这个山洞里的不是一箱珠宝，而是捆柴禾，那么即便这山洞里只有一只狗，我们进去也是在冒进。"

在各种情况下，机遇与风险是并存的，冒险前进是以机遇利益为基础、以客观现实条件及风险防范措施为保障的状态下进行的。这个过程中，冒险的特点是：你所从事的某种活动有实际可获利益的存在，并且这个活动有可行性的实施基础与方案，对于与实际可获利益并存的风险部分，甘愿承受风险成本，即愿承受因风险所导致的不良结果与失败。而冒进，则是在缺少客观可行性基础的情况下，不策略、不谋略，不计后果的从事某种活动，在从事这个活动的过程中，无法判定有无实际可获利益的存在、或者存在的实际利益不具有可取性（即不具备利益可取的客观条件），在这种情形下没有风险防范即化解措施，忽视客观条件因素，冒昧行事，冒进是一种鲁莽、有勇无谋的莽撞行为，其结果就是直接导致恶性失败。简而言之，冒险是有益可获的勇者行为；冒进是无益可取的冲动行为。

杜绝冒进行为，除杜绝以上所讲述的利益获取的冒进行为之外，还要杜绝企业速度发展的冒进行为，即不可以"大跃进"的方式发展企业，要根据外部与自身条件寻求、等待、创造企业发展的最佳时机，不可无计划盲目的扩大规模、提升速度。

曾经，"体系内供应商"为丰田公司以天为基础的实时供货制得以顺利推行，"拉动式"实时供货系统由此闻名，为丰田造就了强大的竞争力。近年，丰田为了赶超通用，把主要精力都放在规模的急速扩张上。

2009 年 8 月底，丰田发生了在中国最大一次规模的召回事件，共涉及凯美瑞、雅力士、威驰、卡罗拉 4 个系列共 68.83 万辆汽车。这已经是 2009 年 4 月以来，丰田中国第三次大规模召回缺陷产品。2009 年 7 月，丰田北美公司又被控隐瞒和销毁了与 300 余起翻车致伤、致死的信息。截至 2009 年 3 月份，丰田亏损约 17 亿美元，这是丰田 71 年以来首度亏损。而这些都发生在丰田汽车夺得世界汽车销量冠军之后。丰田汽车的质量控制方式曾是世界标准。这次的"召回门"、"翻车门"让人们心态复杂。

"汽车人，变形，出发！"这是生于上世纪七八十年代人最熟悉的《变形金刚》里的经典台词。但在真实的汽车世界中，没有随心所欲的变形，更没有强大的拯救地球的力量。汽车巨头丰田在夺冠之后的好日子还没开始，就

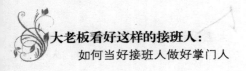

饱受召回、翻车、亏损带来的业界及市场的诟病。这家被视为"精益生产"代名词的汽车公司，在金融危机的狂潮渐渐退去后，慢慢显露出问题。

这都是超速惹的祸。姜汝祥介绍，丰田的传统策略是以客户需求为中心和出发点，然后开始设计研发和生产。这也让丰田赢得了"价格公道、质量好"的口碑。"这是典型日本人的做事风格，稳扎稳打、踏踏实实。"

1995 年，第一个非丰田家族成员奥田硕接管丰田以后，丰田的经营策略开始转变。丰田家族低调、保守、谨小慎微的行事作风几乎被彻底抛弃，全球化市场步伐提速。最近两年在丰田推行"日式涮涮锅"风格的喷漆系统不再靠慢慢拖动汽车、通过一个 115 英尺长的防腐底漆喷涂系统，而是由机器人手臂将车身抬起，然后快速在一个油漆池中浸一下，这样可以缩短了喷漆线的长度，节省了生产时间，但新系统的成本大约是传统工艺的 4 倍；丰田也加快了海外工厂的建设步伐：截至目前，丰田在北美已经有 8 家工厂。长期以来，它在北美的扩张主要依赖不停进入新的细分市场：SUV、豪华车型或大型皮卡。丰田不合时宜地投资 10 亿美元在圣安东尼奥修建了一座产能 20 万辆的皮卡工厂，但由于油价飞涨、经济危机爆发，使需求顿时减少，最终这项投资都反映在销售价格上。

丰田战略判断的失误在中国市场表现得更为明显。"丰田海外有 50% 的市场都在美国。""它有必要反思以往将大部分精力放在北美市场的全球战略。"而丰田对中国市场判断失误，迟迟进入中国市场也让丰田在中国市场的成绩差强人意。在 2009 年国内汽车消费政策的引导下，1.6L 排量及其以下车型的销量高达 70%，而丰田在中国市场的失策之举是主要推出了大型车，其中皇冠、锐志和凯美瑞等车受政策的影响，销量下滑。激进的丰田已经离丰田之道越来越远了，带来的直接影响就是质量控制的压力，而"召回门"、"翻车门"事件的核心问题就是质量。

有人说过这样一句话："适当的超前叫先进，过度的超前就成了先烈。"企业要快速成长需要成熟的条件与适当的时机。轻率、急躁的冒进行为，最终导致的将是企业利益的重大损失，甚至倒闭、破除。这一血的代价所铸就的惨痛教训我们只可作为"前车之鉴"，不可再因年轻气盛、血气方刚而"重蹈覆辙"。

黄金法则 88：自强者生，拼搏者进

德国哲学家尼采说："如果你想走到高处，就要使用自己的两条腿！不要让别人把你抬到高处；不要坐在别人的背上和头上。"创二代，我们是多么富有激情、富有活力、富有创造力的一代社会青年，而且正处于人生中拼搏进取的最佳时段，我们要做自主创业的先锋，就要做"用自己的两条腿"走向高处的自强者。"宝剑锋从磨砺出，梅花香自苦寒来"，唯有拼搏，才可搏出生机与辉煌。

《周易》中说："天行健，君子以自强不息。"讲人当自己努力向上，不要停止拼搏进取。

自强不息、拼搏进取是中华民族的传统美德，是创二代所必须继承和发扬光大的美德精神。尤其是在面对挫折、磨难、考验的时候，更应坚定信念，自强自立、拼搏进取。创二代是多么富有激情、富有活力、富有创造力的一代社会青年，而且正处于人生中拼搏进取的最佳时段，更没有理由倦怠不前，更没有理由在挫折面前止步。

德国哲学家尼采说："如果你想走到高处，就要使用自己的两条腿！不

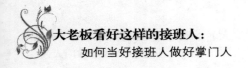

要让别人把你抬到高处；不要坐在别人的背上和头上。"

在当今社会中，为自强者，才可生。所谓弱肉强食，无论是生活、工作还是创业，面对激烈而残酷的现实竞争与生存发展压力，谋求自身生存发展、谋求自身价值实现的唯一途径就是自强，自强而自立，无法做到自强不息的人终究会被时代发展的潮流而淹没，更无法谈及事业的成就、创业的成功。一方面，自强不息、拼搏进取是生存与发展对于一个人的基本要求，人唯有做到自强，才可在竞争中自生、在困境中自立，才可完成自身的人生目标、实现自身的理想追求；另一方面，自强不息、拼搏进取是社会责任对于一个人的价值要求，作为社会成员，尤其是以八零后青年为主体的创二代，是未来国家建设发展的主力军，必须承担起所肩负的社会责任与建国使命，创二代唯有自强不息、拼搏进取才可为社会、为国家作出贡献，一个能够实现自己社会价值的人才可真正的实现自己的人生价值。

首先，自强不息，拼搏进取，要求创二代奋发图强、不断的自我完善。俄国化学家门捷列夫说："天才只意味着终身不懈的努力。"自我完善，即注重自身综合能力的培养，包括知识、技能、才干、思维能力等各方面素质的培养，同时还要认清自身的不足，改正缺点、弥补缺陷，这便要求创二代具有一种勤奋、刻苦的精神，与自我认知的能力。自身能力的完善，才可有拼搏进取的资本，才可谋求生存与发展，实现企业利益、自身价值、社会责任。

中国铁路事业的领军人詹天佑，在美国预习班留学时，目睹北美西欧的先进科学技术，对他们的机器、火车、轮船以及电信制造业的迅速发展赞叹不已，当时一起留学的学生中，有人见到中国与西方科技的如此巨大差异，对中国的经济与科技发展顿生悲观态度，认为落后的中国很难做到如此的突破。而詹天佑却不以为然，他怀着坚定的信念说："今后，中国也要有火车、轮船。"詹天佑怀着坚定的信念与责任感，刻苦钻研，1867 年以优异的成绩毕业于纽海文中学，同年考入耶鲁大学土木工程系，专攻铁路工程。他刻苦学习，以优异的成绩取得了毕业考试的第一名。1881 年，詹天佑获得学士学位，当时在 120 名回国的中国留学生中，只有两名获得了学士学位。回国以后，詹天佑为中国铁路事业的发展做出了巨大贡献。詹天佑就是在当时并不优越的留学环境下，凭借"头悬梁、锥刺股"的勤奋刻苦精神，自强、拼搏，才最终学有建树，终成大器。

同时，自强不息、拼搏进取，要求创二代在逆境中自强自立、永不言弃。美国总统尼克松说："命运给予我们的不是失望之酒，而是机会之杯。"逆境往往是造就人才的摇篮，不在逆境中永生，便在逆境中毁灭。自强者，在任何逆境中都可以生存；拼搏者在任何阻碍中都可以开拓出道路。而非自强者，不拼搏者，在风雨来时，便会如落花般零落归尘。

中国著名企业家李嘉诚，在成功面前，回顾创业之路，颇有感慨地说："从哲学的角度上讲，事物都是发展的。人的志向是从儿时的幻想演变到对以后成长中的实际情况的想法，也是一个纵向发展的过程，这其实涉及两个环境：其一是自己的理想所造就的；其二是现实生活所给你的。这两个环境是你无法抗拒的。它们相互斗争的过程，也是磨练意志的过程。就拿我自己来说，童年的时候，父亲教育我要学习礼仪或遵守诺言。而我呢，也受到父亲的熏陶，自小就很喜欢念书，而且很有上进心。那时候，我就暗暗地发誓，要像父亲一样做一名桃李满天下的博学多知的教师。但是由于环境的改变，贫困生活迫使我孕育一股更为强烈的斗志，就是要赚钱。可以说，我拼命工作的原动力就是随着环境的变迁而来的。"李嘉诚总结说，自己之所以走上经商之路，很大一部分原因是因为环境所迫。李嘉诚自小经历了日本侵华时的举家逃难、家庭的贫苦艰辛、辍学谋生的艰难，在创业的开始做过茶楼的伙计，做过背着大包四处奔波的推销员，经历了数不胜数的辛酸、磨难、挫折，以超人的毅力奋斗不息。李嘉诚就这样从一个食不果腹的少年，经过自己的苦苦打拼，终于建立了自己的商业帝国。

所谓"宝剑锋从磨砺出，梅花香自苦寒来"。唯有拼搏，才可搏出生机与

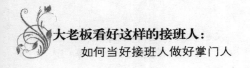

辉煌；自强者，才可生。

黄金法则 89：细分市场，有的放矢

市场，是企业发生营销行为、实现企业利益的场所，细分市场这一概念在 20 世纪 50 年代中期提出，之后便在营销实践中起到了无以估算的效应，市场细分已成为企业营销战略的重要战略之一，对企业利益的实现具有巨大的影响作用。怎样理解市场细分的特征与原理，怎样制定有效的市场细分战略、有效运用市场细分战略，是我们创二代所必须学习、了解、运用的。那么，细分市场思想，究竟是怎样的理念呢？

美国市场学家温德尔·史密斯于 20 世纪 50 年代中期提出市场细分的概念，市场细分是指营销者通过市场调研，依据消费者的需要和欲望、购买行为和购买习惯等方面的差异，把某一产品的市场整体划分为若干消费者群体的市场分类过程。每一个消费者群体就是一个细分市场，每一个细分市场都是具有类似需求倾向的消费者构成的群体。

创二代在企业生产与营销中必须要充分理解并掌握细分市场的理念、依据、方法，做到准确而有效的市场细分，因为市场细分在企业营销中具有着至为重要的作用。市场细分在企业的生产、营销过程中，起着积极的推动作用。

第一，市场细分是市场营销战略制订中的一个关键环节，市场细分有利于目标市场的选择和市场营销战略的制订。

第二，市场细分实现有效营销的保证，有利于发现市场营销机会。市场细分可以实现有针对性的目标营销，起到有效实现营销利益的作用，同时，市场细分有利于新市场的发掘与开拓，扩大市场占有率。

第三，市场细分能更为有效的提高企业的竞争力，有效提高企业与竞争对手在激烈的竞争角逐中的抗衡力。

第四，市场细分有利于有效的集中企业的人力、物力、财力投入目标市场，促使企业经济效益高效率的实现，同时可以使企业扬长避短、尽可能地发挥自身优势，在企业营销与市场竞争中做到游刃有余。

总之，因为市场细分，是通过对市场供求与消费者需求、具体环境差异、消费者喜好偏差等各方面客观因素的综合调查分析，对目标市场作出更为准确、细致的差异划分，依据市场细分的目标市场的独特需求调整企业产品结构、增加企业产品特色、打造企业产品品牌、提升了企业产品的竞争能力，提升了企业产品的市场占有率，因而在企业的生产与营销过程中有利于企业成本的有效、准确投入，有效提升了企业成本的边际效益生产，节省企业资源，更为有效的促进企业积极利益的实现。

首先，做好市场细分市场，要在掌握市场细分理念的基础上，掌握市场细分的依据与原理。我们知道，市场是商品交换关系的总和，正因为其消费群体的异质需求的存在，所以我们才有了对其进行细分的基础与依据，而企业自身在不同方面所具备的优势条件，则形成了对市场进行细分的实现可能性的保证，从而我们可以明确，进行市场细分的依据是消费群体的异质需求与企业自身的优势资源，而非空架于这两者之上的企业产品特点，即企业产品的类别不作为细分市场的依据与主导。

简单的讲，细分市场不是依据企业产品的品种与系列来进行，而是从消费者的角度进行划分的，是根据消费者需求、动机、购买行为的多元性和差异性来划分的。同时，进行市场细分，要与企业自身的生产经营能力、资源

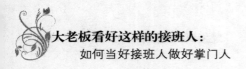
等优势相结合，确保细分市场营销的可行性、企业利益的可实现性。

其次，做好市场细分，要在理解市场细分的依据的同时，掌握并灵活运用细分市场的方法，即如何进行市场细分。

第一，选定目标市场、确定企业产品营销范围。企业对于自己的产品，要明确知道在这个产品行业中的可营销的市场范围，并以此作为制订营销战略的依据。

第二，调查分析市场范围中消费群体与潜在消费群体的心理需求，明确广泛的消费群体中具有异质消费需求的消费群体类别，企业可依据地理、人口、年龄、性别、喜好等多方面因素进行综合分析。

第三，根据所获取的消费者异质需求制订具体的营销方案与生产方案，调整企业产品的生产结构与品牌、特殊的打造。

第四，仔细而详尽的调研与科学正确的分析是做好细分市场的保障。企业在进行市场细分时，务必掌握正确而详尽的调研资料，任何一项信息的偏差与失误都有可能导致市场细分的失败。

总之，在企业的生产与营销中，做好市场的细分，才可做到营销战略的有的放矢，有效实现企业利益。

黄金法则 90：成功青睐有准备的人

"临渊羡鱼，不如退而结网"，因为机会总是垂青有准备的人，而有准备的人在机会降临时才会及时抓住机会，开拓成功。在通常情况下，有准备的人才可以在困境与意外状况中更好的突破障碍，化解危机。伟人说："人生伟业的建立，不在能知，乃在能行"，我们要成为成功所青睐的对象，就必须先成为为之进行充分准备的人。

香港著名推销商冯两努说："世界会向那些有目标和远见的人让路。"

自古云："凡事预则立，不预则废。"真知与实践证明，成功只青睐于有准备的人，所谓有备而战，攻无不克；无备而攻，战则必败。任何一个成功的人士，他的成功都不是无为而降的，成功，是一个人在做了大量的准备工作（包括知识储备、能力培养、洞察预测等）而构建了通向成功的天梯。创二代要真正意识到，"无为"是成功的死敌，只有有备之人，才可一步步接近成功。

"临渊羡鱼，不如退而结网"，因为机会总是垂青有准备的人，而有准备的人在机会降临时才会及时地抓住机会，开拓成功。伯乐赏识千里马，如果将机会比喻成伯乐，那么机会发现你、垂爱你的前提是——首先你必须是千里马。而你"千里马"的才能并不是一个人与生具赋的，这个后天的不断培养与炼铸的过程就是一个人的准备过程，无备而无才，无才而无"伯乐"之

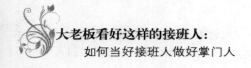
爱。

在伯乐（机会）与千里马（你的成功）相互认同的实现，即你的机会与成功的契合，无非是通过两种途径：一、伯乐先发现了千里马，即所谓的机会"从天而降"，也即机会选择了你，而他的首要前提是你是千里马，即你的能力与才干得到了环境或他人的认同，这则需要你为成为千里马而作以长期的准备；二、你在伯乐发现你之前先发现了伯乐，即机会出现，那么你要让伯乐"爱上"你，即你要恰如时机地抓住机会，则要求你具备抓住机会、利用机会的能力，具备将机会转化为成功的能力，而这个能力的培养也是通过长期的准备而形成的。总之，一个无备之人，在机会面前无疑是错失机会，与成功擦肩而过。只有使自己成为"千里马"的人，才可以在恰当的时机牵住自己的"伯乐"的手，走向成功。

胡静娴在华盛顿大学就读时，就将目标定为金融学，渴望进入美国个大投资银行。但是她很清楚，这是一件多么困难、成功机率是多么微小的事情。于是，在读书期间，她除了刻苦完成学校的学习任务外，还读了大量关于关于经济投资、美国经济投资的书籍，并研究了与美国大投资银行相关的大量资料，而且及时了解美国大投资银行的发展动态。之后，在毕业前的实习阶段，胡静娴清楚地认识到要想取得成功人际关系是多么的重要，于是她在实习期间，在他人都因就业而敌对竞争的情况下，胡静娴从无因就职与任何人故意竞争，而是主动地帮助每一个需要帮助的实习生，因为她知道这种竞争对于人际影响会产生不良效果，因此，实习单位与实习学生对她的评价都相当好。2006 年，在即将毕业之时，胡静娴对未来的就职、面试做了详细而科学的规划，同时拜访了华盛顿大学的校友，通过他们的推荐认识了一些资深投资专家，这与这些校友与专家的交流中，她了解了大量关于美国投资银行界的"情报"。每天晚上，她还对着镜子练习，为面试做了充分的准备。最后，胡，这个东方女子的谈吐、才学，仪表等各方面的表现使各招聘人员与领导颇为赞叹，美国美林、瑞士信贷和摩根大通都向胡婧娴敞开了大门，胡婧娴最后选择了摩根大通。

胡静娴的成功，正是依靠自己的充分准备，才搭起了通往成功的天梯。

成功青睐于有准备的人，通常，有准备的人才可以在困境与意外状况中更好的突破障碍，化解危机。

有这样一个故事，古代有两个茶商，他们经常在一起交流，是很好的朋友。一天这两个茶商约好去邻县的商业区视察行情，早晨阳光明媚，天气特别好，当他们在城门口会合时，茶商甲见茶商乙背着蓑衣与遮盖茶箱的草帘，不觉取笑道："老兄，这么好的天气，你带这些劳什子做什么？"茶商乙只是笑了笑，没有说什么。当他们在邻县的市场包好摊铺后，时将上午，天空忽然乌云密布，下起阵雨来。茶商乙因为有"未雨绸缪"的准备，茶叶丝毫无损，自己也未被雨淋湿，而茶商甲的茶叶却全部被雨水浸泡。

这个小故事中，两个人就因为是否做了预期的准备，而在突发状况中遭遇了不同的结果。茶商甲，因为准备不足，而遭受损失；茶商乙因为准备充分而化解了意外状况所带来的危机。由此可见，未雨绸缪，充分的准备是何等的重要。

成功青睐于有准备的人，不是成功从天而降，选择了有准备的人；而是有准备的人更具备接近成功、走向成功的基础。伟人说："人生伟业的建立，不在能知，乃在能行"。要实现梦想，心怀远大的理想与抱负，赢得成功的必备因素不是我们对宏伟蓝图的设想有多么完美，而是我们为这宏伟蓝图的实现准备了多少、实践了多少。创二代，要取得创业的成功，就要时刻记住，准备赢得一切！

第十六章　放眼未来

让辉煌继续下去

　　机会在何处？未来在何处？我们企业的明天在何处？这是创二代在企业创业阶段与发展阶段的每一时刻都必须要思考的问题，无论在任何情况下，我们都必须保持清醒的意识：有远见者方可得天下。如果我们不想如寒号鸟般再一日日地得过且过、居安而不知思危的意识与行动的双重懒惰夹击中死亡，我们就要具有高瞻远瞩的战略思想，挖掘机会，创造机会，一步步、一级级地为明天的发展创造登极辉煌的天梯。创二代，我们的创业梦想是在创业取得初步成功的初始阶段戛然而止，还是想向未来挑战，建筑我们理想与人生的辉煌？如果我们的梦想是执着而坚定的，如果我们不想成为公众所评判的"拿着父辈的资金玩创业游戏"的质疑对象，我们就放手开拓一片属于我们自己的天空。而前提是，在放手之前，必须先"放眼"，只有"放眼"才可发现机会，发现道路，认定我们前进的目标与方向。创二代，让我们以执着、以能力、以才干、以智慧与敏锐放眼未来，将辉煌进行到底。

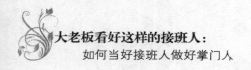
黄金法则 91：步步为营，稳中求胜

很多时候，尤其在创业初期，求胜心切，会是我们创二代所共有的一种求功心理，而急功近利往往会导致适得其反的不良结果。企业从创业到发展，就如同一粒种子的发芽、破土、成长、开花、结果，这一培育的过程需要我们步步为营，充分准备，否则会导致"拔苗助长"的严重恶果。

《三国演义》中说："可激劝士卒，拔寨前进，步步为营，诱渊来战而擒之。"强调的就是稳扎稳打，积石成城，稳中求胜。步步为营的最大忌讳就是非理性的跃进行为，即切忌操之过急。

在企业的经营与决策、战略出击中，步步为营的重要性不言而喻。鲁莽行事的结果是什么？自然是失误与错误，直接会危及企业的发展命运、甚至是生死存亡。企业的每一个决策都是决定企业利益与企业命运的关键，没有精确的思考，充分的准备，科学的合理分析，与现实而可行性条件的积累，是无法保证一个决策的有效实施的，而其很有可能会因为缺乏充分的准备与周密的部署而给企业发展与企业利益造成恶性结果。

创二代是激情燃烧的一代青年，是意气奋发的一代有为青年在激情与斗志的综合作用下，难免会做出冲动性的抉择，但我们要知道，这哪怕只有一点的"冲动性"也是企业发展的大忌。生活中需要激情时，我们固然可以激情，但创业中需要谨慎时，我们必须谨慎。步步为营、稳中求胜，才可保证企业这艘航船在汪洋之中不偏离航道，减少触礁的风险。尤其在创业初期，求胜心急切的创二代，难免有一种期盼企业迅速成长的欲望，但期望归期望，行动上万不可出现"拔苗助长"的愚蠢行动，不计现实的催促企业成长，其行为与结果就是"拔苗助长"。

一方面，步步为营的意义在于不冒失前进，不鲁莽行事，即在决策中谨慎行事；另一方面，步步为营的意义在于，有备而战，做好长远发展规划，包括企业的长远发展战略、企业的各种风险防范、企业的现实条件发展与创造、企业人才的培养、技术的革新以及企业管理者自身素质与能力的培养与提升等多方面积累工作。

总体来说，创业，不是想做就做，想如何操控就如何操控，要有充分的准备，合理的规划，有目标有步骤的实施，不是凭着一腔热血想如何就如何。在校大学生胡腾的创业失败就是血的教训。

2000年9月，胡腾以优异的成绩考进了北京师范大学国际贸易专业。由于毕业后一直没有找到合适的工作，胡腾内心便产生了创业的冲动。2003年7月，胡腾详细写了一份筹办公司的计划书，然而深谙市场风险的父母坚决反对。父母这关没有通过，胡腾便找到姨父谈了自己的想法，姨父被胡腾创业的激情所感动，决定支援他3万元。在姨父的游说下，胡腾的父母终于松了口，给了他5万元的创业资金。于是胡腾便在武汉成立了一家公司。首先胡腾找了两个大学同学来做助理，又在一些高校聘请了24名代理，每月工资是200元的底薪，外加每张0.1元的传单派送费，他是按北京的通行价格来实施的，在实际运作中，胡腾才发现，按当地标准，这些工作仅需50元的底薪便足够了。之后，为了扩大公司的宣传面，便开始决定做广告和印宣传单。可是由于对宣传单的印刷与费用的不了解，8000元的预算仅印制了3种宣传品，而当时，其他公司8000元要印刷至少六七种宣传品。之后，胡腾因为一连决策失误，不禁有些慌乱，盲目地在学校招学生做代销，可是学生或者不敢来，或者拿了底薪后无法给公司带来预期利益。就这样一波三折，加之当初在武汉租办公楼、近半年之久的生活费、公关费，胡腾的创业资金便基本

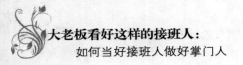

所剩无几了。在不得已的情形下，胡腾只好离开武汉，回到北京。这次创业失败，给胡腾造成了严重的打击。

在胡腾的整个创业过程中，一直没有一个明确的发展计划，没有详细的企业规划，甚至极度缺乏对于相关资料的调查与了解。例如，胡腾给代理的底薪与提层，没有事先了解武汉的相关薪资标准；再如胡腾的宣传品印制的费用支付，也没有对于相关行情做个调查了解。在创业的后起阶段，胡腾因为前期的不顺给心理造成的负面影响，盲目行事，导致了公司利益无法实现。胡腾的整个创业过程，都缺乏周密的准备，详细的规划，而且在缺乏准备的基础上冒昧行事，严重违背了"步步为营、稳中求胜"的创业必备因素的要求。

从本质上讲，胡腾并不知道自己准备做什么，也不知道自己准备怎么做，更没有做以准备，从而导致了最终的失败。胡腾的教训深刻的，留给我们的创二代的思考更是深远的。

任何事情的发展都有一个过程，就如同一粒种子的发芽、破土、成长、开花、结果，这需要一个过程，而我们作为这粒种子的培育人，要做的是在这个过程中积极的有步骤的给它灌溉、施肥、除草，之后是等待最后的丰收。在这个成长的过程中，我们在任何一个步骤没有准备，在任何一个环节出现失误，在等待的过程中"拔苗助长"，导致的就是辛苦培育的失败。步步为营，稳中求胜，才是创业发展过程中走向成功的必循法则。

黄金法则 92：机会无处不在，
有远见者得天下

作家乔治·巴纳说："远见是在心中浮现的将来的事物可能或者应该是什么样子的图画。"机会无处不在，但机会永远不会以"天上掉馅饼"的形式直接落入我们的囊中。获取机会，需要我们对机会的敏锐认知、不失时机的把握。而远见，是瞄准机会的"检测器"，是我们发掘机会的"法眼"。

巴克斯顿说："在人生中，也和国际象棋一样，能聪明地预见的人才能获胜。"

人生中，机会无处不在，但机会不是直接显露于人的，需要人以独到的眼光与敏锐的思维去发掘机会、把握机会，即要求人要具有发掘机会的潜质与眼光。创业，更为如此，在机遇与挑战并存的国内、国际经济市场，如何发掘商机、把握生机尤为重要，这便要求我们创二代在创业与企业的经营发展中，独具慧眼，高瞻远瞩，放眼天下与未来，做到对企业、大经济环境的现状与未来的预测、分析、判断、有效做好企业的长远规划，才可更为有效的利用市场经济资源与企业自身资源，保证企业的长远发展。即高瞻远瞩，做有远见的企业管理人，以远瞩之见发掘潜在的市场商机。

在 1985 年，英国牛津大学发生了一件重大的事件，校方在一次工程检查

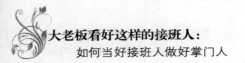

后，发现具有350年历史的学校大会堂的安全性已经出现了问题。其安全性隐患在于，会堂20根由巨大橡木制成的横梁，已经风干朽化，失去了支撑的力量，需要立即抽换。校方请来专家，对更换新的橡木横梁的费用进行了估算，由于如此巨大的橡木特别稀少，预计每根横梁需要25万美元，才能妥善完成会堂的修葺工程，但即便这样也不一定会有把握找到如此巨大的可以作为横梁的橡木。在经济压力与巨大橡木资源稀缺的情况下，校方急得焦头烂额，但也没有更好的办法。正在校方筹备费用的时候，有关园艺负责人送来了一个天大的好消息，使得这次"横梁危机"迎刃而解。有关园艺负责人前来报告说，在350年前，为牛津大学设计该会堂的建筑师，在设计会堂建筑时就早已想到了后代会面临的困境，所以早早地请园艺人员在学校所拥有的土地上种植了一片橡树林，现在，每一棵橡树的尺寸，早就超过了横梁的所需。建筑师在350年前的高瞻远瞩，成功地化解了牛津大学的这次危机。在350年后，英国所有国人，无不感叹这位建筑师是一位真正的具有远见的成功的建筑师，牛津大学的领导、教师及学生每每想起橡木横梁危机，无不感怀，正是这位建筑师的远见之明保证了牛津大学在危机中化险为夷。

作家乔治·巳纳说："远见是在心中的浮现的，将来的事物可能或者应该是什么样子的图画。"在《韦氏世界英语词典》中，对远见的定义是这样的：见，即为看到物体的能力，我们说一个人视力好，是说他把眼前的物体看得清楚；如果他视力超长，就是能看见远距离的东西，即为字面意义上的远见。但是生活与实践中，对于远见一词的更深的本质的理解，绝非是停留在这一词的字面意义之上的。我们所说的远见真知，已非仅指看得到并非摆在眼前的东西，而是更深层次的理解为看到了别人没有看到的重大意义的能力，即为看到机会的能力。远见，对于生活和事业，教给我们的最本质的理解便是：看到机会与看到将来的能力。

在企业创业的初始阶段以及企业的日后发展阶段，企业管理者的远见之能力在很大程度上决定了企业的未来发展。一方面，远见可以使企业预测到危机的存在性与可能性，及时作出防患于未然的筹划准备，如英国牛津大学会堂的建筑师，因远见而成功的化解了牛津大学在 350 年后所面临的危机；另一方面，远见可以发现非远见者不能发现的潜在机会，可以发掘一切可利用的机会拓展企业的营销市场与发展空间。从这两方面的意义上讲，创二代，必须具备远见之能，以远见之能规避企业所可能面临的风险，为企业的发展保驾护航；同时，以远见之能，在企业所处的竞争环境中挖掘机会、把握机会，拓展可实现企业长远利益的空间。

创二代，远见是指引我们走向成功的导航，我们必须时刻记住：机会无处不在，有远见者才可得天下。

黄金法则 93：居安思危，长远规划

"生于忧患，死于安乐"的道理不用言说，创二代必须明白，我们今天的短暂发展和眼前利益的实现，不代表我们日后的一帆风顺与高枕无忧。危机意识是一种人在生存中求以生存与发展的保护方式，在企业的经营发展中，危机意识就是在执行着为企业发展保驾护航的重要使命。在当今竞争无处不在、风云变幻莫测的市场经济环境中，如果我们不想在安乐中被竞争对手干掉，那么我们必须居安思危，未雨绸缪。

《左传·襄公十一年》中说："居安思危，思则有备，有备无患。"居安思危，是说虽然处在和平的环境里，也想到有出现危险的可能，即随时有应付意外事件的思想准备。

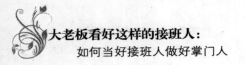
古代，宋、齐等国联合攻打郑国，弱小的郑国知道自己兵力不足，便请晋国做中间人，希望宋、齐等国家能够打消攻打的念头。而其他国家因为害怕强大的晋国，并不想得罪晋国，于是纷纷决定退兵。为了答谢晋国，于是郑国国君就派人献给晋国许多美女与贵重的珠宝作为贺礼。在收到郑国国君的礼物之后，晋悼公高兴万分，就将一半的美女赏给这件事的大功臣魏绛。没想到正直的魏绛一口拒绝，并且劝晋悼公说："现在晋国虽然很强大，但是我们绝对不能因此而大意，因为人在安全的时候，一定要想到未来可能会发生的危险，这样才会先作准备，以避免失败和灾祸的发生。"晋悼公听完魏绛的这番话之后，明白了他让自己居安思危的苦心，也明了了居安思危的重要意义，于是励精图治，一度使郑国保持了稳定发展。

"生于忧患，死于安乐"的道理不用言说，创二代必须明白，我们今天的短暂发展和眼前利益的实现，不代表者我们日后的一帆风顺与高枕无忧。在激烈的市场经济竞争中，我们要取得最终的胜利，并保持胜利的成果，取得更大的胜利，就要做到居安思危，长远规划，切不可在暂时的风平浪静与获得暂时利益的喜悦中松懈斗志、倦怠不前。居安思危、防患于未然、对企业的未来发展做好科学合理的规划，才可在企业面临困境时处战不惊，才可在危机降临时化险为夷。

每一个成功的企业，无疑在其经营管理中都充分的做好了居安思危的长远规划，才保障了企业在竞争与环境变化的风风浪浪中步步前进，持久发展。例如雀巢公司，在每一部发展战略中都体现了居安思危的深刻思想。

瑞士雀巢集团始建于 1867 年，其创始人是亨利·勒斯特，一位婴儿食品制造商。1905 年，雀巢公司与瑞士安戈罗牛奶公司合并（该公司在 1866 年就开始生产浓缩牛奶制品）。1929 年，雀巢集团开始生产巧克力产品转向多种经营模式。雀巢咖啡是该公司 1938 年开发的产品。战后，雀巢集团运用多个国际性品牌开始涉及食品业中范围广泛的经营活动，在这个过程中兼并了多家同行品牌企业。雀巢集团先后在世界各地开办了 489 家工厂，其中有 8

家生产工厂设在菲律宾境内。

在企业快速发展的过程中，雀巢集团并没有满足现状，意识到随着日后国内、国际经济、科技与市场的发展，将要面临的会是更为激烈的竞争环境，因此，在此发展基础上开始逐步部署更为周密的企业发展战略。1996 年，速溶饮料部副总经理马森纶先生，在雀巢集团（菲律宾）公司马尼拉总部办公室召开了一次重要会议。会议的重要议题就是关于在菲律宾生产、销售公司速溶咖啡产品的基本战略思路及相应的营销战术。之所以会召开这次会议，就是因为雀巢在总结过去 10 年发展成果的同时，深刻分析了雀巢日后发展所将面临的经济环境与市场发展趋势，意识到保持当下极为兴旺的发展态势、并在日后的更为激烈的市场竞争中继续保持优势、取得更大的成功，必须针对即将存在的风险与目标实现的利益做出科学有效的长远规划，部署企业的长远发展战略。雀巢的这次会议无疑是成功的，在这次会议之后，雀巢集团进行了产品的多层次的研发，制定了极具冲击力的市场营销战略，并针对企业现状的缺陷对管理体制进行了有效调整。雀巢的居安思危的战略性部署的重大意义是不言而喻的，看看今天的雀巢集团，便无须言说了。

居安思危，就是要求我们创二代要具有危机意识，在顺境中预测可能发生的风险，并对即将可能发生的风险作防范准备。危机意识是一种人在生存中求得生存与发展的保护方式，在企业的经营发展中，危机意识就是在执行着为企业发展保驾护航的重要使命。

唐朝时期，唐太宗曾对亲近的大臣们说："治国就像治病一样，即使病好了，也应当休养护理，倘若马上就自我放开纵欲，一旦旧病复发，就没有办法解救了。现在国家很幸运地得到和平安宁，四方的少数民族都服从，这真是自古以来所罕有的，但是我一天比一天小心，只害怕这种情况不能维护久远，所以我很希望多次听到你们的进谏争辩啊。"魏征回答说："国内国外得到治理安宁，臣不认为这是值得喜庆的，只对陛下居安思危感到喜悦。"

治国如此，其居安思危的治国思想，已在当代企业管理中的广泛应用，

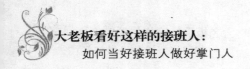

创二代在创业与企业经营管理的过程中，要筑建企业发展根基、开拓企业发展空间、保证企业长远发展，必须理解并应用居安思危的管理理念，为企业的发展做好长远规划。

迈克尔·戴尔说："我有的时候半夜会醒，一想起事情就害怕。但如果不这样的话，那么你很快就会被人干掉。"在当今竞争无处不在、风云变幻莫测的市场经济环境中，企业管理者若没有危机意识，那么企业就会很快被竞争对手"干掉"。

黄金法则 94：立志成为某个领域的发言人

鸿鹄之志的故事我们曾经听得津津有味，讲得津津乐道，那么今天，我们可以理直气壮地对质疑我们的人说一声："燕雀安知鸿鹄之志"吗？我们可以自信地说出我们的理想吗？我们确定好自己的终极奋斗目标了吗？我们"预定"好未来的豪华游艇上我们的领域"座位"了吗？我们的志向是什么，我们要做哪个领域的发言人，这是我们必须确立的属于自己的"鸿鹄之志"。

《左传·襄公二十七年》中说："志以发言，言以出信，信以立志，参以定之。"强调的就是立志的意义。立志，就是指设立自己未来方向的志愿。即确定一个长远的目标。与制定达成目标的步骤，在这个基础上努力进取，不断挑战目标与实践差距的过程。立志，是人的一种实现理想目标的坚定信念，可以帮助人树立极大的信心，带给人为实现目标而拼搏进取的无穷力量。

要求我们创二代要立志成为某个领域的发言人，就是要求我们创二代在创业过程中，确立自己的奋斗目标，树立自己的坚定信念与信心，并矢志不渝的为之拼搏奋斗，以取得创业的成功和理想的实现。

美国发明家爱迪生，对于电灯的发明创造震惊了世界，并为世界经济、科技的发展做出了极大的贡献，成为世界闻名的大发明家。而爱迪生的成功，与他从小就树立的远大志向与为实现理想而苦钻研、努力奋斗的拼搏进取是密不可分的。

爱迪生小时候家里很贫穷，只上了三个月的学。辍学后的爱迪生一边卖报一边自学。爱迪生从小热爱科学，经常把省下来的钱买科学书籍以及实验所需的化学药品与实验器具，有时垃圾堆中可用的瓶瓶罐罐他都捡回家中。那个时候，爱迪生便立志要在科学领域有所建树，要发明出对人类社会的发展有意义、有价值的东西。爱迪生痴迷于实验，有一次，爱迪生在火车上做实验，火车开动的时候猛地一震，把一瓶白磷震倒了。磷一遇到空气马上燃烧起来。许多人赶来相助，才将火扑灭。车长非常气愤，把爱迪生做实验的东西全扔了出去，还狠狠打了他一个耳光，把他的一只耳朵打聋了。爱迪生并没有因此而放弃最初的理想，也没有停止奋斗的脚步，以痴迷般的热忱继续于科学知识学习与科学实验研究，有一次，硫酸烧毁了他的衣服；还有一次，硝酸差一点儿弄瞎了他的眼睛。即便在危险面前，爱迪生也没有止步，仍然顽强的坚持为理想奋斗。爱迪生试制电灯时，为了找到一种价钱便宜、使用时间长的灯丝，做了无数次实验，他常常在实验室里一连工作几十个小时，疲劳得无法支撑的时候，就躺在实验台上睡一会儿。爱迪生以顽强的精神不懈努力，终于找到了合适的灯丝，成功的发明了电灯。后来，爱迪生又发明了电影、留声机……在爱迪生的一生中发明的东西多达1000多种。为人类社会的发展出极大的贡献。

爱迪生从小立志在科学领域实现自己的梦想，并矢志不渝的为实现理想

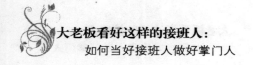
顽强拼搏的精神是值得我们创二代学习和发扬的。在我们决定创业的初始时刻，我们必须明确自己的奋斗目标。立志成为某个领域的发言人，首先，立志会明确我们的奋斗方向，使我们朝着既定的方向前进；其次，立志可以极大的鼓舞我们的信心与斗志，在我们遇到困境的时候会因此而不放弃梦想，朝着我们的既定目标方向坚定不移的拼搏进取；第三，立志成为某个领域的发言人，可以极大的发挥"鸿鹄之志"的信念作用，立则立鸿鹄之志。立志做某个领域的发言人，就可更为有效的发挥立志的以上两个作用，督促我们走向成功。正所谓有志者事竟成，胸无大志之人必难成大事。

美国有一个小男孩，在最初的时刻他几乎认为自己是这个世界最为不幸的人，因为这个小男孩因骨髓灰质炎后遗症而留下了瘸腿和参差不齐且突出的牙齿。一度，这个小男孩沉默寡言、极少与外界交流。一个春天，小男孩的父亲从邻居家讨了一些树苗，他想把它们栽到房前，便叫他的孩子们每人栽一棵树。父亲说谁的树苗长的好就给谁买一份礼物，于是小男孩便努力、认真地给自己的树浇水。一天，小男孩想到自己的悲哀，内心不由得产生了一种阴冷的想法，于是他停止给自己的树浇水，希望这棵树快些死去。过了许多天，一天晚上，小男孩透过窗外的月光，发现自己的那棵树并没有因此枯萎，而且比兄弟姐妹们的树更嫩绿。这棵树给了小男孩极大的启迪，小男孩暗暗在心中立志，要做一棵在逆境中永生的小树，而且要做一件可以铭于历史的事情，让这个世界上的大部分人知道他，知道他是一棵在逆境中成长的小树。后来，这个小男孩一改往常的秉性，积极乐观的面对生活，勤奋刻苦的学习知识，终于成就了自己的事业。这个小男孩就是美国总统——富兰克林·罗斯福。

立志做某个领域的发言人，首先，要有一个明确的既定目标，明确自身想要有所建树的领域；其次，要有为这个目标而不懈努力的精神，尤其不能因为暂时的困境与挫折而放弃曾经的"立志"。总之，立志做某个领域的发言人，不是空谈妄想。

创二代，我们要立志做某个领域的发言人，做中国企业未来发展的领军人。

黄金法则95：确立卓尔不群的
企业文化

成功的企业家在总结企业发展时，经常说"重视企业文化的企业才会走的更远"，创二代在创业初期，更要高度重视企业文化建设对企业初期发展所具备的强效推动作用。而企业文化的概念是什么，优秀的卓尔不群的企业文化要如何建立？这一企业管理中的重要课题战略势必成为我们创二代所必须的思考。

东汉·班固《汉书·景十三王传赞》中讲："夫唯大雅，卓尔不群，河间献王近之矣。"卓尔，高高直立的样子；不群：与众不同。卓尔不群，即指优秀卓越，超出常人。

企业文化，是指一个组织由其价值观、信念、仪式、符号、处事方式等组成的其特有的文化形象。卓尔不群的企业文化，即为企业与众不同、出类拔萃的文化形象。企业文化在促进企业发展与企业利益实现中具有其不可低估的重要性，企业文化具有特定的重要功能。

第一，企业文化具有导向功能。企业文化对企业的经营管理理念、价值理念、以及目标制定具有强势导向功能，优秀的企业文化可以促进企业形成

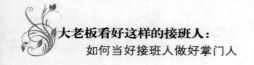

科学的管理体系，制定准确的目标战略；

第二，企业文化具有凝聚与激励功能。一方面因为企业的文化形象可以影响企业内部人员对于企业印象，良好的企业文化可以有效的增强企业员工的信念与归属感，同时会有助于促进员工间的团结与精诚合作，发挥有效的凝聚作用；另一方面，良好的企业文化，可以增强企业内部的信心，激发员工的热情与斗志，激发高效率的价值创造，具有极好的激励作用。

第三，企业文化具有约束功能。这主要表现为企业文化对于企业规章制度的约束与企业文化对于道德范畴的约束。优秀的企业文化，会极好的发挥其对企业规章制度与道德范畴的约束作用，规范企业制度管理与员工管理。

第四，企业文化具有较好的调适功能。对于在企业管理过程中所出现矛盾、摩擦，优秀的企业文化会更有效的发挥其调适作用，是企业内部各种摩擦与矛盾的润滑剂与软化剂。

企业文化的直接表现形式就是企业形象，我们在前面的黄金法则中曾讲述过企业塑造良好的企业形象的重要意义，而企业文化的品质直接决定了企业形象的优劣，因此，企业必须要建立卓尔不群的企业文化。对于创二代而言，创建卓尔不群的企业文化显得尤为重要。在创二代的创业阶段，需要一个有效的企业管理机制，同时需要一个可以赢得公众、尤其是消费群体信赖的良好企业形象，因而创二代企业管理者必须积极创建卓尔不群的企业文化。从另一个角度讲，优异的企业文化更有利于人才的引进。总之，无论是从企业的管理需要、营销目标实现的需要，还是从企业挖掘人才的需要、树立良好企业形象的需要的层面上考虑，卓尔不群的企业文化都是一个优异、成功的企业所必不可少的重要体现。

卓望科技的成功就是源于其在创业初期高度的对企业文化建设的重视。卓望科技 CEO 谢峰认为，卓望科技的成功之处就在于它从创立初期就十分重视企业文化建设。在卓望科技发展的三年中，从成立初期的一个人发展到如今的三百多人，卓望科技建立了一支快速响应客户的技术支持队伍，开发能力不断增强，管理结构初具规模。在这个发展过程中，卓望科技的员工体现出了高度热忱的工作精神，他们工作的激情和创业动力，以及他们对企业目标实现与自身理想实现所进行的孜孜不倦的不懈努力，极大的推动了卓望科技的发展。面对成功，谢锋经常说，正是卓望人敢于挑战自我的精神，对瞬间而逝的市场机遇显示出高度的敏感性和灵活性，对内关注员工的需求以及营造积极的工作氛围的努力，才造就了卓望科技今天的成就。而谢锋所谈及的这些，就是企业文化的具体体现。卓望科技正是依靠这卓尔不群的企业文化建设，有效的开发了企业内部一切可利用的资源，极大的提升了企业生产创造力，使卓望科技取得了非凡的成就。

成功的企业家在总结企业发展时，经常说"重视企业文化的企业才会走的更远"，创二代在创业初期，更要高度重视企业文化建设对企业初期发展所具备的强效推动作用。如何建立卓尔不群的企业文化，就成为创二代所必须思考的问题。

首先，企业文化的建立最为关键的因素就是对企业自身的文化定位。通过对企业行业的特征、品质、企业目标、远景战略的科学分析，在对"企业文化七要素"的准确界定的基础上，根据企业自身需要对自己的企业文化进行定位。这里所谈及的"企业文化七要素"即为：创新与冒险、注意细节、结果导向、团队导向、人际导向、进取心、稳定性。

第二，企业文化的建立要以企业的"核心价值观"为导向。企业的核心价值观即为企业自身的理念价值导向，而企业文化的建设必须要以企业的价值理念引导，制定正确的、有利于企业发展与企业利益实现的有效文化机制。在企业文化建立的过程中，务必避免文化建立方向偏差。

第三，企业需要将企业文化的建设策略化、制度化。即要求企业管理者在企业文化的建设中必须将企业文化建设的核心价值导向与企业的经营管理、技术培训、公众宣传、沟通机制、员工激励等具体的应用层面具体结合，而且要做到有机、融洽的结合。

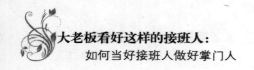
黄金法则 96：怀感恩的心，才有更广阔的发展空间

　　"用一颗感恩的心去面对生命中的每一位有缘人。""感恩"是当今的时代主题，提倡企业怀感恩之心为基础构建"博爱"的企业精神，已是对国内与国际对企业的企业精神建设要求与企业素质建设要求。感恩之心，就是爱与阳光的播种，懂得播种爱与阳光的人，才会收获爱与温暖，收获爱与光明。唯有心怀感恩，才会在爱与阳光中前行，获取更为广阔的发展空间。

　　古人云："滴水之恩，当涌泉相报。"其意义就是在说，人要心怀一颗感恩之心，铭记恩泽，知恩图报。当然，一些恩泽是我们无以回报的，但我们能做到的是回报社会，并在他人需要帮助之时及时的尽自己所能去帮助他人。感恩之心，其最为本质的体现就是"爱"，即社会博爱精神。

　　唐晓龙先生说："用一颗感恩的心去面对生命中的每一位有缘人。""感恩"是当今的时代主题，因为感恩之心所激发的博爱精神是构建和谐发挥、促进社会发展的基础。在当今的感恩的时代主题的引导下，提倡企业怀感恩之心为基础构建"博爱"的企业精神，已是对国内与国际对企业的企业精神建设要求与企业素质建设要求。

　　创二代，我们创业、创建我们自己的事业，在实现自身价值的同时，更要懂得对社会责任与社会使命的承担。只有心怀感恩，我们自身与企业自身才会有更为广阔的发展空间。一方面，感恩是构建和谐社会的基础，只有社会和谐、稳定、不断发展，我们与我们的企业才会有良好发展、长远发展的大环境，企业才会有立足的基础；另一方面，心怀感恩，才会以我们的博爱之心赢得企业内部员工的认同、激发企业员工的工作热情与创造力，同时赢得企业外部公众的信赖与赞扬，树立起企业良好的企业形象、建立良好的企业信誉，从而保障企业的开拓发展。总之，我们要知道，感恩是一种处事哲学，是生活的大智慧，只有懂得感恩的人，才会赢得社会与他人的认可，才会有更为广阔的发展空间，实现自身的人生价值。

四川博力集团董事长邓小波的企业格言就是："以感恩的心回报社会，以真诚的心奉献产品，以赤子的心对待上帝，以热忱的心经营事业。"四川博力集团创建于 2000 年，下辖 12 家分子公司，是一家涉及医药、投资、酒店、矿业、酒业、地产建筑、能源设备、广告等 8 大领域的集团企业。单是医药板块，每年的营业额就在 3 亿元以上。并于 2008 年、2009 年，两度荣登"中国民营企业 500 强"榜单。邓小波表示，自己下海经商是"源于仁爱之心"，邓小波这样说并不是在媒体面前的作秀与高姿态，四川博力药业集团以"仁爱文化"为准则，用自己的实际行动证明了其感恩博爱之心。

邓小波出生在医药世家，既传承了中国悬壶世家的仁爱与宽容，又具有新一代企业家的大家风范。邓小波就是这样一个人物，正在用自己的无私奉献扭转着人们对生命健康的全新认识。邓小波，作为西部医药行业的一匹黑马，坐拥数亿资产，为人低调、谦逊、耿直。经商 10 余年来，除了公司以及私人援助的公益活动事必亲临外，几乎不出现在公众场合和媒体视野中。然而，就是这一个很少出现在媒体视野中的邓小波，却积极的活跃在社会扶贫济困各种公益活动中。邓小波关爱白血病儿童、为红十字会和白血病高额捐款；资助贫困大学生，他所资助的贫困大学生外界无以调查具体数据，但人数不少；关注老年人健康事业，在中国人口面临的老龄化问题面前，邓小波积极参与到关爱老年人的公益活动中。2008 年的"5·12 汶川大地震"，震碎了千千万

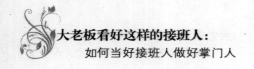

万的家庭，也震碎了邓小波的心。"当我知道震情后，恨不得变身无数个我，飞奔到灾区群众身边。"救灾期间，在邓小波的带领下，博力人奔赴在都江堰、什邡、德阳、绵阳等地震重灾区，为这些地方送去了价值 600 多万元的生活急需品和药品；邓小波的爱心之举举不胜举，每年花费百万巨资资助社会贫困人员、参与公益活动。邓小波说："吃水不忘挖井人！博力能有今天，社会给予的已经太多！回报社会，是我必须要做的事；回报员工，更是我义不容辞的责任。"在邓小波的感召与感染下，博力集团员工积极参与社会公益事业，2007年 6 月，博力集团启动了"博力之星健康之旅"大型公益活动，并将这项活动坚持到底，让更多的消费者参与到了解保健产品、真正认识保健行业中来，消除他们对保健行业的误解，树立正确的保健养生之道。

在心怀感恩的社会博爱行为之中，邓小波与博力人为社会公益事业的发展做出了极大贡献。四川博力集团，在感恩之心的滋养中，正在走向自己更为辉煌的成功。

心怀感恩，以无私与爱去播种，收获的一定是更为灿烂的明天。创二代，在我们的企业发展中，我们必须懂得感恩的意义与感恩的力量，懂得关爱社会、关爱他人是一个社会人的责任与道德约束，懂得以感恩之心回报社会是一个成功的企业家的历史使命。在我们的企业经营管理中，万不可因为企业利润而做出"泯灭良心"的有害社会、有害消费者的"黑心"行为，无论是从社会责任的角度考虑，还是从企业长远发展的角度着想，为暂时利益而制造"黑心"产品、从事破坏社会公益道德的活动，都是一个企业发展的大忌。纵观那些制造伪劣产品、生产质量问题产品、从事非法竞争、无视社会公德的企业，哪一个不是遭到社会公众的唾沫，哪一个不是自断前程、自掘坟墓？

创二代，我们要必须记住："只有怀感恩的心，才有更广阔的发展空间。"